中国人事科学研究院
·学术文库·

事业单位工资
制度建构与实践探索

● 王 梅 等著

中国社会科学出版社

图书在版编目（CIP）数据

事业单位工资制度建构与实践探索／王梅等著．—北京：
中国社会科学出版社，2020.10
　（中国人事科学研究院学术文库）
　ISBN 978 - 7 - 5203 - 7398 - 2

　Ⅰ.①事…　Ⅱ.①王…　Ⅲ.①行政事业单位—工资制度—
研究—中国　Ⅳ.①D630.3

中国版本图书馆 CIP 数据核字（2020）第 198884 号

出 版 人	赵剑英
责任编辑	孔继萍
责任校对	王　龙
责任印制	郝美娜

出　　　版	中国社会科学出版社
社　　　址	北京鼓楼西大街甲 158 号
邮　　　编	100720
网　　　址	http://www.csspw.cn
发 行 部	010 - 84083685
门 市 部	010 - 84029450
经　　　销	新华书店及其他书店

印刷装订	北京市十月印刷有限公司
版　　　次	2020 年 10 月第 1 版
印　　　次	2020 年 10 月第 1 次印刷

开　　　本	710×1000　1/16
印　　　张	15.75
插　　　页	2
字　　　数	259 千字
定　　　价	98.00 元

前　　言

　　事业单位是"国家为了社会公益目的，由国家机关举办或者其他组织利用国有资产举办的，从事教育、科技、文化、卫生等活动的社会服务组织"。在单位属性上，事业单位是政府举办的公益性机构，即公共服务机构，具有公益性、公共性、服务性、保障性等基本属性，属于介于政府与市场之间的"准政府组织"。因此，事业单位工资制度的构建要把握好事业单位的基本公共属性和运行中的市场机制的平衡，不能完全按照自由竞争的市场机制实现人力资本的合理定价，而是必须要考虑事业单位的公益性职能的实现和社会价值的创造，并结合事业单位管理制度，进而设计符合事业单位特点的工资制度。

　　随着事业单位分类改革、编制管理、财政保障机制等方面改革的全面推开，事业单位收入分配改革也到了关键时期。结合事业单位的改革趋势，本书认为工资制度应注重以下几方面的设计：

　　第一，重视事业单位工资制度顶层设计。事业单位工资制度改革不是一项独立任务，要进行顶层设计，不能脱离事业单位改革全局去考虑。从宏观来看，要明确事业单位功能定位、管理边界、规模、财政投入方式和水平等内容。需要多部门协调配合，在事业单位功能定位的基础上进行政策创新，逐步解决不同单位间收入差距过大的问题，完善事业单位工资制度。从微观来看，要完善事业单位内部人力资源管理制度。事业单位内部岗位设置、岗位评价、绩效考核制度等是不可分割的整体。有效实行岗位绩效工资制度，必须加强事业单位内部人力资源基础平台建设。一要重视岗位设置、岗位评价等基础工作。岗位设置要依据行业和单位的发展需要而定，在国家岗位分类基础上，各单位需进行更为详细的分类，岗位层级要有清晰划分，对岗位贡献差异进行科学评价；二要建立科学合理的绩效管理制度。绩效管理制度是进行内部绩效工资分配的基础工作。政府主管部门结合行业特点制定行业绩效考核指导意见，对考核流程、考核办法、考核指标、分配模式进行规定，引导事业单位不断提高公益服务水平。

第二，逐步完善体现行业特点的事业单位工资制度。我国事业单位规模大，分布广。粗犷式的分类方式并不能完全解决事业单位行业巨大差异的问题。国家对事业单位治理思路清晰与否、治理思路是否符合事业单位特点，直接决定能否更好地设计符合事业单位行业特点的工资制度。探索建立体现事业单位行业特点、具有激励导向作用的工资制度，采取不同的财政支持政策。目前，我国已明确针对公立医院特点建立工资制度。符合行业特点的工资制度，应体现不同职业特点，符合不同职业的劳动力市场价格，并采取合适的分配方式。在实施过程中要整体谋划，注重工资制度的统一性、制度实施的统筹性和工资水平的平衡性。

第三，科学、合理确定各类事业单位的工资水平。从外部公平来看，改革过程中要有效处理机关、事业单位和企业以及事业单位之间的工资水平问题，科学合理解决地区差异和行业差距问题等。首先，可定期进行事业单位工资水平调查比较，综合考虑社会经济发展情况、财政状况、物价水平等因素，科学合理确定事业单位工资水平，建立工资正常增长机制。调整工资水平时，不应将货币工资看作唯一的度量标准，社会福利、社会保障等项目也应捆绑在一起加以考虑。其次，应确定一个固定且合理的周期对工资水平进行调整，以保证工资水平调整的时效性和发展性。政府主管部门进行审核和监督检查，在行业内部，要处理好各单位之间的平衡关系，调整后应及时公开、听取群众意见，做好宣传工作，保证调整的结果在社会各利益方不引起较大的意见分歧。

第四，鼓励事业单位多种工资分配形式并存。随着改革的推进，事业单位内部将逐步建立多种分配形式。尤其是公益二类事业单位。事业单位主要领导人和高层次人才可以实施年薪制、项目工资、协议工资等，并逐步探讨要素参与分配。同时，不同岗位之间的工作量、工作强度之间存在差异，应合理地衡量岗位职责、任务、绩效和价值，在此基础上做到因岗定资。同行业、同岗位内的工资结构，除了统一的基本工资（岗位和薪级工资）外，存在差异化的津贴、绩效工资部分在起到激励作用的同时不应差异过大，事业单位内部人员逐步实行"同岗同酬同待遇"。

　　本书以事业单位的公益属性和公共服务职能为立足点，系统地阐述了事业单位工资构建的理论、政策与实践。共分为三个部分：第一部分是综合论述，阐释了事业单位工资制度的关键性问题和难点、热点问题；第二部分是分行业论述，分析了部分行业的典型事业单位的工资制度；第三部分是个案分析，剖析了事业单位工资制度实践应用的代表性案例。

　　第一部分是第一章至第七章。描述中华人民共和国成立以来历次事业单位工资制度改革的主要内容、成效和存在的问题，探讨事业单位工资制度的重点、难点、热点问题，包括事业单位工资管理体制、工资结构优化思路、工资水平决定机制、高层次人才激励机制、事业单位专业技术人员兼职兼薪等。

　　第二部分是第八章至第十二章。选取教育、医疗、文化三个重点行业的典型事业单位为对象，分析我国高等学校、义务教育学校、公立医院、公共卫生和基层医疗卫生机构、文化行业事业单位的工资制度，包括此类机构工资制度的发展演变历程、最新探索、主要特点、存在问题和完善的思路。

　　第三部分是第十三章至第十五章。剖析事业单位工资制度的具体应用案例，深入分析事业单位收入分配总量调控、绩效工资制度改革以及公立医院薪酬制度改革等在工资制度方面的探索实践，提出可供其他事业单位借鉴的经验启示。

目　　录

第 一 章

事业单位工资制度研究综述

事业单位是具有中国特色的组织概念，历经多次改革，事业单位一直是我国提供公益服务的主要载体，是各类专业性人才的主要集中地。完善事业单位工资制度有利于吸引人才、留住人才，打造一支高素质的人才队伍，进而提升我国公益服务质量。本章将事业单位的职能定位作为起点，梳理了事业单位的改革历程，界定了事业单位工资概念，提出事业单位工资制度设计导向。

第一节　事业单位概念界定

"事业单位"一词首次出现在 1955 年第一届全国人大第二次会议《关于 1954 年国家决算和 1955 年国家预算的报告》中。1963 年《国务院关于编制管理的暂行规定》，从经费来源和编制管理的角度对国家及其管理的机构进行分类，将事业单位界定为"为国家创造和改善生产条件，促进社会福利，满足人民文化教育、卫生等需要，其经费由国家事业费开支的单位"。1965 年，国家编制委员会制定的《关于划分国家机关、事业、企业编制界限的意见（草案）》规定"凡是直接从事工农业生产和人民文化生活等服务活动产生的价值不能用货币表现、属于全民所有制单位的，列为国家事业单位编制"。

1998 年，《事业单位登记管理暂行条例》颁布，提出事业单位"是指国家为了社会公益目的，由国家机关举办或者其他组织利用国有资产举办的，从事教育、科技、文化、卫生等活动的社会服务组织"。

2004 年 6 月 27 日，国务院印发了《国务院关于修改〈事业单位登记管理暂行条例〉的决定》（以下简称《决定》），沿用 1998 年《事业单位登记管理暂行条例》关于事业单位的定义，同时指出："事业单位依法举办的营利性经营组织，必须实行独立核算，依照国家有关公司、企业等经营组织的法律、法规登记管理。"

最新的规定是 2014 年 1 月修订后的《事业单位登记管理暂行条例实施细则》，该细则所称的事业单位"是指国家为了社会公益目的，由国家机关举办或者其他组织利用国有资产举办的，从事教育、科研、文化、卫生、体育、新闻出版、广播电视、社会福利、救助减灾、统计调查、技术推广与实验、公用设施管理、物资仓储、监测、勘探与勘察、测绘、检验检测与鉴定、法律服务、资源管理事务、质量技术监督事务、经济监督事务、知识产权事务、公证与认证、信息与咨询、人才交流、就业服务、机关后勤服务等活动的社会服务组织"。国家对事业单位概念阐述的演变，从最初的经费来源和成果表现形式的角度定义，到后来强调事业单位的目的，以及对社会公益性的明确提出，可以看出我国对事业单位的本质和特点的把握越来越清晰。

国内对事业单位的研究成果繁多，形成了许多理论框架和丰富的实践成果。相关学者从理论角度对"事业单位"加以界定，概括出 16 种比较有代表性的说法。[①] 从总体上看，这些说法大同小异，基本都是围绕政策部门的界定而作的解释。较为典型的概念界定有以下几种：黄恒学（1998）对事业单位进行如下定义："是指在现代市场经济条件下，依法设立，不以营利为目的，拥有独立资产，面向社会自主从事公共或准公共产品生产经营活动的社会基本组织形式。"[②] 张雅林（2003）认为"事业单位的服务性、实体性和非营利性，是其区别于其他法人组织的基本界限，符合上述三种属性的社会组织就应该界定为事业单位，不具备上述三种属性的就不能界定为事业单位"[③]。孔祥振（2006）认为，设立事业单位的宗旨是为了公共利益，组织职能是提供公共服务和公共产品，劳动成

[①] 赵立波：《事业单位改革——公共事业发展新机制探析》，山东人民出版社 2003 年版，第 10—13 页。

[②] 黄恒学：《论现代事业制度及其主要特征》，《北京大学学报》（哲学社会科学版）1998 年第 5 期。

[③] 张雅林：《审视事业单位的概念误区》，《中国行政管理》2003 年第 2 期。

果主要表现为难以量化的精神产品和知识产品。[①] 2011 年，事业单位分类改革后，有关学者将事业单位定义为"经政府授权，在法律范围内承担发展社会公益事业提供公共服务的机构组织，经费由政府财政拨款或定额、定项补助，并且单位内部不实行独立经济核算，不以营利为目的，所得收入用于机构运行发展而不得用于内部员工分配的事业单位"[②]。

当社会对事业单位的研究视角趋于全面的同时，对其定义也基本形成了共识：事业单位无论自身盈利与否，都是以社会公益为目的、由国有资产举办而成立的，提供文化、教育、科技、卫生等方面公共服务的机构。在单位属性上，事业单位既区别于国内的政府和企业组织，又有别于国外的非营利性组织。事业单位是政府举办的公益性机构，即公共服务机构，具有公益性、公共性、服务性、保障性等基本属性；从另一个角度讲，就是体现为非营利性、非竞争性、非市场性、非强制性等特征。这是就其在整体公共体系中的地位而言的，也是就其与党政机关、企业、社会团体的不同社会功能与组织属性而言的。

第二节　事业单位发展演变历程

改革开放以来，随着国家政治、经济体制改革不断深化，事业单位改革也在逐步推进。党的十一届三中全会后，事业单位改革大体经历了三个阶段，目前正处于深化分类改革的阶段。

一　适当下放事业单位管理权（1978—1992 年）

党的十一届三中全会后，事业单位改革开始推进，率先在科研、卫生、教育、文艺等领域陆续展开。1985 年 3 月，中央下发了《关于科学技术体制改革的决定》，科研事业单位改革率先推开；之后国务院批转了卫生部《关于卫生工作改革若干政策问题的报告》，对卫生事业单位改革

---

① 孔祥振：《事业单位体制创新研究》，博士学位论文，中共中央党校，2006 年，第 12—13 页。

② 李扬：《我国公益性事业单位改革探析》，硕士学位论文，东北师范大学，2013 年，第 5 页。

提出了要求；1985 年 5 月，中央又下发了《关于教育体制改革的决定》，决定对教育事业单位进行改革。1985 年，中办、国办转发了文化部《关于艺术表演团体改革的意见》，对文化事业单位改革作出了部署。

这一阶段是我国快速恢复社会主义建设事业的重要时期，事业单位改革提上重要日程，主要是适当下放了各类事业单位的管理权，各级地方政府、事业单位的经营管理权、用人自主权和分配决定权逐步扩大。①

二 事业单位社会化（1993—2007 年）

1993 年，党中央印发《关于党政机构改革的方案》和《关于党政机构改革方案的实施意见》，明确提出事业单位改革的方向是实行政事分开，推进事业单位的社会化。1996 年，中办、国办印发了《中央机构编制委员会关于事业单位改革若干问题的意见》，这是党和国家就事业单位改革下发的第一个专门文件，文件提出了事业单位改革的指导思想和目标，以及事业单位改革的具体措施。随后，国家对教育、科研、地质勘查、新闻出版广播影视等行业颁布改革文件，对各类事业单位的改革提出了具体政策，事业单位改革分领域不断推进。

十六届三中全会提出"继续推进事业单位改革"，在一些领域和若干地市开展分类改革综合试点。从 2003 年 7 月开始，在全国 9 个地区和 35 个单位率先进行了文化体制改革试点，文化事业单位改革全面推进。

这一期间，事业单位改革主要方向是政事分开、分类推进，促进事业单位社会化。

三 事业单位分类改革（2007 年至今）

根据党的十七大和十七届二中全会的重要精神，2008 年国务院决定在山西、上海、浙江、广东、重庆进行事业单位分类改革试点，按照政事分开、事企分开和管办分离的原则，对现有事业单位分三类进行改革：主要承担行政职能的，逐步转为行政机构或将行政职能划归行政机构；主要从事生产经营活动的，逐步转为企业；主要从事公益服务的，强化公益属性，整合资源，完善法人治理结构，加强政府监管。同时推进事业单位养

---

① 赖婧滢：《事业单位分类改革与民营企业发展》，《中国商论》2018 年第 17 期。

老保险制度和人事制度改革，完善相关财政政策。

在总结试点地区改革经验的基础上，2011 年，中共中央、国务院印发《关于分类推进事业单位改革的指导意见》，之后又陆续印发了事业单位分类、财政、人事、收入分配、养老保险等 11 个配套文件，形成了"1 + 11"的文件体系，对分类推进事业单位改革进行了顶层设计。

按照"三大类、两小类"的方式对事业单位进行分类改革。将事业单位划分为承担行政职能、从事生产经营活动和从事公益服务三大类。承担行政职能的事业单位即承担行政决策、行政执行、行政监督等职能的事业单位；从事生产经营活动的事业单位即所提供的产品或服务可以由市场配置资源、不承担公益服务职责的事业单位；从事公益服务的事业单位，即面向社会提供公益服务和为机关行使职能提供支持保障的事业单位。对承担行政职能的，逐步将其行政职能划归行政机构或转为行政机构；对从事生产经营活动的，逐步将其转为企业；对从事公益服务的，继续将其保留在事业单位序列、强化其公益属性。根据职责任务、服务对象和资源配置方式等情况，将从事公益服务的事业单位细分为两类：公益一类事业单位即承担义务教育、基础性科研、公共文化、公共卫生及基层的基本医疗服务等基本公益服务，不能或不宜由市场配置资源的事业单位，这类单位不得从事经营活动，其宗旨、业务范围和服务规范由国家确定；公益二类事业单位即承担高等教育、非营利医疗等公益服务，可部分由市场配置资源的事业单位，这类单位按照国家确定的公益目标和相关标准开展活动，在确保公益目标的前提下，可依据相关法律法规提供与主业相关的服务，收益的使用按国家有关规定执行。

2017 年党的十九大报告进一步提出，要深化事业单位改革，强化公益属性，推进政事分开、事企分开、管办分离。

这个阶段主要是加快推进事业单位改革不断深化，在建立工作机制、开展清理规范、实施分类、探索创新体制机制和完善相关配套政策等方面均取得重要进展。

第三节 事业单位工资基本理论

事业单位工资是人事管理的末端环节，工资的内涵与外延、工资制度的演变都与事业单位的发展紧密相关。

一　工资基本理论

工资是指雇主或者法定用人单位依据法律规定、行业规定或根据与员工之间的约定，以货币形式对员工的劳动所支付的报酬，通常根据职工所在岗位的技术含量、责任大小和职工的劳动成果为支付依据。工资问题是一个复杂的社会问题，自从人类出现雇佣劳动以来，人们就一直在研究它，并进行了种种探索。现代工资理论主要有以下几种：

（一）马斯洛需求层次理论

需求层次理论一词是由亚伯拉罕·马斯洛所提出的。这一理论将人的需求共划分为五个层次，从低到高的排列顺序是：生理需求、安全需求、社会需求、尊重需求、自我实现需求，在人们最低需求层次得以满足时，就会上升到高层次的需求。前面所说的三个层次需求通常都能够靠着一定的物质条件而实现，而后面的两个层次需求如果只依赖于物质条件是很难实现的，通常需要内在的不断提升方可得以实现。[①]

马斯洛需求层次理论在事业单位工资管理中具有重要的意义。

首先，能够对不同层次员工的需求予以了解。对于新进员工而言，注重的是工资水平与现金收入；对于中层管理人员而言，更加关注的是自己的职业发展与职业能力的提升。其次，能够了解员工在不同发展阶段的需求。马斯洛需求层次理论指出，人的需要是按照重要性与层次性排成相应的次序，从最基本的（如食物与住房）到复杂的（如自我实现）。当人的最低需求得到满足后，就会追求高一级的需求，这样的逐级上升是促进员工不断努力的内在动力，为我们了解不同员工在各阶段的需求提供了理论依据。事业单位工资内部分配时，可根据员工所处的不同层次、不同发展阶段来设计。

（二）人力资本理论

人力资本理论虽然不是工资决定理论，但对工资的决定有影响，并为之后能力薪酬的形成提供了强有力的理论依据。人力资本理论对工资差别

---

① 崔莎莎：《非货币薪酬在薪酬管理中的作用与应用——基于马斯洛的需要层次理论》，《人力资源管理》2016 年第 2 期。

内在原因做出了经济学解释，主要研究人力资本的内容及其形成，以及人力资本投资的收入效应。该理论的基本观点主要有以下几点：（1）有知识和技能的人是所有资源中最为重要的资源；（2）人力资本投资的效益大于物质资本投资的效益；（3）教育投资是人力资本投资的主要部分，教育对经济发展有影响。人力资本理论对组织内员工工资差异问题的解释有很强的说服力。人力资本结构是影响单位工资水平的重要因素，在确定事业单位工资整体水平时应当予以重点考虑，高层次、高水平人才集中的事业单位，工资水平相应要高一些。[①]

（三）效率工资理论

效率工资理论的基本假说就是工资和效率的双向作用机制，一方面，职工的生产率和自身的工资水平成正相关，即生产率高的职工理应得到高工资，工资依赖于职工的生产率，另一方面，职工的生产率也依赖于工资，职工的行为常受到工资的影响，例如，工资的高低可以影响工人的偷懒程度、辞职率、工作士气和对雇主的忠诚度等。该理论认为，高工资能够很好地避免职工工作中的懈怠行为发生。事业单位工资改革中，有机融入的绩效工资模式，在一定程度上体现了效率工资的内涵。[②]

（四）公平理论

公平理论是研究工资分配的合理性、公平性对职工工作积极性影响的理论。该理论认为：职工对收入的满意程度能够影响职工工作的积极性，而职工对收入的满意程度取决于一个社会的比较过程，一个人不仅关心自己的绝对收入的多少，而且更关心自己相对收入的多少。每个人会把自己付出的劳动和所得的报酬与他人付出的劳动和所得的报酬进行社会比较，也会把自己现在所付出的劳动和所得的报酬与自己过去所付出的劳动和所得的报酬进行历史比较，职工个人需要保持一种分配上的公平感。如果当他发现自己的收支比例与他人的收支比例相等，或现在的收支比例与过去的收支比例相等时，他就会认为公平、合理，从而心情舒畅，努力工作；如果当他发现自己的收支比例与他人的收支比例不相等，或现在的收支比例与过去的收支比例不相等时，会产生不公平感，内心不满，工作积极性

---

① 王芳：《国有企业知识型员工薪酬激励研究》，硕士学位论文，重庆大学，2010 年。
② 王成谭、林丽：《效率工资视角下薪酬外部竞争性研究》，《商业时代》2012 年第 8 期。

随之降低。当前，我国事业单位工资制度改革过程中，公平理论对其有着极为重要的理论指导意义，事业单位工资水平既要关注外部公平，即事业单位与机关、企业之间、事业单位之间的公平，也要重视内部公平，即事业单位内部各类人员之间的公平。[①]

（五）双因素理论

双因素理论又称"激励—保健理论"。该理论认为激励和保健因素是影响员工绩效的主要因素。激励因素与工作本身或工作内容有关，包括成就、赞赏、工作本身的意义及挑战性、工资、晋升、发展等。这些因素如果得到满足，可以使人产生很大的激励。保健因素的内容包括公司的政策与管理、监督、同事关系和工作条件等。这些因素都是工作以外的因素，如果满足这些因素，能消除不满情绪、维持原有的工作效率，但不能激励人们更积极的行为。[②]

因此，应在保健因素的基础上制定相应的激励机制充分激发职工的工作积极性。事业单位工资制度设计、评价要从多角度分析，既要考虑货币报酬，还需统筹考虑公共部门的其他收益，如事业单位编制以及编制带来的优质的平台和资源、更多的职业发展空间、有保障的薪酬待遇、优厚的退休待遇、较高的社会地位、隐性的社会福利、稳定的工作状态、工作与生活平衡等一系列的非货币报酬。

二　事业单位工资界定

事业单位分类改革后，保留在事业单位序列的所有事业单位具有公益性和市场性，其工资分配同样需要遵循基本的工资理论。在改革开放的大背景下，引入市场机制激发了事业单位的活力，提升了事业单位的公共服务质量，但如何把握好事业单位的基本公共属性和运行中的市场机制的平衡，健全符合事业单位特点的工资制度、构建体现岗位绩效的工资结构，有效地吸引和激励人才，成为事业单位人事制度改革的关键问题。

在社会主义市场经济体制下，工资反映了人力资本的市场价值。具体

---

① 刘东来：《现代薪酬理论对我国事业单位薪酬制度改革的启发》，《传播力研究》2017 年第 1 期。

② 楼颖飞：《强化激励理论在薪酬设计中的应用研究》，《现代经济信息》2019 年第 4 期。

到事业单位工资，由于事业单位的公益属性，工资水平既要考虑按照劳动力市场的人力资本进行合理定价，又要兼顾事业单位的公益属性与特征，同时结合事业单位管理制度，建立完善符合事业单位特点的工资制度。

《事业单位人事管理条例》提出，"国家建立激励与约束相结合的事业单位工资制度。事业单位工作人员工资包括基本工资、绩效工资和津贴补贴。事业单位工资分配应当结合不同行业事业单位特点，体现岗位职责、工作业绩、实际贡献等因素。事业单位工作人员的工资水平应当与国民经济发展相协调、与社会进步相适应"。

《关于实行以增加知识价值为导向分配政策的若干意见》指出，强化科研机构、高校履行科技成果转化长期激励的法人责任，坚持长期产权激励与现金奖励并举，探索对科研人员实施股权、期权和分红激励，构建对科技人员的股权激励等中长期激励机制。事业单位收入来源还包括股权、期权以及分红。

本书所指"工资"是事业单位工作人员从事相关劳动当期获得的货币类收入，包括岗位工资、薪级工资、津贴补贴、绩效工资、科技成果转化收益、兼职兼薪等，不包括职业年金、长期股权激励等延期收入。

第四节　事业单位工资制度建设方针

我国事业单位数目繁多、行业各异，事业单位的收入分配情况复杂，因而，对事业单位的工资制度设计更应从战略的高度和全局的广度出发，制度设计要有整体性、系统性、内部联系性和外部衔接性。从事业单位整体改革出发，立足于事业单位收入分配制度，把工资制度作为一个系统，整体谋划、统筹安排。在理念和方法上，从全局出发、统筹考虑；在制度设计形式上，需要整体明确、局部细致安排；在基本特点上，要具有高端性、系统性和可行性。

事业单位工资制度改革不能限于工资制度本身来设计，要服从事业单位改革全局。在事业单位分类改革的基础上，充分考虑人事制度改革、财政体制改革、社会保障制度改革、编制管理和工资制度改革之间的整体关系进行顶层设计，工资制度的压力会大大减轻，工资改革才能有效。同时兼顾社会管理体制改革，逐步消除不同事业单位之间收入差距过大的问题,完善事业单位工资制度。

首先,要明确事业单位性质、合理设定政府职能边界,这是事业单位工资制度的根本制度环境。

科学界定事业单位地位和性质是确定事业单位工资制度形态的重要依据,事业单位的公共部门属性决定进行工资制度设计时其工资水平定位与私营企业有所差异。党的十九大报告提出,强化事业单位公益属性。事业单位的公共部门属性,要求其工资分配不能完全与收益挂钩。第一,事业单位是提供公共服务(产品)的主要力量。随着经济社会的发展,社会对公共服务需求的数量和质量持续提高,事业单位在提供服务中发挥越来越大的作用。强调公益类事业单位的公益性,既是事业单位的本质属性,也是未来公益类事业单位改革的必然要求。事业单位的公益属性决定了事业单位与企业的差别。企业追求利润最大化,可以将利润与员工的工资挂钩。事业单位则不同,事业单位工资收入不能与单位的收入直接挂钩。第二,事业单位与企业提供产品或服务存在差异,与之配套的工资分配也应存在差异性。对公益性的强调决定了对事业单位工资水平的定位。提供保质保量的公共服务是对事业单位的内在要求,社会对公共服务(如教育、医疗等)的要求与对一般企业产品的要求不同。公共服务影响面广,其数量和质量的优劣直接影响到社会成员的切身利益,影响着政府的形象和公信力,涉及经济发展和社会稳定。第三,保证一定数量和质量的公共服务或产品的提供不仅至关重要,而且是必须完成的任务。因而须保证事业单位的工资水平具有一定的吸引力,留住并激励人才。根据提供公共服务性质的不同,应分别确定不同事业单位的绩效工资分配模式。

事业单位的性质决定了政府对事业单位实施管控的必然性,政府在事业单位的工资收入分配上应有清晰的职能定位。政府职能边界就是事业单位工资制度设计的边界,政府职能边界决定政府工作管理权限和管理体制。首先解决要不要管、谁来管、管什么的问题。事业单位是公共部门,是利用国有资产举办的,事业单位功能定位及其公益属性决定了其工资制度及分配应由政府确定。政府需要合理界定事业单位可支配的资源,进一步规范事业单位工资收入分配秩序、促进劳动力市场畅通流动等,同时逐步缩小不合理的工资收入差距。从事业单位改革方向看,事业单位将逐步建立起法人治理结构,成立理事会进行管理。但只要是具有公共部门属性，就要在国家政策框架内进行分配。国家制定事业单位收入分配制度、相关政策、工资标准，指导地方实施并进行政策执行情况的监督检查。地方政府和部门负责落实国家政策，并根据国家授权制定本地区和本行业制度意见、指导监督实施。各事业单位在国家、地方和行业政策框架内，制定事业单位内部分配政策和具体分配办法。

其次，事业单位工资制度设计的关键是如何合理确定工资水平，妥善处理机关、事业、企业三者之间以及事业单位之间的工资水平问题，科学合理地解决地区差异、行业差距问题等。

事业单位工资水平存在宏观和微观两个层面的不同含义：

宏观层面的事业单位工资水平是指事业单位作为一类组织，相比于机关、企业等其他组织的工资水平，一般用地区内的事业单位或行业内的事业单位工资平均水平来衡量。

微观层面的事业单位工资水平是指某一个事业单位的平均工资水平，它反映了不同事业单位之间的收入差距，以及事业单位内部的工资分配。政府通常不干预事业单位的内部工资分配，只是提供方向性、原则性的指导意见，内部分配办法由事业单位自主确定。政府对事业单位的绩效工资总量进行核定，涉及具体每个事业单位的工资水平调控，涉及财政对事业单位进行人员经费拨款的标准，还直接关系到事业单位工作人员实际收入水平，因此是需要重点进行研究的问题。

因此，在处理解决事业单位工资水平时，需要注意以下几方面的问题：

第一，妥善处理和理顺事业单位、机关、企业之间的工资收入分配关系，合理确定事业单位的工资水平。[①] 事业单位、机关以及企业的工资收入分配关系，根本上是工资水平的关系问题，是如何解决事业单位工资收入外部公平的问题。在事业单位和机关、企业三类群体的工资收入分配问题上，社会上对工资的关注，主要是对总体工资水平的关注。妥善处理工资关系，不是将公务员工资、事业单位工资和企业工资水平简单拉齐，而是在考虑政府职能定位、事业单位公共部门属性、劳动力价位和市场需求

---

① 何凤秋：《机关事业单位内部符合行业特点的工资制度和工资水平研究》，《中国人事科学》2018 年第 7 期。

的基础上，根据行业和职业特点，使学历相同、承担职责大体相同，工作资历大体相当的人员的工资水平有一个大体平衡。这既需要政府引导也需要在全社会形成一个共识，考虑公众对公平的感受。

第二，积极稳妥地推进绩效工资制度的实施，妥善处理工资分配中的公平和效率关系问题，探索按生产要素分配的改革，实现公平与效率的良性互动，避免平均主义，同时防止差距过大。

就事业单位工资收入分配而言，制度的公平主要体现在工资分配规则和工资分配关系上。由于社会成员的个体差异长期存在，必然导致工资分配多寡不同。在市场竞争机制的作用下，人们的收入必然有高有低，有时高低差距还比较大。事业单位工资收入分配公平就是使事业单位各类人员的工资收入与其能力素质、付出的努力以及合法占有的资源相符。忽略能力素质差异和个人努力程度的绝对平均主义，既无效率也不公平。

要提高效率，就要通过适当拉开收入差距来提高激励。如果高收入者的收入来源于较高的能力素质和较多的贡献付出，是应当给予鼓励的，是正常劳动力价格的体现。适度的收入差距有利于提高效率，有利于发展社会生产力，不会导致社会不和谐。绝对平均主义的分配实质上是没有贡献或贡献小的人对贡献大的人的利益侵占，它本身就是一种不公平。工资收入分配的公平不等于绝对平均。片面追求工资收入的绝对平均，是一种不公平。

在现实生活中，公众不满更多是由于工资收入的差距是由不合理、不合法，甚至是不公平的因素造成的。所以在事业单位工资制度设计上，既要考虑效率也要兼顾公平，实现公平与效率的良性互动。

事业单位实施绩效工资，应改变以往思路，从总报酬角度出发，要从社会各行业的发展及不同行业从业人员的工资水平平衡的角度考虑绩效工资，体现行业工资特点，建立一个循环的工资水平的比较系统，而非系统内部单一比较制度。要注意绩效工资政策分步实施的统筹性、不同群体工资水平的协调性，做到整体谋划、平衡水平。

第三，主体工资制度与其他配套政策有效衔接。在事业单位主体工资制度——岗位绩效工资制度外，还需要考虑与其他制度的衔接。比如，事业单位主要领导人的激励约束机制，高层次人才激励机制等。在岗位绩效工资制度中，需要辅之以项目工资制度和协议工资制度、年薪制等，允许多种工资分配形式并存。

第四，完善事业单位工资制度需要加强事业单位内部自身建设。事业单位工资制度除了制度设计和政策规定外，单位内部良好的管理文化及制度是工资分配的重要基础。事业单位内部人力资源管理基础平台建设尤为重要，岗位设置、岗位聘用、岗位职责等岗位管理办法，绩效考核体系、考核指标和权重、考核标准、考核主体、考核周期、考核结果应用、考核反馈等绩效管理制度都是事业单位工资内部分配的制度基础。工资与事业单位工作人员的切身利益紧密相关，是事业单位工作人员感受最直接的一个问题，人事管理的很多其他问题集中在工资上反映出来，因此，改革和完善事业单位工资制度要以科学的人事制度为基础，事业单位应当在国家政策框架内，逐步探索、建立、完善自身内部建设，有助于充分发挥工资的激励作用。

第五，事业单位的行业属性及其工作人员的职业特点决定了应制定不同的工资制度。一是明确事业单位主要领导人员的职责定位。《事业单位领导人员管理办法》规定，事业单位领导人员与员工分配保持一定合理关系。由于很多事业单位高层次人才密集，领导人员主要职责重在管理，领导人员工资分配既要与一般员工保持合理分配关系，同时也要允许某些高层次人员的工资分配高于事业单位领导人。如大学知名教授、医院知名专家、科研院所研究领域的领军人才等。二是明确事业单位专业技术人员职责定位，对核心专业技术人才要有合理的倾斜。三是明确事业单位其他管理人员的职责。根据其所在岗位确定工资构成及水平。

第 二 章

事业单位工资制度历史沿革

中华人民共和国成立以来，为适应当时的政治、经济、社会环境，我国事业单位工资制度经历了多个发展阶段，共进行了四次全国范围的改革，分别是 1956 年、1985 年、1993 年和 2006 年。各个阶段工资制度改革解决了之前暴露的一些问题，取得了一定的成效，同时也存在不同的问题，对进一步完善事业单位工资制度有重要启示。

第一节　1956 年事业单位工资制度

一　改革背景

中华人民共和国成立初期，由于国民经济发展相对落后、财政经费困难、物价波动加大、多种经济成分并存、各地经济状况极不平衡、各类人员状况比较复杂，加之战时收入分配制度的影响，出现了多种分配制度并存的局面。在老解放区，实行供给制、供给与工资结合制、工资制；在新解放区，大多数职工实行按原工资等级制度和工资标准支付工资的"原职原薪"政策。这一时期国家机关工作人员的工资制度逐步从实物供给制过渡到货币工资制。

1950 年 7 月，财政部制定《中央直属各机关 1950 年度暂行供给标准》，规定对实行供给制的国家机关工作人员实行"小包干"，即生活费、津贴费都折合成米数包干供给。其他项目如服装、技术津贴、保健费、妇婴费、水电费、家属粮、医药费等仍分项供给。这种"小包干"是由供给制向工资制过渡的第一步。1954 年 6 月，财政部修订了工资和包干费标准，废除灶别规定，伙食费、服装费及津贴全由个人自由支配，供给制实行"大包干"。这种"大包干"是由供给制向工资制过渡的第二步。1955 年 8 月，国务院发布《关于国家机关工作人员实行工资制和改行货币工资制的命令》，决定从当年 7 月起，将包干制一律改为工资制，国家机关工作人员全部实行货币工资制，统一了工资分配制度。改为工资制后的一切生活费用由个人负担，工作人员所用的公家住房、水、电、家具一律缴租、纳费。工资结构包括货币工资和物价津贴；国家机关工作人员货币工资共分 30 级，最高工资标准 560 元，最低工资标准 18 元，最高是最低的 31.11 倍；[①] 物价津贴表由国务院统一制定，用以弥补各地区物价差额，使各地区的工作人员享有大致相同的生活水平。

随着经济社会的发展，这种工资制度同劳动生产率提高的速度不相适应，加之副食品的价格上涨，一部分职工的实际工资有所下降。1956 年，基于中华人民共和国成立初期我国职工工资非常繁杂的实际情况，以及为了更好地鼓励职工提高业务技术水平，巩固和提高职工的劳动热情，进一步开展生产运动，提高劳动生产率，提前完成和超额完成国家的第一个五年计划的任务，国务院决定适当地提高工资水平，并且在这个条件下，根据按劳取酬的原则，对国家机关、事业单位和企业（包括国营企业、供销合作社企业、全行业公私合营前的公私合营企业）的工资制度，进行进一步改革，国家机关和国营企业、事业单位的工作人员均实行等级工资制。

二　制度要点

1956 年，社会主义改造基本完成，高度集中统一的计划经济管理体制开始形成，为适应经济体制的需要，我国进行了中华人民共和国成立以来第一次全国范围的工资制度改革。6 月 16 日，国务院通过《关于工资改革的决定》，对国家机关和企事业单位的工资制度进行改革。改革的目标是改革工资形式和结构，形成统一制度，并适当提高工资水平，达到进

---

① 此处指国家机关工作人员工资标准表（一），不包括法官、检察官、技术人员、翻译人员、工人。中国社会科学院、中央档案馆编：《1953—1957 年中华人民共和国经济档案资料选编（劳动工资和职工保险福利卷）》，中国物价出版社 1998 年版，第 428 页。

一步发挥工资的物质激励作用、逐步改善职工生活、促进国民经济不断提高的目的。改革要点有：

第一，取消工资分制度和物价津贴制度，以消除工资分和物价津贴给工资制度带来的不合理现象，并且简化工资计算手续。同时，根据各地区发展生产的需要，物价生活水平和现实工资状况，规定不同的货币工资标准，实行货币工资制度。

第二，实行等级工资制。国家机关、事业单位、企业职工实行相同的工资制度，全国统一工资制度、工资标准和工资调整。工资结构由等级工资、津贴补贴和奖金组成。

等级工资体现职工的职务、资历和德才表现，工资标准为一职数级，上下交叉，一级一薪；行政人员工资标准为30级，工程技术人员的工资标准按产业分为5种18等，还分别制定了科研、教育、卫生、文艺、体育、公安干警等各类人员的工资标准；相同职务因机构层次不同，对应的级别也不同。

津贴补贴包括地区性津补贴、特殊岗位性津补贴和福利性津补贴，分别体现了工作环境、岗位、生活成本等方面的差异。地区性津贴补贴主要包括生活费补贴、林区津贴、高原临时津贴、艰苦地区津贴和海岛津贴等。特殊岗位津贴是对苦、脏、累、险岗位的特殊消耗进行的补偿，比如法医毒物化验人员保健津贴、保健医护人员补贴、邮电外勤津贴、医疗卫生津贴、技术津贴、野外津贴等。福利性津贴补贴主要体现对职工生活费用的一种补充，包括冬季取暖补贴、洗理费和交通费补贴、自行车修理补贴费、副食品价格补贴、回民补贴等。

奖金主要体现工作业绩和贡献大小。

第三，通盘考虑各类职工，按各类人员的特点设计工资制度。共区分为9类：国家机关工作人员，中国科学院的研究人员及行政管理人员，高校、中专、中学、小学教学人员和行政职工及教学辅助人员，报社、新华社、广播电台编辑和记者，卫生技术人员，文艺工作人员，出版编辑工作人员、图书馆和博物馆的研究人员及业务工作人员，文化馆工作人员，剧场、影院工作人员。其中，国家机关工作人员有6类10张表，分别是行政人员1张、法院检察院人员1张、公安派出所和各种民警大队以下人员1张、技术人员5张（按照行业分类）、翻译工作人员1张、机关后勤人员 1 张。

第四，调整地区之间工资关系。取消物价津贴制度后，在原工资标准和物价津贴的基础上，根据各地经济发展情况、物价生活水平及生活环境条件，将全国划分为 11 类工资区，各类工资区的同一等级的工资标准之间的工资系数相差 3%，最高最低相差 30%；对于物价高的地区，增发与物价挂钩的生活费补贴。通过制定和平衡各种工资标准，不同程度地增加工资，调整产业之间、部门之间、地区之间及各类人员之间的工资关系。

第五，提出建立工资增长机制。工资增长的方式主要有两种：一是定期升级增资。每年定期评级一次，凡是有显著成绩的，可以升级增资。二是不定期升级增资。工作人员职务晋升后，适当提升级别、增加工资。但由于各种客观原因，在实际执行过程中没有按预先设想实现升级和增资。在此次工资制度实施的近 30 年时间里，共三次降低工资（分别于 1957 年 1 月、1959 年 3 月、1960 年 10 月降低 17 级以上党员干部工资），五次增加工资（1977 年 8 月、1978 年 11 月、1979 年 10 月三次按比例给部分人员升级；1981 年 10 月给中小学和卫生、体育事业单位调整工资；1982 年 12 月，除中小学和卫生、体育事业单位外，进行工资普调）。除 1982 年普遍提升一级外，其他几次都是按比例给部分人员升级，升级比例最低的仅为 2%。

三　改革成效和问题

（一）改革成效

第一，统一了制度。取消了中华人民共和国成立初期的工资分制度，实行统一的货币工资制度，并制定了相关标准，简化了工资计算手续。通过这次改革，初步奠定了新中国工资制度的基础。其指导思想是"低工资，多就业"，即"人人有工作，人人有饭吃"，具有明显的工资性社会保障作用。

第二，平衡地区工资关系。根据各地经济发展水平、物价水平等因素，划分出 11 类工资区，实施分区指导，更符合各地实际情况，更具可操作性。

第三，提高了工资水平。此次工资改革是新中国历史上的第一次国家工资制度改革，实行了以发展生产、提高劳动生产力、改善人民生活为目的，以实现社会主义制度下的按劳分配原则，较大限度地提高了职工的工资水平,对于改善职工生活,提高劳动生产率,促进国民经济的发展,起到了推动作用。

(二)存在不足

由于缺乏经验,这项制度还存在一些不足之处,主要表现在:

第一,职级严重不符,造成许多人晋升职务不提薪。由于该制度是等级工资制,工资水平取决于个人所处的等级,而等级与职务之间的联系不紧,造成了晋升职务不一定晋升等级,从而得不到提薪。

第二,工资分配存在平均主义。在当时的条件下,单位依靠国家财政吃"大锅饭",职工则在单位内部端"铁饭碗",干好干坏、干多干少、干与不干都一个样,不利于持续调动单位与激励国家工作人员的积极性。

第三,工资区划分问题。在十一类工资区的划分下,存在边界问题。如相邻的两个县,经济、物价水平相近,但属于不同的两个省,被划在不同的工资区,从而导致标准不一,与相似的经济、物价水平不相适应。

第二节　1985 年事业单位工资制度

一　改革背景

在 1956 年第一次工资改革后,随着国民经济的不断发展,国家的政治、社会发展面貌发生了较大变化,国家陆续对等级工资制进行过一些局部的调整。但是随着改革形势的变化,企业需要在"有计划的商品经济中"逐步走向市场,遵循市场规律,参与市场竞争。在这种情况下,等级工资制由于其管理、标准、制度等方面的绝对一致,已经很难适应现实需要,特别是很难满足企业在增加激励、提高效益、放权搞活方面的需要。同时,既有的等级工资制度存在"平均主义大锅饭""劳酬不符、职级脱节"等矛盾和弊端,有必要进行改革。

然而,党的十一届三中全会以后,国民经济转入调整阶段,国家受财政经济状况限制,立即进行全国范围的工资制度改革时机还不成熟,只能对工资制度进行一些局部的有限的调整。其间,各地区、各部门和企事业单位对工资制度进行了不少改革的尝试,创造出一些新办法。1981 年 10 月,国务院发出通知,决定给中小学教职工和医疗卫生系统的部分职工及体育系统的优秀运动员、专职教练员和部分从事体育事业的人员调整工资。1982 年 12 月，调整国家机关、科学文教卫生等部门部分职工的工资。1983 年 4 月，调整企业职工工资。通过这几次较大范围的调整工资、提高工资区类别、普遍实行计件工资制和奖励制度、建立各种津贴制度等措施，较大幅度地提高了职工的工资水平，为第二次工资改革做了充分的准备工作。

1984 年，党的十二届三中全会召开，会议通过《中共中央关于经济体制改革的若干决定》，就经济体制改革明确提出：社会主义经济是有计划的商品经济，且随着经济发展的需要，逐步缩小指令性计划，扩大指导性计划。这为企业放权让利、灵活工资分配创造了条件。同时，明确提出改革现行不合理的工资制度，逐步消除平均主义和其他不合理因素，初步建立能够较好体现按劳分配原则、便于管理和调节的新工资制度，为以后进一步理顺工资关系打下基础；并要求采取必要的措施，使企业职工的工资和资金同企业经济效益的提高更好地挂起钩来，使国家机关、事业单位职工工资同本人肩负的责任和劳绩密切联系起来。

随着市场经济体制的建立，国家进行了第二次工资制度改革。

二　制度要点

1985 年 1 月，国务院发出《关于国营企业工资问题的通知》，明确了企业与国家机关、事业单位的工资改革和工资调整脱钩，推行了政企分开的体制，国营大中型企业工资总额同经济效益挂钩（工效挂钩），企业内部拥有一定的分配自主权。

同年 6 月，中共中央和国务院发出《关于国家机关和事业单位工作人员工资改革问题的通知》，并建立了相关配套制度。其主要内容包括：

第一，机关事业单位与企业工资制度分离，采用两套不同的工资制度。机关事业单位实行以职务工资为主要内容的结构工资制，事业单位工资制度比机关灵活一些，根据各行各业的特点，可以实行与机关相同的结构工资制，也可以根据自身特点或实际需要进行适当调整。企业实行工资总额同经济效益挂钩浮动的办法，内部分配形式和工资制度由企业根据实际情况确定。本节重点分析机关事业单位工资制度。

第二，机关事业单位工资结构主要包括基本工资和津贴补贴。基本工资包括基础工资、职务工资、工龄工资、奖励工资，津贴补贴包括地区性津贴补贴、岗位性津贴补贴、福利性津贴补贴。为了鼓励中、小学校和中等专业学校、技工学校的教师、幼儿教师和护士长期从事本职业，除按规定发给工龄津贴外，另外分别加发教龄津贴和护士工龄津贴。

基础工资主要按大体维持工作人员本人的基本生活费确定，六类工资区定为40元，所有人员均执行相同的基础工资标准。职务工资按工作人员的职务高低和业务技术水平确定，每一职务级别设若干档次，上下职务的工资标准适当交叉。工龄津贴体现工作人员年功贡献，每增加一年工龄，月工资增加五角，发放至退休，工龄津贴计算的工作年限最多不超过四十年。奖励工资主要用于在工作中做出显著成绩的工作人员，全年为1个月—2.5个月的平均基本工资。

第三，按人员类别设置职务工资。人员上区分七类：国家机关行政人员，国家机关工程技术人员，国家机关工人，教育部所属高等学校教学人员、中国科学院、社会科学院所属研究所研究人员，卫生部所属医疗卫生单位卫生技术人员，中学教师，小学教师。每一类人员有单独的职务工资标准。

第四，建立正常的晋级增资制度。增资途径主要有：一是根据对工作人员定期考核的结果，对完成工作任务好的，可在每个职务的工资标准范围内升级，对考核成绩差的，应当降级；二是工作人员职务晋升时，执行新的职务工资标准；三是工龄津贴随工作年限逐年增长；四是每年根据国民经济计划的完成情况，适当安排国家机关、事业单位工作人员的工资增长指标。

第五，初步实施分层管理，工资管理适当放权。层次上区分三级：中央、省和直辖市级，省辖市、行署和自治州级，县（市）和区（乡）级。省级以下（不含省级）国家机关行政人员和专业技术人员的职务工资标准、国务院部委、中国科学院、中国社会科学院所属事业单位行政人员、其他专业技术人员（除教学、科研、卫生技术人员外的专业技术人员）的工资标准，由各主管部门比照国家工资标准拟定，经劳动人事部审查，报国务院批准后实行。

这次工资制度改革，既是工资制度本身发展的要求，也是整个经济体制改革的要求，是经济体制改革的重要组成部分；不仅在工资发展史上具有重要的意义，而且对理顺我国的经济关系，促进国民经济健康发展也具有重要意义。

三　改革成效和问题

（一）改革成效

第一，建立了结构工资制度。这次国家机关、事业单位的工资制度改革，废止了实行近 30 年的等级工资制，改为以职务工资为主要内容的结构工资制。结构工资制就是按照不同职能将职工全部工资所得分解为若干单元，并使各单元发挥作用的一种工资制度。改革后的工资结构分解为基础工资、职务工资、工龄工资、奖励工资四个组成部分，分别体现基本生活保障、职务高低、资历贡献、工作业绩等。结构工资制度的建立，有助于解决"劳酬不符、职级脱节"等问题。

第二，推进政企分开。1985 年的工资改革，使企业工资从机关事业单位的工资制度中分离出来，推行了政企分开。顺应改革开放的形势和要求，企业建立了工效挂钩制度，有助于打破"大锅饭"分配体制，增加个人激励，提高企业内部分配的灵活度，有助于提高企业生产效率和效益，为建立适合市场经济发展要求现代企业制度做出贡献。

第三，开创了市场化方向。建立企业工效挂钩工资制度，其意义不仅在于企业本身，更开创了工资收入市场化的发展方向。为之后事业单位的工资改革，特别是考虑市场因素奠定了基础、积累了经验。

（二）存在不足

第一，"双轨"制下机关事业单位与企业工资调节不同步的问题。1985 年改革以后，统计指标内的工资实际上主要通过两个渠道调节：企业工资由市场调节；机关、事业单位工资由政府调节。这种二元化调节带来的突出问题是，二者工资的动态增长缺乏统一或相近的协调机制。就企业而言，一方面，由于工资总额与效益挂钩，效益增加，工资总额亦可随之增加，从而工资水平提高转为随机、个量调整，使得整个企业工资水平的提高动态化、分布时点多，不至于发生累积式同步大调整；另一方面，由于内部工资分配权下放，企业可以自行决定工资分配对象、方式、标准。与此不同，由政府调节的机关、事业单位的工资受财政约束，加上每一次调整是统一、同步的，在财政紧张的条件下，要频繁增加机关事业单位员工的工资，势必时常遭到财政否决，只有等到问题严重时，才有可能普遍升级增资。这样一来，就出现了机关、事业单位工资的增长滞后于企业的情形。另外，机关、事业单位调整工资水平无一定的规章可循，往往取决于某一项临时决定，致使机关、事业单位工作人员的工资增长得不到保证，机关、事业单位的正常增资机制难以建立，不利于地方、部门和各基层单位结合工作人员的实际情况，解决其工资关系中不合理的问题，也不利于贯彻按劳分配的原则，把工资的调整与工作人员的职务、责任和劳动成绩密切结合起来。

第二，事业单位工资水平偏低。与1956年的工资标准相比，此次改革后部分人员的工资标准有所降低。行政人员中，正副省长、正副局长、正副处长的工资标准低于1956年的标准，正副科长的起点工资标准也低于1956年的标准。

当然，机关事业单位工资低，还有整个国家人事制度方面的因素，而非工资政策本身的问题。如改革后，企业用人的自主权不断扩大，实行工效挂钩制度后对进人有所控制，所以每年100多万名大中专毕业生有2/3以上要安排到行政机关和事业单位。另外，每年还要安置几万名军队转业干部，促使行政机关和事业单位人员刚性增长，进一步增加了国家财政负担。这也是造成机关、事业单位工资偏低的一个客观原因。据统计，从1985年机关、事业单位工资改革至1989年，仅四年间机关、事业单位职工人数增加了近700万人。

第三，工资分配平均主义趋势加重。1985年建立的工资制度，就总体来看仍具有计划经济特征，执行过程中渐渐暴露出一些缺陷，致使平均主义倾向更加严重。职工的工资性收入中，基本工资、职务工资和工龄工资部分所占比重越来越小，奖金和津贴等所有占比重越来越大，到1988年，奖金、津贴和其他收入，已占职工工资总额的40%左右。其中，洗理费、书报费、交通费、副食品补贴和价格补贴等津贴项目的标准基本相同；奖金部分，机关事业单位基本上是平均发放。与此同时，体现职务高低、责任大小、工作繁简和业务技术水平的职务工资差别却变动较小，导致各类成员之间的工资性收入差距日见缩小。据全国主要城市抽样调查，1988年与1985年比较，科研机构研究员与实习研究员的工资差距，由3：1缩小为1.8：1；大学教授与助教的工资差距，由4.1：1缩小为1.9：1；中学高级教师与三级教师的工资差距，由3：1缩小为1.6：1，医院主任医师与医师的工资差距，由3：1缩小为2：1；国家机关司局长与办事员的工资差距，由 3.1：1 缩小为 1.5：1。

第三节　1993 年事业单位工资制度

一　改革背景

1992 年，十四大报告提出建立社会主义市场经济体制的目标。为顺应经济体制改革要求，贯彻按劳分配原则，满足客观人力资源配置的需要，我国进行了新一轮的机关事业单位工资制度改革。1993 年 12 月，结合机构改革和公务员制度的推行，机关事业单位进行了第三次工资制度改革。改革的主要原因有：

第一，市场体制改革目标确立。1992 年，党的十四大明确以建立社会主义市场经济体制作为我国经济体制改革的目标，并提出"加快工资制度改革，逐步建立起符合企业、事业单位和机关各自特点的工资制度与正常的工资增长机制"。

第二，公务员暂行条例实施。为了实现对国家公务员的科学管理，保障国家公务员的优化、廉洁，提高行政效能，从 1993 年 10 月起，开始实施《国家公务员暂行条例》，规定国家公务员实行岗位工资制。

第三，改革原工资制度的不足。1985 年工资制度改革以来，未能建立起正常的晋级增资制度，以及存在其他方面的不足，逐步显现出与国民经济发展和经济体制改革不相适应的问题。为此，1993 年，结合机构改革和国家公务员制度的推行，国家决定改革机关事业单位工资制度。

二　制度要点

1993 年，经党中央和国务院批准，在总结和吸收 1985 年工资制度改革经验的基础上，国务院发布《国务院办公厅关于印发机关、事业单位工资制度改革实施办法的通知》，以及相关的实施办法，包括《机关工作人员工资制度改革实施办法》《事业单位工作人员工资制度改革实施办法》《机关、事业单位艰苦边远地区津贴实施办法》。（艰苦边远地区津贴的实施范围和津贴类别，原则上按国务院批准的原劳动人事部《关于边远地区范围的通知》执行，并在该文件划分的一、二、三类基础上，将海拔 4000 米以上地区列为第四类。）机关实行职务级别工资制度，事业单位实行各类别工资制度。改革的主要内容有：

第一，机关和事业单位工资制度脱钩，分别实行不同的工资制度。机关实行职务级别工资制，工资主要由职务工资、级别工资、基础工资和工龄工资构成。事业单位实行各类别工资制，根据单位经费来源、行业特点和人员类别，分别实行不同的工资制度。本章开始重点讨论事业单位工资制度。

第二，事业单位工资结构由固定部分和活的部分组成，固定部分根据岗位等级设置，体现水平高低、责任大小；活的部分根据实际工作数量和质量挂钩，多劳多得。按照岗位分类管理，专业技术人员、管理人员、工人分别执行不同的工资项目和标准。其中，专业技术人员根据事业单位工作特点的不同，分别实行专业技术职务等级工资制、专业技术职务岗位工资制、艺术结构工资制、体育津贴和奖金制、行员等级工资制5种不同类型的工资制度。管理人员实行职员职务等级工资制，工资构成主要分为职员职务工资和岗位目标管理津贴两部分。工人分为技术工人和普通工人两大类。技术工人实行技术等级工资制，在工资构成上，主要分为技术等级工资和岗位津贴两部分。普通工人实行等级工资制，工资构成主要分为等级工资和津贴两部分。同时，根据事业单位的实际情况，对作出突出贡献和取得成绩的人员，分别给予不同的奖励。

第三，加大工资中活的部分，建立符合事业单位不同类型、不同行业特点的津贴、奖励制度。关于职务工资与津贴的结构，对全额拨款、差额拨款、自收自支三种不同类型的事业单位，实行分类管理。

对于全额拨款单位，没有稳定的经常性收入或收入较少，各项支出全部或主要靠国家预算拨款，其工资构成中固定部分应占70%，活的部分占30%。这些单位在核定编制的基础上，可实行工资总额包干，增人不增工资总额，减人不减工资总额，节余的工资，单位可自主安排使用。

对于差额拨款单位，有一定数量稳定的经常性收入，但还不足以抵补本单位的经常性支出，支大于收的差额需国家预算拨款补助，其工资构成中固定部分应占60%，活的部分占40%。这些单位可根据经费自立程度和国家有关规定，实行工资总额包干或其他符合自身特点的管理办法。

对于自收自支单位，有稳定的经常性收入，可以抵补本单位的经常性支出。这些单位中有条件的，可以实行企业工资制度，其工资构成中活的部分所占比重可比差额拨款单位大一些。

第四，取消 11 类工资区，考虑通过实行艰苦边远地区津贴和地区附加津贴理顺地区工资关系，但地区附加津贴制度一直没有建立起来。

第五，完善正常增资机制。本次改革提出事业单位正常增加工资的四个途径有：一是考核合格后晋升工资档次。在全额拨款和差额拨款的事业单位，考核合格的工作人员，每两年晋升一个工资档次；考核不合格的，不得晋升。在自收自支事业单位，参照企业办法，在国家政策规定的范围内，根据其经济效益增长情况，自主安排升级。二是晋升职务、技术等级增加工资。晋升职务、技术等级、技术职务后，相应增加工资。三是定期调整工资标准。为保证事业单位工作人员的实际工资水平不下降并逐步增长，根据经济发展情况、企业相当人员工资水平状况和物价指数变动情况，定期调整事业单位工作人员的工资标准。四是提高津贴水平。随着工资标准的调整，相应提高津贴水平，使工资构成保持合理关系。但是在实施过程中，定期调整工资标准和提高津贴水平一直未能形成常态化机制。

第六，增加事业单位自主分配权。各单位可根据实际情况，在国家规定的津贴总额内自行分配。

这次改革对调动工作人员积极性，理顺工资关系，加快建立社会主义市场经济体制，促进社会主义现代化建设起到了重要的作用。此后，我国工资制度逐渐走向正规化的轨道，并随着国民经济的发展逐步完善。

三　改革成效和问题

（一）改革成效

第一，事业单位工资分类管理更体现自身特点。根据单位经费来源、行业特点和人员类别，事业单位实行各类别工资制；根据人员岗位类型，区分专业技术人员、管理人员、工人，分别实行不同的工资制度，并根据事业单位类型，分别制定了不同的工资标准。同时，在工资构成上均由固定部分和活的津贴部分两部分组成，固定部分是职务（岗位）工资，由国家统一调整；活的部分则体现了不同类型、不同行业事业单位的特点，更加符合职业特点。

第二，增加了工资中活的部分，引入竞争、激励机制。这次工资制度改革规定，事业单位与机关脱钩实行符合自身特点的工资制度，在职工工资构成中加大活的部分，顺应了市场经济体制改革的方向。实际上，从1979年到1993年，事业单位工资制度的灵活性已经逐步显现：首先，恢复了奖金制度，奖金的来源之一是行政事业费节余；其次，事业单位在遵守国家法令和有关政策的前提下，可以集体创收，所获收入可作为奖励基金或职工福利自主分配；最后，根据有无稳定的经常性收入和收入的多少，将事业单位划分为三种类型进行分类管理。

（二）存在不足

第一，工资构成中津贴所占比重过大。在实施过程中，随着经济不断发展、事业单位创收收入增加，津贴部分比例普遍偏高。以高校为例，在教师收入构成中，津贴补贴所占的比例甚高，在一般学校占50%以上，高的达到80%—90%。

第二，工资增长机制建设滞后。1993年的工资改革，对事业单位每一个工作人员根据相应的职责进行一年一度的考核，两年连续考核均合格者可以升一级工资。但是没有与市场经济的动态发展关联起来，表现为工资增长的滞后性；与企业相比，由于企业工资由市场调节，而事业单位则多年变动一次，二者工资调整不同步。

第三，工资分配平均主义依然存在。一方面，事业单位工资过分地偏重于职务（职称）、资历，对岗位和绩效因素体现不够，形成事实上的"身份工资"，业绩贡献与收入报酬失衡。另一方面，原拟在活的工资部分引入竞争机制，但执行起来有相当的难度，考核结果流于形式，工资拉不开差距，人人都拿回了自己的那一份活的工资，使活的工资部分起不到应有的激励作用。这种情况在全额拨款单位尤为严重，主要是因为活的工资部分在全额单位中比例相对较小，以致单位所拥有的自由度也受到限制。这种现象不符合按劳分配原则，也不符合公平原则。社会主义市场经济下的分配原则是"兼顾效率和公平"，没有经济高效率的公平，只能是低水平的公平；没有社会公平的高效率，又有潜在不稳定因素。在市场经济条件下，应该强调效率，制定出与之相适宜的激励机制，真正调动工作人员的积极性。

第四，实物化分配倾向加剧。在分析工资形式及其特征时，不能单纯就工资论工资，还应当把难以用"工资"范畴涵盖的实物化收入考虑进来。一是公有住宅和公费医疗因其商品化和成本价格亦快速上涨，但国家机关、事业单位的职工仍只支付价格的一部分，其余部分以福利方式形成实际的实物化收入，从而形成公有住宅和公费医疗享有者和非享有者之间的差别。二是在国家机关和事业单位内部，也存在因实物收入增加而扩大了领导与普通职员的收入差距问题。

第四节　2006 年事业单位工资制度

一　改革背景

进入 21 世纪以来，随着经济社会的发展，收入分配越来越成为全社会关注的热点，人们对于建立公平、公正收入分配关系的期待和要求越来越高。在经济高速发展的背景下，各事业单位的收入来源逐渐多元，资金上更加充裕，为增加职工工资水平，增设津补贴项目、扩大津补贴发放范围、自行提高津补贴标准的现象层出不穷，很多事业单位活的部分占比大大超过国家规定的范围，不同事业单位之间的工资水平差距逐步拉大。理顺分配关系、规范分配秩序，成为深化收入分配改革的迫切要求。

2006 年，中央根据党的十六届三中全会关于推进事业单位收入分配制度改革的精神，顺应深化事业单位改革的要求，针对事业单位现行工资制度岗位因素体现不足、与机关挂得过紧、收入分配政策不完善，调控机制不健全等矛盾和问题，与事业单位人事制度改革同步考虑推进事业单位收入分配制度改革，逐步建立起宏观上注重公平，微观上体现激励，关系合理、秩序规范的收入分配制度。

此次改革的总体目标是建立符合事业单位特点、体现岗位绩效和分级分类管理的收入分配制度，完善工资正常调整机制，健全宏观调控机制，在制度形式和运行机制上与机关公务员工资制度脱钩，逐步实现事业单位收入分配的科学化和规范化。

二　制度要点

2006 年，《关于印发事业单位工作人员收入分配制度改革方案的通知》《关于印发〈事业单位工作人员收入分配制度改革实施办法〉的通知》《关于公务员工资制度改革和事业单位工作人员收入分配制度改革实施中有关问题的意见》等文件陆续出台。提出建立事业单位岗位绩效工资制度，完善高层次人才分配激励机制，建立事业单位主要领导人的激励约束机制等。

此次改革的内容主要包括以下九个方面：

第一，事业单位建立岗位绩效工资制度。适应事业单位人事制度由身份管理向岗位管理转变的改革要求，将工作人员的收入与其岗位职责、工作业绩和实际贡献紧密联系起来。

事业单位工资由岗位工资、薪级工资、绩效工资和津贴补贴四部分组成，绩效工资包括基础性绩效工资和奖励性绩效工资。岗位工资主要体现工作人员所聘岗位的职责和要求，按照岗位等级设置标准；薪级工资体现工作人员的工作表现和资历，按照工作年限和实际表现设置标准；绩效工资体现工作人员的实绩和贡献，单位在上级主管部门核定的总量水平内自主分配；津贴补贴分为艰苦边远地区津贴和特殊岗位津贴补贴，按照工作地区、岗位类别、岗位等级设置标准。对部分紧缺或者急需引进的高层次人才，经批准可实行协议工资、项目工资等灵活多样的分配办法。

第二，工资制度设计体现岗位和资历并重的原则。纵观历次工资制度改革，更加重视职务还是资历，一直是个焦点问题。本次改革体现了职务与资历相结合的原则，岗位设置更加清晰，2006 年出台《事业单位岗位设置管理试行办法》后，事业单位正式确立了岗位分类管理的制度，区分专业技术岗、管理岗、工勤技能岗三类，每类岗位分别执行不同的工资制度。根据岗位职责和要求，管理岗、专业技术岗、工勤技能岗分别设10 个、13 个、6 个岗位等级，一级一薪。根据工作人员的工作表现和资历，对专业技术人员和管理人员设置 65 个薪级，对工人设置 40 个薪级，每个薪级对应一个工资标准，年度考核结果为合格及以上等次的工作人员，每年增加一级薪级工资。

第三，清理津贴补贴。随着经济发展、事业单位创收收入增加，自设津补贴项目成为事业单位变相提高收入的途径，收入分配秩序出现混乱。2013 年，人社部等四部委发布《违规发放津贴补贴行为处分规定》，对事业单位的各类津贴补贴进行清理规范，将不符合政策规定的津贴补贴统一纳入绩效工资管理，为完善绩效工资制度打好了基础。

第四，推行绩效工资制度。按照事业单位绩效工资制度"分步走"

的战略，第一步，从2009年1月1日起，义务教育学校率先实施绩效工资；第二步，配合医药卫生体制改革，从2009年10月1日起，在疾病预防控制、健康教育、妇幼保健、精神卫生、应急救治、采供血、卫生监督等公共卫生机构和乡镇卫生院、城市社区卫生服务机构等基层医疗卫生事业单位实施；第三步，从2010年1月1日起，在其他事业单位实施。先在各地方事业单位实施绩效工资，从2016年开始，中央有关事业单位全面落实绩效工资制度。

第五，绩效工资实行总量控制，允许事业单位拥有自主权。国家对事业单位绩效工资分配进行总量调控和政策指导；事业单位在核定的绩效工资总量内，按照规范的程序和要求自主分配。

绩效工资总量核定模式一直在探索中。对绩效工资制度的核心难点，即绩效工资总量水平核定，根据分类推进事业单位改革的要求，探索建立多种绩效工资总量核定模式，主要有以下三种：

一是限高稳中托低模式。参考当地经济发展、财力状况、物价消费水平、城镇单位在岗职工年平均工资水平、公务员规范后津贴补贴水平和事业单位的实际情况等因素，核定当地事业单位绩效工资总量基准线、高线、低线。对绩效工资总量低于低线的事业单位，按照低线核定绩效工资总量；对绩效工资总量高于低线、低于高线的，按照现有水平核定；对绩效工资总量高于高线的，按照高线核定。高于高线的部分，有的地区不再发放超额部分；有的采用征收一定比例调节基金后继续保留的方式，允许事业单位按照原有水平发放；有的原则上暂时保留，同时对不合理过高收入予以控制，明确此后事业单位不得自行提高绩效工资水平。在首次核定后，每年对绩效工资实行调整，绩效工资总量较低的事业单位，工资增幅较大；绩效工资总量较高的，工资增幅较小，逐步调整和控制事业单位之间的收入差距。

二是行业分类模式。按照事业单位所属行业分类核定绩效工资总量。行业分类一般以国民经济行业分类和事业单位国家行业分类目录为依据，与当地实际情况相结合，根据单位性质、行业特点和功能定位等因素确定事业单位具体行业类别。根据所属行业，分类核定绩效工资总量基准线、高线、低线。

三是"基础绩效＋超额绩效"模式。将事业单位的绩效工资总量分为基础绩效和超额绩效两部分。基础绩效体现"保基本"的公平性，按照与当地公务员"规范津贴补贴＋年终一次性奖金"大体持平原则核定；超额绩效体现事业单位效益，效益不同则绩效工资增量不同。每年主要对超额绩效实行动态调整。凡上年度绩效考核结果为合格及以上，同时主要经济指标趋势向好的事业单位，可申报核增次年超额绩效。

第六，完善工资正常调整机制，使事业单位工作人员收入和经济社会发展相适应。在机关事业单位养老保险制度改革之际，为同步推动养老保险制度改革与完善工资制度，从 2014 年 10 月 1 日起，统一提高机关事业单位基本工资，此后每两年根据经济发展、财政状况、企业相当人员工资水平和物价变动等因素，由人力资源和社会保障部、财政部统一制定标准和办法，调整全国机关事业单位基本工资，截至 2018 年年底，事业单位基本工资连续三次实现不同程度上涨。同时，将部分绩效工资纳入基本工资，绩效工资相应减少，在工资结构中，基本工资占比逐步提高。

第七，完善高层次人才收入分配激励机制，构建体现增加知识价值的收入分配机制。为配合创新驱动发展战略实施，体现知识价值在收入分配中的作用，最大限度地激发创新活力和积极性，同时缓解绩效工资总量控制的压力，国家出台了一系列政策。对于事业单位聘用的紧缺、业内认可、业绩突出的极少数高级专业技术人才、高级管理人才和高端技能人才，可参考人才市场价格合理确定工资水平，所需绩效工资总量在事业单位绩效工资总量中单列，相应增加单位绩效工资总量。国家根据经济社会发展情况，适时调整部分针对高层次人才的特殊岗位津贴标准。

第八，健全事业单位主要领导人的收入分配激励约束机制。2015 年，《事业单位领导人员管理暂行规定》要求，根据事业单位类别，结合考核情况合理确定领导人员的绩效工资水平，使其收入与履职情况和单位长远发展相联系，与本单位职工的平均收入水平保持合理关系，形成对事业单位主要领导的激励约束机制。

第九，工资实行分级管理，明确中央、地方和部门的权限，人社、财政是工资综合主管部门，上级主管部门负责工资具体管理工作，实行分级管理，充分发挥地方和部门的作用。

三　改革成效和问题

（一）改革成效

第一，构建更加符合事业单位特点的工资制度。此次改革突破了1993 年工资改革的结构理念，引入绩效工资概念，绩效工资管理注意分类指导、区别行业特征，增加事业单位对绩效工资的自主分配权，提高了政策的针对性和实效性。

2011 年，《中共中央、国务院关于分类推进事业单位改革的指导意见》提出，结合清理规范事业单位津贴补贴，进一步推动实施绩效工资制度；对不同类型的事业单位实行不同的工资管理办法，鼓励事业单位探索符合自身特点的工资制度。党的十八届三中全会指出："建立科学的医疗绩效评价机制和适应行业特点的人才培养、人事薪酬制度。"此次会议首次提出建立体现"行业特点"的事业单位工资制度。此后，政府主管部门开始探索按行业分类管理事业单位。分类管理是精细化管理的必然结果，是适应事业单位行业类型多样性的客观需要，体现行业特点成为事业单位工资制度的改革趋势。

第二，提高工资激励作用。实行岗位与薪级互补互促，基本工资与绩效工资双向激励，使 2006 年工资改革符合薪酬激励的群体心理需求，实现了薪酬激励的最大化效应。有研究就 2006 年工资改革对特定群体人员的社会化刺激，如产生的群体心理效应如何、认同度高低等问题进行了分析。研究结果表明，在肯定岗位工资主导的基础上，认同薪级工资设置结构的占样本的 84%，部分认同的为 12%，不认同的为 0.2%，说不清的为 0.2%。这个个案一定程度上说明：2006 年工资改革岗位工资与薪级工资分别设置、双向互补的结构模式及设计理念，符合薪酬激励的群体心理需求，在改革完善国家事业单位工资制度的同时，实现了薪酬激励的最大化效应。

第三，增加了事业单位分配自主权。此次改革的一个重要原则是坚持搞活事业单位内部分配，进一步增强事业单位活力。文件提出，引导事业单位实行体现自身特点的分配办法。赋予事业单位更大的收入分配自主权，理顺内部收入分配关系，保持各类人员收入的合理比例。绩效工资分配要向关键岗位、高层次人才、业务骨干和做出突出成绩的工作人员倾斜。

（二）存在不足

第一，工资结构中不同项目的功能不明确。一是基本工资水平确定的依据和标准不明确。目前执行的基本工资标准全国统一，未与当地经济发展形成动态机制，经济发达地区事业单位的基本工资远远不能发挥基本保障作用。二是绩效工资的标准和分配方式不明确。绩效工资分为基础性绩效和奖励性绩效，而在实际分配中，基础性绩效工资实际发挥的是保障性功能，以解决基本工资占总收入比重较低、对职工保障性不足的问题，这样使得基本工资与绩效工资的区分变得混乱。

第二，绩效工资水平增长依据不足，未形成动态增长机制。绩效工资总量核定通常参照事业单位上一年的绩效工资水平、当地公务员工资水平，没有反映单位的工作绩效。中央有关事业单位近几年没有调整绩效工资总量，地方所属事业单位部分实现了绩效工资按年调整，但普遍存在绩效工资增长依据不足的问题。

第三，工资分配的制度基础不完善。一是缺少岗位评价体系。大多数事业单位以国家规定的岗位设置办法为依据进行工资分配，但将岗位简单分为三类不一定符合事业单位的实际发展需要，普遍缺乏本单位内部的岗位评价体系，不能充分体现单位的工作特点。二是绩效评估体系不完善。体现形式有两种：一种是绩效评估指标体系不科学，不能准确、全面地反映工作人员的工作业绩；另一种是内部绩效评估流于形式，工资分配与考核不挂钩或者考核结果相差不大、拉不开差距。

第 三 章

事业单位工资管理体制

事业单位工资管理体制是事业单位工资制度的重要部分，是落实工资制度、发挥工资作用的制度保障。本章梳理了事业单位工资管理体制的历史演变过程，理论上剖析了事业单位工资管理的特点，分析了事业单位工资管理的机构设置、职能分工、调控监督等方面。

第一节　事业单位工资管理体制的历史演变

事业单位是我国一类特殊的公共组织，其管理体制在不同历史时期大致经历了四个阶段的变革。

一　1956 年事业单位工资管理体制

事业单位工资管理体制，与事业单位的形成存在直接关系，中华人民共和国成立初期，还未形成统一的事业单位组织，学校、医院、科研院所等后来的事业单位均在国家统一的工资制度下管理，行业主管部门作为具体的管理机构。[1] 当时，国家机关统一实行供给制和工资制两种待遇制度，学校、医院等组织实行以供给制为主的政策。在各个地区的管理上有所不同，老革命根据地的事业单位基本是跟随机关，实行的是与部队相同的供给制，没有形成专门的事业单位工资制度；新解放区的大学、医院等基本保留原旧工资制度，并对明显不合理的部分进行了调整。[2] 这种混合

---

① 何宪：《事业单位工资管理体制研究》，《中国行政管理》2020 年第 4 期。
② 何宪：《事业单位工资制度改革研究》，《中国井冈山干部学院学报》2017 年第 1 期。

的制度不可避免地造成分配制度的不公平，如同工不同酬等问题，与按劳分配原则相违背，也无法适应恢复发展国民经济的要求。1950 年，国家准备启动工资制度改革，各个地区逐步开始探索工资制度改革。①

1952 年国家进行了一次工资制度的调整和改革，原政务院颁发了《关于颁发各级人民政府供给制工作人员津贴标准及工资制工作人员工资标准的通知》，规定了国家机关事业单位各类工作人员的暂行工资标准，基本上实行了职务等级工资制。这一政策为后来供给制改为工资制以及建立全国统一的工资制度奠定了基础。1955 年 7 月，国务院发布《关于国家机关工作人员全部实行工资制和改行货币工资制的命令》，国家决定将供给制一律改为货币工资制。1952 年政务院发布的《关于全国各级人民政府、党派、团体及所属事业单位的国家工作人员实行公费医疗预防的指示》，开始在正式文件中使用"事业单位"的概念。② 1955 年李先念在《关于 1954 年国家决算和 1955 年国家预算的报告》中明确规定了"事业"的概念内涵，具体是指人们所从事的、具有一定目标、规模和系统的对社会发展有影响的经常活动，是"没有生产性收入，由国家经费开支，不进行经济核算的社会活动"。此后，事业单位开始作为一类独立的公共组织实行统一的工资管理体制。

1956 年 6 月，国务院全体会议第 32 次会议通过了《关于工资改革的决定》，改变了原来多种工资制度并存的局面，建立了职务等级制，奠定了我国工资制度的基础。这次改革实现了以货币规定工资的制度，加强了工资管理工作，强化了分配集中、统一的趋势，建立起与当时我国计划经济体制相适应的中央高度集中的工资分配模式。在这一时期，国家劳动部门是工资工作的主管部门，统筹全国的工资工作和工资制度改革。国家人事部门是机关工资的主管部门，各事业单位主管部门，分别是教、科、文、卫、体等各行业工资的主管部门，在劳动部的指导下进行行业的工资管理和工资制度改革。

---

① 缴旭、豆鹏、纪媛：《新中国 70 年科研事业单位工资制度的发展》，《中国人事科学》2019 年第 12 期。

② 何宪：《事业单位工资管理体制研究》，《中国行政管理》2020 年第 4 期。

二　1985 年事业单位工资管理体制

改革开放以后，为了配合国家经济体制改革，释放和激发事业单位的活动，工资管理体制开始突破原有的计划体制，逐渐形成了计划体制和市场体制并存的局面。1985 年，《中共中央、国务院关于国家机关和事业单位工作人员工资制度改革问题的通知》正式发布，其中明确规定：一是事业单位实行以职务工资为主的结构工资制度，即将工资划分为基础工资、职务工资、工龄工资和奖励工资，正式将奖励工资纳入工资结构中，并将奖励工资与工作业绩相挂钩；二是强调和贯彻按劳分配原则，建立正常的晋级增资制度，国家每年根据国民经济计划完成的情况，适当安排事业单位人员的工资增长指标；三是建立分级管理的工资体制；四是对中小学、中等专业学校的教师和医疗单位中的护理人员分别增发教、护龄津贴，并对医疗事业单位中的护理人员的工资标准提高 10%。

政策上允许事业单位行政和专业技术人员的工资制度，根据各行各业的特点因行业制宜，采用差异化的工资体系，并且单独设立了教学、科研、卫生技术人员的工资标准。通过这次工资制度改革，大部分事业单位工作人员能够不同程度地增加工资，并集中解决了知识分子工资偏低的问题，构建了以基础工资、职务工资、工龄津贴、奖励工资及各种补贴等工资形式与之呼应的"多元化"工资结构。

三　1993 年事业单位工资管理体制

随着市场经济体制的确立，根据党中央和国务院统一部署，要逐步建立符合机关和事业单位各自特点的工资制度与正常的工资增长机制，进一步贯彻按劳分配原则，克服平均主义，使机关事业单位工资制度和管理体制逐步适应建立社会主义市场经济体制的需要。1993 年我国启动了深入的工资制度改革。根据《国务院关于机关和事业单位工作人员工资制度改革问题的通知》和《国务院办公厅关于印发机关、事业单位工资制度改革三个实施办法的通知》的文件要求，此次工资制度改革的主要内容包括：一是事业单位与国家机关工资制度进行脱钩，建立起符合事业单位自身特点的工资制度。事业单位专业技术人员执行专业技术职务等级工资制、管理人员执行职员职务等级工资制、工勤人员执行技术等级工资制，其基本工资由职务工资和津贴两部分构成；二是引入竞争、激励机制，扩大工资中的灵活调控部分，工资的增长与年度考核挂钩；三是建立正常增资的机制，在职务不变的情况下，可以正常晋升工资档次，即每满2年调整一次；在职务变动后，可以按新的职务晋升到相应的工资档次中；四是建立健全津贴制度，使之适应于不同行业、岗位的特点；五是建立艰苦边远地区津贴，体现地域差别，理顺地区间的分配关系。

在事业单位中，将不同行业的专业技术人员分为五种制度，即专业技术职务等级工资制、专业技术职务岗位工资制、艺术结构工资制、体育津贴资金制和行员等级工资制；对事业单位的管理人员建立职员等级工资制；对事业单位的工人建立技术等级工资制和等级工资制。[1] 1993年的事业单位工资制度改革是一次根本性的变革，适应了我国由计划经济向市场经济体制转变的需要，在科学分类的基础上，建立了体现事业单位不同类型、不同行业自身特点的工资制度，实现了与国家机关工资制度的脱钩，将岗位、职务、资历、工作成果等综合起来作为工资的考察因素。[2]

四　2006年事业单位工资管理体制

事业单位工资管理体制具有双重特征，这就要求事业单位工资管理体制的改革与创新，必须把重心放在如何实现行政性与市场性的兼容和平衡。计划经济时期，我国单位事业管理完全采用行政体制模式，事业单位工资管理采用与政府机关几乎相同的做法。随着社会主义市场经济体制的逐步确立，我国开始了长达数十年的事业单位改革历程，并且改革创新仍然在继续进行。改革初期，为了与市场经济接轨，采取了大量市场化改革的做法，如"创收""放权""搞活"等，在一定时期内具有释放事业单位活动的显著成效，但是随着改革过程的深化，许多问题暴露出来，所以放慢了市场化改革的步伐。

由于事业单位涉及的行业非常多，而各个行业的特征差异巨大，因此"分类改革"成为事业单位改革的主导方向。伴随事业单位改革的推进，相应的事业单位工资制度改革也稳步推进。2006年人事部、中组部等联

---

① 何宪：《事业单位工资制度改革研究》，《中国井冈山干部学院学报》2017年第1期。

② 乔碧云：《事业单位绩效工资分配改革探析》，《经济研究导刊》2010年第7期。

合下发《关于印发事业单位工作人员收入分配改革方案的通知》和《事业单位工作人员收入分配制度改革实施办法》等文件，提出在广大事业单位建立由岗位工资、薪级工资、绩效工资和津补贴四部分组成的岗位绩效工资制度，使工作人员的收入与其岗位职责、工作表现和工作业绩相联系。这一政策的核心举措是，配合岗位聘用制改革，建立起了统一的岗位绩效工资制度。在制度形成上和运行机制上，健全收入分配调控机制，实行分类管理、分级调控，完善收入分配调控政策，加强工资收入支付管理，建立统分结合、权责清晰、运转协调、监督有力的宏观调控机制。①

　　事业单位工资分配形式的多样性和分配激励机制的自主灵活性决定了工资管理必须根据事业单位的职能、性质和特点，实行分级分类管理，使工资水平同事业单位社会效益、经济效益的提高紧密联系起来，建立"统一性与灵活性相结合，政府监控、总量管理，单位自主分配"的管理办法。从事业单位工资制度现状和实施情况来看，政府主管部门应当从工资制度设计、工资水平确定等方面进行管理和调控，下放事业单位内部分配权限，事业单位内部分配自主决定，形成符合事业单位自身特点、灵活多样的分配方式，切实发挥工资的激励作用，促进事业单位公共服务质量的提升。根据事业单位改革文件精神，事业单位工资由人社、财政和事业单位主管部门按照分级分类的原则进行管理，建立中央主导、分级管理与市场调节相结合的工资管理体制。

第二节　事业单位工资管理体制理论剖析

一　事业单位管理特点分析

　　通过历史回顾可以发现，事业单位工资管理体制与国家经济体制的改革存在很强的联系性。事业单位工资管理体制体现了事业单位工资管理的基本原则、制度和方法，是事业单位管理体制的有机组成部分，嵌入一个国家的公共事业管理体制之中。事业单位作为政府的延伸机构（或准政府机构），主要承担公益性职能，与政府的行政性职能、市场的经营性职

---

　　①　胡正友：《事业单位工资改革与岗位绩效工资制的实施》，《安徽工业大学学报》（社会科学版）2007 年第 4 期。

能相分立，形成一种三元职能划分的格局。事业单位介于政府与市场之间，其属性与政府的科层制模式更为接近，与市场组织更为疏远，具体表现在：

一是事业单位要受编制部门的管理。事业单位的设立，需要向政府编制部门下属的事业单位登记部门登记设立。事业单位的编制，需要受到政府编制部门的严格管理，每个事业单位都只有编制部门核定的一定数量的编制，事业单位本身不得自行增加编制。

二是事业单位要接受主管部门的管理。人力资源和社会保障部作为全国事业单位的主管部门，负责制定事业单位管理的相关政策、事业单位人事管理政策、事业单位工资管理政策，等等。

三是事业单位要接受设立部门的管理。任何一个事业单位，必须挂靠一个主管机关，由主管机关负责管理。事业单位的首长是由该主管任命，而且很多事业单位的首长为行政编制的公务员，由主管机关派到事业单位中任职。主管机关控制着事业单位的预算，它有权决定给予事业单位的拨款。

二　事业单位工资管理体制特点①

由于事业单位的准政府机构性质，事业单位工资管理体制既区别于政府机关，又区别于市场组织。政府机关的工资制度由《公务员法》做出明确规定，实行国家统一的职务与级别相结合的工资制度，工资包括基本工资、津贴、补贴和奖金，按照国家规定享受地区附加津贴、艰苦边远地区津贴、岗位津贴等津贴。公务员的工资水平应当与国民经济发展相协调、与社会进步相适应。国家实行工资调查制度，定期进行公务员和企业相当人员工资水平的调查比较，并将工资调查比较结果作为调整公务员工资水平的依据。可见，公务员的工资管理体制是一种行政体制，带有强烈的刚性特征，工资管理与调控可以参考市场，但是本质上采用行政指令的方式进行。

与政府相对应，市场组织的工资管理体制本质上是由市场竞争定价的模式，根据劳动力的供求关系、人力资本价值等，由市场组织自主决定其

---

① 何宪：《事业单位工资管理体制研究》，《中国行政管理》2020 年第 4 期。

人员的工资水平。国家出于劳动保护的目的，制定最低工资标准作为强制性要求，但实际的工资水平属于市场组织自主管理权的范畴，国家不干预。市场的工资管理体制属于市场体制，带有明显的灵活性特征，工资完全采用市场定价模式。

事业单位工资管理主要的法律依据是《事业单位人事管理条例》，其中对于事业单位的工资结构、水平做出了指导性和原则性的规定，明确事业单位的工资管理由国家统一规范，但对于具体的经费来源、工资水平、调控方式等内容，没有做出具体规定。事业单位工资管理既需要服从国家的统一规范，也要考虑市场竞争环境，兼有行政体制与市场体制的特征。一方面，事业单位管理部门（人力资源和社会保障部）统一制定事业单位工资管理政策、调控事业单位工资水平；另一方面，事业单位拥有管理自主权，能够利用自有资金发放工资，在一定程度上自主决定本单位的工资水平、分配政策。以公立医院为例，公立医院属于事业单位，其工资管理制度需要受事业单位管理部门和行业主管部门的约束，分配办法、结构、水平等都需要符合国家统一规定；同时由于医疗领域存在一个竞争性市场，医院之间具有竞争性关系，并且医院活动具有经营性特征，这就要求公立医院的工资管理体制必须符合市场规律。

从行政性特征来看，事业单位工资管理体制必须具有规范性、约束性等特点，由政府主管部门进行统一的工资管理制度设计、确定事业单位工资的资金来源及使用方式、管理和调控事业单位工资水平，并通过事业单位工资的调控，实现促进公共服务质量提升和公益性目的达成的目标。

从市场性特征来看，事业单位工资管理体制必须具有灵活性、激励性等特点，根据市场规律进行工资调控，工资水平、结构、分配方式等方面参考行业市场条件，发挥事业单位在工资分配上的自主权。根据现行政策，事业单位在绩效工资分配上拥有一定的自主权，在工资水平、结构等方面受到严格的约束。同时，允许事业单位探索实行高层次人才协议工资制、项目工资制和年薪制等灵活多样的分配方式；对知识技术密集、高层次人才集中的事业单位，核定绩效工资总量时给予适当倾斜。

第三节　事业单位工资管理机构与职能

一　事业单位工资管理的机构设置

事业单位工资管理的部门涉及事业单位管理部门、行业主管部门、其他相关政府管理部门以及事业单位自身。科学划分各个部门的管理权限，是科学有效地管理事业单位工资的前提条件。

在全国层面，事业单位管理部门是指人力资源和社会保障部，其主要职能是指导事业单位人事制度改革和人事管理工作；拟定事业单位人员和机关工勤人员管理政策；按照管理权限，承办事业单位专业技术岗位设置方案的核准或备案事宜；拟定事业单位招聘国（境）外人员（不含专家）政策。在事业单位工资管理方面，人力资源和社会保障部负责联合其他有关部门，如财政部等，制定事业单位工资制度和政策、核定各部门事业单位绩效工资总量、监督管理事业单位工资制度执行情况。鉴于事业单位数量大、人员多、行业广、工资水平差距大的特点，将来可在人社系统的工资部门下设审评中心，专门负责核定各行业事业单位的绩效工资总量。

行业主管部门是进行事业单位管理的实际部门，负责具体事业单位的工资制度实施，核定绩效工资总量，监督制定所属单位的绩效考核办法，切实承担事业单位管理的职能。特别需要强调的是，事业单位行业主管部门应当建立针对所属事业单位的绩效考核体系，对事业单位进行绩效考核，绩效考核结果影响事业单位的绩效工资总量核定，事业单位对其内部人员进行绩效考核，并根据考核结果发放绩效工资。考核指标要突出公益性导向，体现事业单位公益目标任务完成的情况，并将考核结果与财政拨款、绩效工资总量和单位负责人的工资水平挂钩，加强对事业单位内部考核的指导，发挥绩效工资分配的激励导向作用。

事业单位拥有内部工资分配的自主权，在国家政策、行业政策规定的范围内，自主决定事业单位的工资分配办法。例如在公立医院改革中，要求落实公立医院分配自主权，绩效分配向关键和紧缺岗位、高风险和高强度岗位、高层次人才、业务骨干和作出突出成绩的医务人员倾斜。

二 事业单位工资分级管理体制

事业单位工资分级管理体制是指拥有事业单位工资管理权限的政府部门按照行政级别进行权限划分，实行分级管理。分级管理的目的是保证事业单位工资管理的统一性和灵活性，也就是说，国家统一制定事业单位工资管理政策，从而保证统一性；但国家主要进行原则性和方向性的规定，具体的实施办法允许各个地方政府根据当地实际情况自行确定，从而保证灵活性。

（一）国家层面的分级管理

从全国层面来看，分级管理主要表现在国家和各地区、各部门之间的分权。国家主要负责制定事业单位收入分配制度、政策和工资标准，对各类事业单位的收入分配进行政策指导和宏观管理，合理调控地区间、行业间事业单位的收入水平；各地区、各部门主要负责贯彻落实事业单位收入分配政策并组织实施，调控本地区、本部门事业单位收入水平，加强对事业单位收入分配的监督管理。中央政府出台统一的事业单位基本工资制度和津补贴制度，制定基本工资标准以及津补贴标准；宏观调控全国事业单位工资总水平，监督各地工资水平决定和调整；国家人社、财政部门负责调控中央有关事业单位绩效工资总量水平，监督中央有关事业单位工资制度实施情况。地方政府执行国家统一的基本工资制度和津补贴制度；在中央规定基本框架内对当地事业单位绩效工资总量水平进行管理，合理调控各类事业单位之间的收入水平；监督当地事业单位工资制度实施情况。

（二）地方层面的分级管理

在地方政府层面，同样采取分级管理的做法。例如，贵州省事业单位工资实行省、市（州）、县（市、区）三级分别管理的体制，只有对仁怀市和威宁县两个省直管县市实行省、县（市）两级管理。行业主管部门负责指导下属事业单位搞好工资收入分配。再如，上海市事业单位工资管理实行市职能部门、事业单位主管部门和事业单位的三级管理，具体职能如下：

1. 市职能部门的主要职责

市职能部门主要指市人社局和财政局。主要职责分为三方面，一是科学、合理地做好本市行业分类调控绩效工资总量水平；二是建立健全绩效工资总量的调控与增长机制；三是指导、监督各主管部门和事业单位实施绩效工资工作。

2. 各主管部门的主要职责

按照上海市纪委、市委组织部、市监察局、市人社局、市财政局、市审计局《关于进一步强化主管部门职能加强事业单位绩效工资规范管理的通知》规定，各事业单位主管部门职责如下：一是制定本系统事业单位的绩效考核评价办法和绩效工资管理的指导性意见，不断研究完善绩效工资分配的操作办法；二是指导事业单位搞活绩效工资分配，在核定的绩效工资总量内，围绕绩效考核评价建立重业绩、重贡献的绩效工资分配机制；三是严格绩效工资总量管理，认真审核所属事业单位的绩效工资分配方案，对存在的问题要提出整改意见；四是监督所属单位不得超核定绩效工资总量发放，不得在核定的绩效总量外，以各种名义发放津贴补贴和奖金；五是加强对事业单位主要领导的绩效考核评价，根据考核评价结果确定绩效工资分配水平，与单位工作人员保持合理的收入分配关系。

3. 事业单位的主要职责

事业单位的主要职责如下：一是制定本单位各部门、工作人员的绩效考核评价办法；二是制定在主管部门核定的绩效工资总量内的分配办法，按考核评价结果进行分配，按劳取酬、优绩优酬；三是按规定对绩效考核评价办法和与之相匹配的绩效工资分配办法进行全过程监管。

三 事业单位工资分类管理体制

事业单位工资分类管理体制是指根据事业单位的属性和类别，分别采取适合事业单位特征的工资管理制度。分类管理主要源于我国事业单位纷繁复杂的构成，把具有共性特征的事业单位划为同类，从而方便进行管理。实践中，主要采用了三种事业单位分类管理体制：公益类型分类管理、经费保障分类管理和行业分类管理。

（一）公益类型分类管理

根据职责任务、服务对象和资源配置方式等情况，将从事公益服务的事业单位细分为两类：公益一类和公益二类。

业务性质上，公益一类事业单位承担基本公益服务，从事的业务通常不能或不宜由市场配置资源，参与市场竞争少，获得的市场收益低，与市场的人才竞争相对少，事业单位工资水平与企业工资的相关性不大；公益二类事业单位可部分由市场配置资源，根据国家确定的公益目标和相关标准开展活动，参与激烈的市场竞争，并获取相关收益，同时也面临着人才的市场竞争，事业单位的工资水平应当有更强的外部竞争力，与企业有更高的可比性。

经费保障上，公益一类事业单位由财政根据正常业务需要提供相应经费保障，财政保障力度较大；公益二类事业单位由财政根据单位业务特点和财务收支状况等，给予经费补助，并通过政府购买服务等方式予以支持。

因此，无论业务性质还是经费保障，两种事业单位都存在差异。政府主管部门进行工资水平管理时，通常根据事业单位的公益类型进行分类调控，公益二类事业单位的工资水平往往高于公益一类。

（二）经费保障分类管理

按照经费来源不同，事业单位分为全额拨款、差额拨款、自收自支三种不同类型，其工资水平的核定可根据事业单位性质采用不同的方法。

全额拨款单位的各项支出全部或主要靠国家财政预算拨款，这些单位在核定编制的基础上，通常按人头拨款，可实行按照人均水平核定绩效工资总量的办法，增人不增工资总额，减人不减工资总额，核定的人均工资水平可参照当地公务员工资水平。

差额拨款单位，有一定数量的国家预算拨款补助，但还不足以抵补本单位的经常性支出，支大于收的差额需由本单位经费补充，这些单位可根据经费自理程度和国家有关规定，其人均工资水平可适当高于当地公务员工资水平。

自收自支单位，有稳定的经常性收入，可以抵补本单位的经常性支出。这些单位中有条件的，可以实行类似于企业的工资管理制度，其人均工资水平可高于差额拨款事业单位，工资构成中的灵活构成部分所占比重可比差额拨款单位大一些。

（三）行业分类管理

按照事业单位所属的行业不同，可以将事业单位划分为若干种类型。我国事业单位的行业非常复杂，包括教育、科技、文化、卫生、体育、勘察设计、农林牧渔、交通、气象、地震、海洋、环保、测绘、信息咨询、标准计量、知识产权、城市公共、物资仓储、社会福利、经济监督、机关后勤等。如此繁多的行业划分不利于统一管理，必须结合行业特征与事业单位工资管理的要求，进行科学化的行业分类。全国各地都在进行事业单位行业分类的探索与创新，国家层面正在摸索和总结经验，尚未形成统一的国家政策。

上海市的行业分类管理制度具有经典性和代表性。（1）行业分类原则。上海市事业单位行业分类原则有三点：一是权威性，依据国家相关分类目录，社会认可度高；二是合理性，做到相同的类别共性明显，不同的类别边界清晰；三是可操作性，符合上海市实际情况，便于与既有政策衔接。（2）行业分类办法。根据上述原则，上海市事业单位按照大类和小类划分。大类划分是以国民经济行业分类和事业单位国家行业分类目录为依据，体现权威性。小类划分是对同一行业大类进一步细化归类，有利于政策调整的合理性和操作性。

事业单位行业分类与编制部门分类办法不同，编制部门分类是区分事业单位社会公共属性，依据是公益性程度，类别仅分为公益一类和公益二类。而行业分类是为确定事业单位收入水平，依据是职业领域、服务对象和风险责任等不同特点，突破行政隶属关系的限制。结合上海市事业单位的实际情况，同时考虑操作需要，最后形成5大类（教科文卫和公共管理）和21小类的分类体系，研究制定了《上海市事业单位行业分类目录》（简称《分类目录》）。在充分听取各方面意见的基础上，形成了《分类目录（2015年版）》，之后通过两上两下的沟通，按照《分类目录》完成了上海市7600多家事业单位的行业分类。2016年4月，上海市完成了本市事业单位行业分类目录的修订，形成《上海市事业单位行业分类目录（2016年版）》，并在2017年进行了重新评估修正。

第四节　事业单位工资管理调控与监督

事业单位主管部门对工资管理的调控与监督主要体现在以下几个方面：

第一，事业单位主管部门对事业单位的工资管控核心是对工资水平进行调控，保证工资水平的效率性与公平性。事业单位主管部门对于工资水平的调控与约束，主要体现在绩效工资总量水平管理、绩效工资水平低线管理、绩效工资水平高线管理与特殊人才工资水平管理，基本原则是保证事业单位的工资水平低线、控制过高的工资水平、特殊人才特殊管理。

一是实行事业单位工资总量控制。根据事业单位的性质、经费来源和收支情况，实行绩效工资总量调控，使单位绩效工资总量与公益目标完成情况、同一地区内的社会平均工资水平和公务员工资水平保持一定的比例关系。这将体现事业单位的公益任务完成情况，将事业单位的工资水平与经济发展水平挂钩，与机关公务员的工资水平相关联，保证事业单位能够分享经济发展的成果、保持公共部门的合理工资关系。同时，对于与市场关联度高的事业单位，适当参考当地同行业企业工资水平，使事业单位工资水平与企业人员工资水平保持相对平衡，增加事业单位对人才的吸引力。

二是保证事业单位工资水平达到低线标准。根据工资决定理论，工资需要满足最低的生活需要，同时反映其社会劳动价值。对于承担国家规定的公益性职能但没有营利性收入来源、工资水平低于最低标准的事业单位，通常由当地政府通过财政拨款等措施，保证其工资水平达到最低标准。

三是控制事业单位工资水平超出高线标准。事业单位由国家出资举办，公益属性是其本质属性，即使事业单位有自主创收收入，但大部分是依靠国家资源、国家品牌、国家投入获得，因此，对事业单位工资水平超出当地高线的，采用征收调节基金、降低年度绩效工资增幅等方式加以管控，平衡各地、各行业、各类事业单位之间的收入差距。

四是实行特殊人才工资水平的特殊管控。事业单位是高层次人才聚集的地方，对于高层次人才、紧缺人才、突出贡献人员等特殊人员，允许事业单位给予较高水平的报酬，满足事业单位对于高层次人才或特殊人才的需求，切实为事业单位发展松绑。同时，单位引进的国家高层次人才应当不占用单位的绩效工资总量，在单位内部公示、向主管部门申请、经同级政府的人社和财政部门批准后执行。

第二，事业单位领导人员工资水平管理。通常由事业单位上级主管部门制定事业单位主要领导的收入分配办法，结合考核合理确定其收入水平，使事业单位主要领导的收入与单位的长远发展相联系、与事业单位内部人员的平均收入水平保持合理关系。同时，规范事业单位主要领导的收入分配，并加强监督管理。

第三，事业单位工资发放管理。事业单位工资管理受到事业单位管理部门、行业主管部门及其他监管部门的严格监督，对工资分配的过程与结果进行监管，及时发现事业单位工资分配中的违法违规现象，并依法处理。严肃工资纪律是中央调控的重要保障。中央已经出台了《中共中央纪委、中共中央组织部、监察部、财政部、人事部、审计署关于规范公务员津贴补贴问题的通知》和《违规发放津贴补贴行为处分规定》等一系列文件，下一步的关键是坚持国家政策的统一性和严肃性，严格执行文件规定，继续加强对事业单位津补贴制度的管理，不得擅自出台和变通工资政策。各级纪检、监察、组织、财政、人事、审计等部门要加强监督，凡违反政策规定的，要按有关规定，进行严肃处理并追究领导者责任。

在事业单位绩效工资分配过程中，要求事业单位必须将所有用于收入分配的资金全部纳入工资专户管理，对人员经费支出占单位总收入的比例设定上限。人事、财政、税务、审计等综合管理部门密切配合，并充分发挥事业单位主管部门的作用，加强工资宏观调控和有效监督，防止分配领域盲目攀比、出现分配秩序混乱的现象。

第 四 章

事业单位工资结构

2006 年工资制度改革文件规定，事业单位实行岗位绩效工资制度，工资结构由基本工资、绩效工资和津贴补贴三部分组成。目前大部分事业单位采用这种工资结构，对吸引人才、促进单位发展起到了正向激励作用，但同时也暴露出一些问题，有的事业单位也在国家政策框架下，积极寻求探索和创新。

第一节 事业单位工资结构现状

2006 年，在我国《公务员法》正式实施的第一年，机关事业单位进行了全国性的工资制度改革，后来随着政治经济发展和事业单位分类改革、事业单位岗位管理等一系列制度变化，有的地区和行业对事业单位工资制度进行了不同程度的创新，但总体制度框架一直沿用至今。

一 基本工资

基本工资包括岗位工资和薪级工资。

岗位工资主要体现工作人员所聘岗位的职责和要求。事业单位岗位分为专业技术岗位、管理岗位和工勤技能岗位。专业技术岗位设置 13 个等级，管理岗位设置 10 个等级，工勤技能岗位分为技术工岗位和普通工岗位，技术工岗位设置 5 个等级，普通工岗位不分等级。不同等级的岗位对应不同的工资标准。工作人员按所聘岗位执行相应的岗位工资标准。

薪级工资主要体现工作人员的工作表现和资历。对专业技术人员和管理人员设置 65 个薪级；对工人设置 40 个薪级，每个薪级对应一个工资标准。对不同岗位规定不同的起点薪级。工作人员根据工作表现、资历和所聘岗位等因素确定薪级，执行相应的薪级工资标准。

二 绩效工资

绩效工资主要体现工作人员的实绩和贡献。国家对事业单位绩效工资分配进行总量调控和政策指导。事业单位在核定的绩效工资总量内，按照规范的程序和要求，自主分配。

事业单位实行绩效工资后，取消现行年终一次性奖金，将一个月基本工资的额度以及地区附加津贴纳入绩效工资。

自 2009 年以来，全国事业单位分步实施绩效工资：从义务教育学校开始，到公共卫生和基层医疗卫生机构，再到地方政府机关所属事业单位，2016 年中央有关事业单位实施绩效工资制度后，事业单位绩效工资制度改革在全国范围内全部推开，各地区、各行业的事业单位工资制度在不断推进的过程中，总结了很多经验做法，体现出不同的地方特色和行业特点。

三 津贴补贴

津贴补贴包括艰苦边远地区津贴和特殊岗位津贴补贴。

艰苦边远地区津贴主要是根据自然地理环境、社会发展等方面的差异，对在艰苦边远地区工作生活的工作人员给予适当补偿。艰苦边远地区的事业单位工作人员，执行国家统一规定的艰苦边远地区津贴制度。执行艰苦边远地区津贴所需经费，属于财政支付的，由中央财政负担。2006年，人社部、财政部《关于调整艰苦边远地区津贴标准的通知》中完善了艰苦边远地区津贴制度：一是建立科学合理的实施范围和类别评估指标体系，选取自然地理环境和人文社会发展两个方面共 7 个指标，作为确定范围和类别的基本依据；二是在原有范围的基础上增加了 200 多个县市区，将类别由原来的 4 类调整为 6 类；三是适当提高津贴标准，一类区每月 65—130 元，二类区每月 120—240 元，三类区每月 215—380 元，四类区每月 370—680 元，五类区每月 640—1050 元，六类区每月 950—1400元；四是建立动态调整机制。

特殊岗位津贴补贴主要体现对事业单位苦、脏、累、险及其他特殊岗位工作人员的政策倾斜。主要包括工作繁重类岗位津贴、危险类岗位津贴、有毒有害类岗位津贴、特殊激励类岗位津贴等。国家对特殊岗位津贴补贴实行统一管理。

国家统一规定津贴补贴。主要包括国家机关补贴、住宅公务员电话包干费、高级干部保姆自雇费、独生子女费、婴幼儿补贴、奶费、少数民族补贴、无食堂补贴、防暑降温费等。

九三工改补贴。禁食猪肉补贴、书报费、交通费、女同志卫生费、副食补贴等。

改革性津贴补贴。改革性补贴主要是指根据推进福利待遇货币化改革的需要，通过转化原有用于职工福利待遇的资金，向职工直接发放的货币补贴。包括住房补贴、物业费、采暖费、上下班交通补贴、公车改革补贴等。

第二节　事业单位工资结构存在问题

按照现行规定，事业单位工资构成包括基本工资、津补贴和绩效工资三部分。其中，基本工资标准和津补贴标准由国家统一规定，绩效工资总量由事业单位上级主管部门、人社部门、财政部门共同核定。基本工资和绩效工资是工资结构中的核心部分，前者体现了事业单位人员的基本保障，具有"生存工资"的特征；后者体现了事业单位对工作人员的激励机制，具有"效率工资"的特征。津补贴属于国家对特殊岗位、特殊部门、特殊地区就业人员额外劳动付出的照顾和支持，一方面，体现了对这些工作人员做出的贡献或牺牲给予回报，另一方面，可以鼓励更多人员到这些领域工作。这一工资结构具有其合理性，但也存在许多问题，尤其是在不断深化改革的背景下，已经不能适应经济社会发展的要求。

现行工资结构存在三个方面的突出问题：

第一，工资结构中的模块设计不能完全适应事业单位收入分配改革要求。随着事业单位分类改革逐步推进，国家明确要求建立符合事业单位行业特点的工资制度。《关于深化收入分配制度改革若干意见的通知》要求"结合分类推进事业单位改革，建立健全符合事业单位特点、体现岗位绩效和分级分类管理的工资分配制度"。现行事业单位的工资结构无法体现行业特点，根据工资结构确定的工资水平也无法有效反映行业差距。此外，根据《关于实行以增加知识价值为导向分配政策的若干意见》的规定，事业单位收入分配还需要体现知识价值导向，而现行工资结构也不能满足这一要求。

第二，工资结构中不同模块的功能不明确。基本工资、绩效工资加津补贴的结构看似清晰，实际结构划分仍然不够明确。首先，基本工资水平确定的依据和标准不明确，目前执行的基本工资标准全国统一，未与当地经济发展形成动态机制，经济发达地区的事业单位基本工资远远不能发挥基本保障作用。其次，绩效工资的标准和分配方式不明确，很多地区和行业在绩效工资中区分基础性绩效和奖励性绩效（或超额绩效），而基础性绩效工资在绩效工资中占比较大，作为绩效工资的主体部分，实际发挥的是保障性功能，以解决基本工资占总收入比重较低、对职工保障性不足的问题，单位内部分配时，则主要考虑岗位职责的因素，通常根据岗位级别设定岗位系数，以岗位系数、单位的基准金额作为基础性绩效工资发放的主要依据，这样使得基本工资与绩效工资的区分变得混乱。最后，经过多次清理规范后，滥发津补贴的问题已基本得到遏制，但仍然存在项目繁多、标准过低的问题，很多项目是 20 世纪八九十年代初期制定的标准，到现在仍然在执行，已偏离了当初制定津补贴政策时的初衷。

第三，工资结构中不同模块的比例不合适。事业单位工资包括基本工资、津补贴和绩效工资。其中，基本工资和津补贴标准由国家统一规定，绩效工资由单位根据员工的工作业绩和贡献灵活发放。从全国事业单位的工资构成来看，各个工资模块所占的比例不尽合理，体现在两个方面：一是对于收入水平较低的事业单位，绩效工资所占比例较小。由于基本工资和津补贴标准全国统一，在收入水平较低的事业单位，绩效工资占比本身较小；继 2014 年和 2016 年国家两次上调事业单位基本工资标准之后，部分津贴补贴和绩效工资纳入基本工资，绩效工资占比进一步降低；为了全面实施绩效工资制度，中央有关事业单位冻结津补贴项目，禁止擅自提高津补贴标准，暂停绩效工资增长，绩效工资占比继续减少，从而导致单位在进行内部分配时，可用于激励员工的部分太少，对工作业绩和贡献的体现不足。二是对于收入水平较高的事业单位，尤其是发达地区收入较高的单位，物价水平、生活成本较高，基本工资和津补贴在工资收入中所占比重较小，不能切实发挥保障作用。

　　从绩效工资结构来看，各地区和行业实施绩效工资政策时往往以"一刀切"的方式要求事业单位以同样的比例来划分所有岗位的基础性绩效工资和奖励性绩效工资，导致工资结构不符合各类岗位的特点。有的岗位专业性强、技术难度高、对单位的贡献突出，但由于基础性绩效工资占比过高，这部分收入多与职务、职称挂钩，对其工作贡献的体现不足，无法调动职工积极性；有的岗位，比如行政人员，岗位职责相对固定，但奖励性绩效工资占比过大，因其工作成效很难量化，绩效考核本身存在一定难度，则会出现"搭便车"现象。

第三节　事业单位工资结构优化思路

一　事业单位工资结构优化的基本思路

　　党的十九大报告指出："深化事业单位改革，强化公益属性，推进政事分开、事企分工、管办分离。"事业单位改革不断深化，但改革不等于弱化事业单位的职能，"强化公益属性"这一要求明确了事业单位在国家经济社会发展中的重要战略地位。在强化公益属性的指导思想下，作为事业单位改革的关键环节之一，工资结构调整势在必行。

　　事业单位的公益属性和职能定位，决定了事业单位工资结构应由国家提出指导意见。为了保证事业单位的公益属性，同时优化工资结构，本章提出优化事业单位工资结构的多种设想。

　　第一，落实强化公益属性要求。工资结构的设计必须以体现公益属性为首要原则，强调事业单位公益目标的完成情况，必须避免将事业单位扭曲为逐利性主体。

　　第二，工资结构考虑国家、单位、个人三方面因素。首先，由于事业单位的公益属性，其工资结构中有一部分应体现国家战略以及公共服务职能实现的需求，并且由国家财政保证工资经费来源，保障事业单位工作人员的基本生存需要。其次，事业单位在遵循国家基本制度的前提下，享有收入分配自主权，保持薪酬制度的弹性与竞争性，以有效激发广大工作人员干事创业的积极性和主动性；相应地，工资结构的第二部分应体现单位的贡献与绩效。最后，工资结构还应体现激励性，鼓励事业单位人员

"多劳多得"，因此工资结构的第三部分应体现个人的贡献与绩效。将国家、单位、个人三方面因素结合起来，构建一个周延的工资体系。

第三，工资结构与行业监管有机结合起来。人社部门、财政部门和事业单位上级主管部门，共同行使事业单位管理权限，前两者是事业单位的综合管理部门，后者承担事业单位的具体人事管理职能。工资结构中的单位绩效与个人绩效部分，依赖于完善的绩效考核体系，事业单位主管部门应切实承担绩效考核职责，并将考核结果作为核定事业单位绩效工资总量的依据。事业单位的绩效考核实际包括两个层面：一是主管部门对事业单位进行考核；二是事业单位对内部工作人员进行考核。二者应成为确定事业单位工作人员工资的依据，这样才能通过绩效考核切实发挥工资的约束和激励作用。

二 事业单位工资结构优化的具体设想

从全国事业单位工资制度实施现状来看，大部分事业单位执行国家统一的岗位绩效工资制度，公立医院作为试点，率先对现有的工资制度进行了改革，开始探索实行年薪制、协议工资制等；高校、科研机构在内部分配时也尝试采用多种方式并存的分配形式；等等。基于现行的工资结构，提出以下三种优化模式：

（一）局部改良模式

这种改革模式的原则是不打破原有工资框架，在岗位绩效工资框架下稍加调整，把部分基础性绩效工资纳入基本工资，逐步提高基本工资在工资收入中的比重，其他部分保持不变。

基本工资包括岗位工资和薪级工资。岗位工资体现岗位价值、工作职责和工作难度，薪级工资体现资历和贡献。基本工资的作用是保障基本生活需要，考虑到目前事业单位基本工资水平较低，将部分基础性绩效工资纳入基本工资，逐步提高基本工资在工资收入中的比重。

绩效工资包括基础性绩效工资和奖励性绩效工资。基础性绩效工资主要体现地区经济发展水平、物价水平和岗位职责等因素，奖励性绩效工资主要体现工作量和实际贡献等因素。从全国实施情况来看，一方面，基础性绩效工资在绩效工资中占比较大，是绩效工资的主体部分，但单位内部分配时，主要考虑岗位职责的因素，通常根据岗位级别设定岗位系数，以岗位系数作为基础性绩效工资发放的主要依据，基础性绩效工资实际发挥的是保障性功能，用以解决基本工资占总收入比重较低、对职工保障性不足的问题；另一方面，大部分地区和行业的奖励性绩效工资占比较低，往往不容易拉开差距，起不到有效的激励作用。建议绩效工资不再区分基础性绩效和奖励性绩效。在保持工资总水平不变的情况下，将部分基础性绩效工资纳入基本工资，逐步提高基本工资比重，满足职工的基本生活需要；保留的绩效工资改良的重点有：一是强调绩效工资的公益导向，避免绩效工资过分与创收挂钩；二是强调绩效工资根据考核结果发放，向工作表现好、业绩贡献突出的职工倾斜。

津补贴严格执行清理规范后的项目。津补贴是对特殊环境下工作的额外劳动付出的补偿，体现特殊工作环境、特殊工作岗位差异，由国家统一制定标准。在分步实施绩效工资的过程中，各事业单位的津补贴经过多次清理规范，原先擅自增设、提高标准的项目已逐步被取消或纳入绩效工资，津补贴的滥发现象已得到一定程度遏制。事业单位的津补贴可继续执行清理规范后、国家允许保留的项目。

（二）局部改革模式

这种改革模式主要原则是局部突破原有工资框架，即工资构成不变，仍由基本工资、津贴补贴和绩效工资组成，参照公务员职务职级并行的工资待遇，重新设置基本工资模块。

基本工资体现岗位价值、工作职责和工作难度，发挥基本保障作用，由于基本工资水平较低，且与职务、职称挂钩，受机构规格、职务数量、职称数量的限制，大量岗位在无法晋升职务、职称的情况下，工资待遇难以得到明显提升，现有水平的保障力度不足。可参照公务员职务与职级并行制度的做法，以现有的事业单位岗位设置管理办法为基础，对事业单位管理类、专业技术类、工勤技能类岗位分别设置若干个岗级。岗级晋升的主要依据是任职年限和级别，对达到规定任职年限和级别条件的事业单位工作人员，依据其德才表现和工作实绩，在本单位或规定的范围内进行民主测评，经考核合格及以上的晋升岗级。岗级晋升到一定级别后，继续晋升的，需经事业单位上级主管部门和当地政府主管部门审批。新的岗级制度下，基本工资由现行的岗位工资、薪级工资两项调整为岗级工资一项，每个岗级内设若干工资档次，体现资历贡献。事业单位工作人员晋升岗级后，享受相应岗位级别的基本工资待遇。年度考核合格及以上的，可在本岗位级别内晋升一个工资档次。

津贴补贴项目保持不变，为国家政策明确规定、允许保留的各项津贴和补贴项目。与职务和职称挂钩的津贴补贴项目标准按所在岗位的等级确定。

绩效工资体现工作业绩和贡献，根据绩效考核结果发放，绩效考核办法要突出事业单位的公益导向。

（三）全面改革模式

此种模式是打破原有的工资结构，重新设计工资结构。从事业单位公益性的特征出发，考虑国家、单位、个人三方面因素，提出"'五柱式'工资结构"的设想。由于事业单位的公益属性，其工资结构中有一部分应体现国家战略以及公共服务职能实现的需求，并且由国家财政保证工资经费来源。事业单位提供社会公益服务，具有公共服务职能，工资结构的第二部分体现单位的公共服务质量与水平。工资还应保持激励性，鼓励事业单位人员"多劳多得"，因此工资结构的第三部分应体现个人的贡献与绩效。将国家、单位、个人三方面因素结合起来，构建一个周延的工资体系，包括基础工资、岗位工资、年功工资、单位绩效工资、个人绩效工资，分别体现经济发展水平、岗位价值、个人资历、组织绩效、个人绩效，根据事业单位行业特点、职责任务等可增设附加项目。事业单位"五柱式"工资结构（见图4—1）：

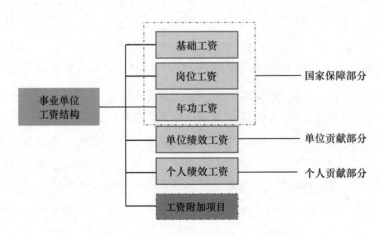

图4—1 事业单位"五柱式"工资结构

"五柱式"工资结构的前三个支柱为国家保障部分，具体包括基础工资、岗位工资和年功工资。国家保障部分是国家对事业单位工作人员基本收入的保障，既能体现对事业单位人员的基本保障，又能反映人员的岗位贡献和历史贡献。不论公益一类还是公益二类事业单位，国家保障部分都属于财政拨款保证的范畴。

1. 基础工资

基础工资是指满足工作人员基本生存需求的工资。根据"生存工资理论"，基础工资应当能够维持劳动者的基本生存需要，应与当地经济发展水平、物价水平相适应，可以参照当地城镇居民人均消费支出、当地城镇居民人均可支配收入、最低生活保障水平等确定，[①] 形成基础工资与经济发展联动的动态调整机制，并且这项指标由国家统计局定期发布，具有一定的权威性、比较容易获取。

因此，基于生存工资的基本理论，可将事业单位基础工资标准设定为当地城镇居民人均消费支出、当地城镇居民人均可支配收入或最低生活保障标准，保障事业单位工作人员的基本生活需要，同时随着经济增长、物价波动实行动态调整，有利于事业单位工资与国民经济发展相协调、与社会进步相适应，使事业单位工作人员能够分享经济发展成果，有更多获得感。

2. 岗位工资

岗位工资是指基于事业单位工作人员的岗位确定的工资，体现岗位价值、工作职责和工作难度。岗位工资核定的依据为岗位等级。根据事业单位人事管理制度，事业单位岗位类别分为专业技术岗、管理岗和工勤岗，三个类别分别设置5—13个不同的岗位等级，可根据现有事业单位岗位设置管理办法分别确定各个岗位等级的工资标准。此部分工资占工资总收入的比例可设为15%—20%。

3. 年功工资

年功工资是指基于工作人员的工龄确定的工资。事业单位主管部门应

---

① Daniel A. Underwood, Donald D. Hackney, Dan Friesner, Criteria for Sustainable Community Economic Development: Integrating Diversity and Solidarity into the Planning Process, *Journal of Economic Issues*, 2015, p. 10.

根据当地经济社会发展水平，并参照企业工资标准，核定年功工资等级和标准。年功序列表在一定时期内保持稳定，事业单位在计发工资时不需要主动调整，按照对应年功序列自动增长即可。年功工资与工龄挂钩，所以它是有利于在单位长期任职的工作人员，能够为单位留住人才。此部分工资占工资总收入的比例为10%左右。

4. 单位绩效工资

单位绩效工资体现事业单位公益目标的完成情况和整体经济效益，反映事业单位的整体绩效，激励所有员工干事创业的积极性。

单位绩效工资体现了国家对事业单位的宏观监管，它实行的制度基础是建立科学有效的事业单位绩效考核制度。绩效考核是主管部门进行工资管理的重要工具和手段，考核结果应该作为核定事业单位工资总量的依据。围绕单位贡献，事业单位的绩效考核应优先考虑公益性，以公益性职能的实现程度作为主要依据确定工资标准。例如，公立医院在公共卫生、基本医疗服务、健康管理等方面承担公益性职能，在卫生主管部门进行绩效考核时应当重点关注这些方面，而不能将经营性收入作为唯一标准。经营性收入的分配纳入单位绩效工资范畴，但应由财政部门、主管部门、人社部门共同确定可用于绩效工资分配的标准。

在单位内部，单位绩效工资的分配可以与岗位等级挂钩，每个岗位等级设定一个岗位系数，用单位绩效工资总量除以所有工作人员的岗位系数之和，得出每一单位岗位系数的工资点值，然后乘以对应的岗位系数，即可计算出每个岗位的单位绩效工资部分。单位整体绩效好，则每一单位岗位系数的工资点值就高，所有员工的单位绩效工资水平就高，形成单位与个人联动发展的机制。

5. 个人绩效工资

个人绩效工资反映个人工作绩效，是基于事业单位内部的绩效考核结果而发放的工资。事业单位行使工资分配自主权，有权对工作人员的绩效进行定期考核，并作为确定绩效工资标准的依据。事业单位内部的绩效考核同样应坚持公益性原则，将事业单位公益性职能分解落实到个人，同时结合市场性收入目标，作为个人的综合绩效考核指标。根据个人绩效考核结果进行绩效工资的内部分配，体现多劳多得、优绩优酬的绩效工资分配原则，从而保证对高绩效工作人员的激励性。

　　单位绩效工资和个人绩效工资都属于绩效工资的范畴，体现单位的整体绩效和个人的工作绩效，由主管部门定期进行绩效考核后，根据考核结果核定绩效工资总量。绩效考核得分高的单位，适当提高绩效工资总量额度；绩效考核得分低的单位，适当降低绩效工资总量额度，以此实现对单位和个人贡献的认可与激励。

　　6. 工资附加项目

　　工资附加项目是指国家或单位发放给工作人员的工资薪金范围外的收入。随着国家不断出台新的政策，一些适应经济社会发展新形势的项目也逐渐纳入进来。2016年，《国务院关于激发重点群体活力带动城乡居民增收的实施意见》指出，深化事业单位分类改革，实行以增加知识价值为导向的激励机制，提高科研人员成果转化收益分享比例，通过工资性收入、项目激励、成果转化奖励等多重激励引导科研人员潜心研究工作，激发科技创新热情。《关于实行以增加知识价值为导向分配政策的若干意见》提出，事业单位收入分配体现为基本工资、绩效工资和科技成果转化性收入。首次将"科技成果转化"收入纳入分配方案，确立了增加知识价值分配的导向，通过稳定提高基本工资、加大绩效工资分配激励力度、落实科技成果转化奖励等激励措施，使科研人员收入与岗位职责、工作业绩、实际贡献紧密联系。同时要求，可以采用产权激励的方式，包括实行股权、期权、分红激励等。需要说明的是，工资附加项目并不属于严格意义上的工资，而是具有补偿性或激励性的额外收入项目。而且，工资附加项目必须具有明确的国家政策规定才可发放，不允许单位随意设立附加项目。

　　7. "五柱式"工资模块的核定依据

　　"五柱式"工资构成及其核定依据如表4—1所示。事业单位的工资水平由国家统一进行规范管理，实行"托低限高"的调控。五个模块的比例关系应按照事业单位的行业以及公益属性程度进行设定，对于公益一类事业单位，可以适当调高国家保障部分的比例；对于公益二类事业单位，可以适当调高单位绩效工资和个人绩效工资的比例。

表4—1   **"五柱式"工资构成及其核定依据**

模块	工资结构	核定标准的影响因素
国家保障部分	基础工资	城镇居民人均消费支出、最低生活保障等
	岗位工资	岗位等级
	年功工资	工龄
单位贡献部分	单位绩效工资	单位整体绩效
个人贡献部分	个人绩效工资	个人工作绩效
工资附加项目	其他附加项目	国家政策允许的股权、期权、分红、科技成果转化收入等

第 五 章

事业单位工资水平

　　事业单位工资水平是事业单位工资管理的重点、难点问题，也是事业单位工作人员关注的焦点问题，直接影响到职工对工资制度的整体评价。本章简要分析了事业单位工资水平决定现状、存在问题和原因分析，重点研究了影响事业单位工资水平的决定性因素，提出构建事业单位工资水平决定模型的建议。

第一节　事业单位工资水平决定现状

　　事业单位工资构成中，基本工资标准和津补贴标准由国家统一规定，绩效工资总量由人社部、财政部、事业单位上级主管部门共同核定。因此，各事业单位绩效工资水平主要取决于主管部门核定的绩效工资总量。目前事业单位的绩效工资总量管理模式正在逐步探索中，从全国各地的现状进行分析总结，主要有以下几种核定模式：

　　第一，限高稳中托低模式。限高稳中托低模式通常参考当地经济发展、财力状况、物价消费水平、城镇单位在岗职工年平均工资水平、公务员规范后津贴补贴水平和事业单位的实际情况等因素，核定事业单位绩效工资总体水平。

　　首次核定绩效工资总量时，根据合理调控事业单位收入水平差距的需要，确定事业单位年度绩效工资总量低线和高线。通常以当地公务员规范后津贴补贴水平加年终一次性奖金作为事业单位绩效工资总量核定的基准线，上浮或者下调一定比例后设定绩效工资总量的高线和低线。

　　对现有津贴补贴水平与年终一次性奖金之和低于低线的事业单位，按照低线核定绩效工资总量；对现有津贴补贴水平与年终一次性奖金之和高于低线、低于高线的事业单位，按照现有水平核定绩效工资总量；对现有津贴补贴水平与年终一次性奖金之和高于高线的单位，按照高线核定绩效工资总量。高于高线的部分，有的地区采用直接取消的方式，不再发放超额部分；有的地区采用征收一定比例调节基金后继续保留的方式，允许事业单位按照原有水平发放；有的地区原则上暂时保留，同时对不合理过高收入予以控制，明确提出此后事业单位不得自行提高绩效工资水平。

在首次核定后，每年对绩效工资实行动态调整时，对绩效工资总量较低的事业单位，允许其每年保持相对较快的工资增长幅度；对绩效工资总量较高的事业单位，每年的工资增长幅度较小，逐步调整和控制事业单位之间的收入差距。

目前多数地区采用此种方法核定事业单位绩效工资总量水平，把当地的事业单位收入差距控制在一定范围内。

第二，行业分类模式。为体现事业单位行业特点，部分地区采用行业分类办法对事业单位绩效工资总量实行分类调控。

行业分类办法不区分全额拨款、差额拨款、自收自支事业单位，也不按照公益一类和公益二类事业单位的分类方法，而是按照事业单位所属行业来核定绩效工资总量。行业分类一般以国民经济行业分类和事业单位国家行业分类目录为依据，与当地实际情况相结合，根据单位性质、行业特点和功能定位等因素确定事业单位具体行业类别。

对于每一类行业的事业单位，按照其职业特点、风险责任、服务对象等因素，以当地的社会平均工资水平、当地事业单位平均工资水平、单位所属行业平均工资水平、单位历史工资水平、国际同行业收入水平等指标为参照，对各项指标分别设置权重，形成事业单位绩效工资理论目标值模型，计算得出事业单位工资收入目标值或基准值，再以此目标值为基础，上浮或下调一定比例后设定事业单位绩效工资总量的高线和低线，形成绩效工资总量的浮动区间。

对于高于绩效工资总量高线的事业单位，超出的部分在缴纳调节基金后可予以保留，以后每年的工资增长幅度较小；对于低于绩效工资总量低线的事业单位，地方财政实行"托低"保障，保证绩效工资总量达到低线水平，并且每年的工资增长幅度较大，通过这种方式，逐步把事业单位之间的收入差距控制在合理区间内，同时实现事业单位绩效工资总量的动态调控。

典型地区是上海，采用此种办法核定当地所属事业单位的绩效工资总量，有部分其他地区正在逐步试点推广。

第三，"基础绩效＋超额绩效"模式。把绩效工资中的"基础性绩效工资＋奖励性绩效工资"调整为"基础绩效＋超额绩效"。基础绩效主要体现"保基本"的作用，按照与当地公务员"规范津贴补贴＋年终一次性奖金"大体持平的原则核定。超额绩效体现单位效益，按照"与当地公务员普遍发放奖励性补贴大体持平"的原则，设立各事业单位超额绩效参考线。

超额绩效实行动态调整，凡上年度绩效考核结果为合格及以上，同时主要经济指标趋势向好的单位，均可申报增核次年超额绩效。超额绩效实际增幅采取经济指标与控制增幅"双控"的方式，即经费可支持的增幅与控制增幅相比较，按较低增幅确定实际增量。

此外，该模式还明确了不纳入绩效工资总量管理的项目。包括通过横向委托项目经费向项目团队发放的奖励；高等学校、科研院所等事业单位按规定使用市外各级（含国家）财政科研项目资金的间接费用中的绩效支出部分，向项目团队发放的奖励；高层次人才按规定享受的一次性安家补助、岗位津贴；事业单位向本单位高层次人才发放的奖励性报酬等。

典型地区是重庆，采用此种办法核定当地所属事业单位的绩效工资总量。

第二节　事业单位工资水平存在问题和原因分析

一　存在问题

通过各地政府主管部门多年的实践探索和经验总结，我国事业单位工资水平核定办法正在不断完善，取得了一些成效，但也存在地区和行业间收入差距过大、缺乏科学合理的工资水平决定和调整机制等问题。

第一，事业单位公益性和市场性的薪酬战略导向不明确。根据中央关于事业单位分类改革的意见，公益一类事业单位主要承担义务教育、基础性科研、公共文化、公共卫生及基层的基本医疗服务等基本公益服务，是不能或不宜由市场配置资源的事业单位；公益二类事业单位主要承担高等教育、非营利医疗等公益服务，是部分由市场配置资源的事业单位。因此，事业单位既有公益性又兼具市场性，但是全国100多万个事业单位简单地划分为两类并不能充分体现各个事业单位的功能定位、职责任务和行业特点，在政府主管部门核定绩效工资总量水平时缺乏充分的理论和制度依据，对事业单位的公益属性和市场属性不能准确定位、体现不足，公益性和市场性的薪酬战略导向不明。

第二，不同地区间事业单位收入水平差距过大。从事业单位所处地区来看，发达地区和欠发达地区，财政状况好的地区和财政状况差的地区工资收入差距较大，不仅东、中、西部三大地区间差距较大，省与省之间差距也大。总体上来讲，东部地区由于经济发展较快，业务范围广，市场化经营程度高，事业单位创收能力强，工作人员收入水平明显高于中西部地区。从各地确定的事业单位绩效工资基准线来看，东部地区的工资水平为西部地区的3—4倍。

第三，不同行业间事业单位收入水平差距大。不同行业的事业单位之间存在收入分配冷热不均、收入差距悬殊的现实。从各行业事业单位的绩效工资水平现状来看，为建立符合行业特点的薪酬制度，公立医院率先试点改革，工资水平明显高于当地其他事业单位，有的省市公立医院薪酬水平为当地在岗职工平均工资水平的3倍左右；此外，一些垄断性行业、市场化程度较高的行业的事业单位收入水平也要明显高于其他事业单位。这种行业之间的收入差距有的是因为所属行业本身人力资本投入高、技术难度大、风险责任高等原因形成，比如医疗、教育行业；也有并非因公共服务的差异，而是其他非专业因素，如占有资源不同所致，可在收入分配上，却往往把这部分作为绩效工资发放，这并不是其个人的勤奋劳动和高质量公共服务的报酬。

第四，不同类型的事业单位之间收入差距大。由于事业单位分类改革尚未完全到位，各地在核定绩效工资总量、拨付财政经费时，仍然以全额拨款、差额拨款、自收自支的分类标准来进行。在经济发达地区，事业单位创收能力较强，自收自支事业单位的收入水平明显高于全额和差额事业单位；在经济欠发达地区，事业单位创收能力较弱，工资资金来源主要依靠财政拨款，全额拨款事业单位的收入水平往往高于差额拨款和自收自支事业单位。

第五，绩效工资总量核定政策不统一。由于缺乏科学的事业单位绩效工资总量核定依据，各地区、各行业对国家的绩效工资政策理解不同，执行的情况不一，在核定绩效工资总量时，主管部门采用的方式不尽相同，导致同一行业内、不同地区的事业单位之间存在较大的收入差距，造成了行业内部事业单位之间收入的不平衡。对于绩效工资水平高于当地绩效工资高线的事业单位，有的地区主管部门直接取消过高部分，事业单位工资水平大幅下降，有的地区则采取保留过高部分的方式，允许事业单位缴纳一定数额的调节基金后继续发放。对于绩效工资水平低于当地绩效工资低线的事业单位，原则上地方政府都采取托低原则，按照低线核定绩效工资总量，但是由于各地区、各行业的财力状况存在差异，有的单位即使能够拿到主管部门批复的额度，受限于资金不足，实际工资水平仍然低于低线。

第六，事业单位上级主管部门的工资管理责任不到位。上级主管部门是事业单位的主要管理部门，对事业单位的业务工作最为熟悉，承担事业单位的绩效工资总量核定、事业单位主要负责人的绩效考核和绩效工资分配等管理职能，但实际上，多数上级主管部门对所属单位的绩效考核"走过场"，考核结果与绩效工资总量不挂钩，单位上报绩效工资总量后，主管部门直接转报给人社和财政部门核定，或者人社和财政部门核定绩效工资总量后再到行业主管部门补盖公章，主管部门往往扮演"过路章"的角色，对事业单位工资管理的责任又全部落在人社和财政部门，主管部门的管理责任不到位，各个管理部门之间的权责划分不清晰。

二　原因分析

上述问题的产生既有社会历史的原因，也有改革不到位、相关政策不完善等原因，是诸多因素交相作用的结果。综合分析以上问题，其原因主要有：

第一，事业单位功能定位尚不清晰。要合理确定事业单位的工资水平，需要首先明确事业单位的职能定位。只有定位明确，才能在市场经济改革中，合理确定事业单位在各类市场主体、各类劳动者的工资水平定位。目前虽然出台了事业单位分类办法，但在现实操作中，全国一百多万个事业单位分布在不同行业和地区，承担的社会职能、面临的市场环境有非常大的差异，难以简单地区分为两类，如何界定事业单位的公益性职能和市场性职能，如何确定公益性与市场性的侧重点和优先级，整体对事业单位功能定位认识不一，导致在主管部门进行绩效工资总量管理时总在公益性和市场性之间摇摆，难以找到准确的定位。

第二，事业单位绩效工资总量核定缺乏科学依据。2006 年，工资制度改革文件规定，"事业单位绩效工资总量应结合单位公益目标任务完成情况和绩效考核结果核定。对公益目标任务完成好、考核优秀的事业单位，适当增加绩效工资总量；对公益目标任务完成不好，考核较差的事业单位，相应核减绩效工资总量"。从全国来看，由于上级部门对事业单位绩效考核体系不完善，缺乏科学的绩效工资总量核定依据，在核定绩效工资总量时面临无据可依的问题。

第三，事业单位工作人员、公务员和企业职工工资制度关系尚未理顺。目前事业单位工作人员、公务员和企业职工之间尚未形成清晰的工资关系，事业单位工资水平的外部参照基准不明确，有的参照公务员工资水平，有的和企业水平比较，导致事业单位工资总是向工资最高的地区、行业或人群看齐，在核定绩效工资总量时没有明确、统一的参照标准和核定办法，带来了事业单位之间、事业单位与公务员和企业之间的不平衡。

第四，上级主管部门管理作用未有效发挥。按照现有管理体制，人社部门、财政部门是事业单位的综合管理部门，负责制定事业单位的工资制度、政策、标准，上级主管部门对所属事业单位的特点、业务范畴、人员结构、资金来源等最为熟悉，负责所属事业单位的具体管理工作，但在实际操作中，上级主管部门对事业单位的工资管理多为形式上的，管理责任意识不强，没有切实发挥对事业单位的管理作用，绩效考核结果与绩效工资总量不挂钩，核定的绩效工资总量未能充分体现事业单位的工作业绩和贡献。

第五，与事业单位工资相配套的制度正在完善过程中，其成效显现尚需时日。目前，事业单位分类改革、财政体制改革、人事制度改革、基本养老保险制度改革等与事业单位工资相配套的制度正在逐步完善中，事业单位工资制度需要统筹协调编制、财政、社会保障等多项制度，只有如此，这项紧密联系经济、政治、社会等各方面的体制攻坚才能真正落实，事业单位工资制度存在的问题才能逐步解决。

第三节 事业单位工资水平决定模式设计

一 基本原则

第一，效率性与公平性相结合。党的十八大报告明确指出："初次分配和再分配都要兼顾效率与公平，再分配更加注重公平。""发展成果由人民共享，必须深化收入分配制度改革，努力实现居民收入增长和经济发展同步、劳动报酬增长和劳动生产率提高同步，提高居民收入在国民收入分配中的比重，提高劳动报酬在初次分配中的比重。"确定事业单位工资水平时必须要处理好公平与效率的关系，切实落实中央关于收入分配改革的精神。效率性体现在事业单位工资制度必须有利于充分创造社会价值、提供社会服务、履行社会职能，充分发挥工资的杠杆作用，调动事业单位人员的积极性。公平性体现在事业单位与其他类型的组织之间、事业单位之间以及事业单位内部不宜收入差距过大。

第二，激励性与约束性相结合。《事业单位人事管理条例》第三十二条规定："国家建立激励与约束相结合的事业单位工资制度。"激励性体现在通过工资水平、工资分配的调控，充分调动事业单位人员的工作积极性，创造更大的社会价值，打破原来"大锅饭""干多干少都一样"的平均主义分配模式。激励性的直接手段是建立绩效工资制度，使工资与绩效相挂钩。约束性体现在事业单位的工资制度必须进行规范化管理，由国家进行有序的调控和监管，避免不合理、不合法、不规范的分配方式，提高事业单位工资的规范化、透明化水平。

第三，公益性与市场性相结合。事业单位是政府举办的公共服务机构，具有公益性的基本属性。党的十九大报告提出，"深化事业单位改革，强化公益属性，推进政事分开、事企分开、管办分离"。在事业单位改革的大背景下，引入市场机制激发了事业单位的活力，提升了事业单位的公共服务质量，因此，在确定事业单位工资水平时，把握好事业单位的基本公共属性和运行中的市场机制的平衡，健全符合事业单位特点的工资制度，有效地吸引和激励人才，是事业单位工资制度改革的关键问题。

事业单位不能完全按照市场价值和经济标准来确定工资水平，而是必须应当优先考虑公益性职能的实现和社会价值的创造。例如，《关于开展公立医院薪酬制度改革试点工作的指导意见》提出"健全以公益性为导向的考核评价机制"，明确规定："严禁向科室和医务人员下达创收指标，医务人员个人薪酬不得与药品、卫生材料、检查、化验等业务收入挂钩。"

同时，市场性体现为在确定事业单位工资水平时，需要参考同行业、同专业、同性质的市场工资水平，保证事业单位工资水平具有一定的市场可比性和市场竞争力，能够有效地吸引、激励员工干事创业。在公立医院薪酬制度改革时，禁止下达创收指标的同时，必须保证医务人员收入水平达到较为合理的水平，避免出现公立医院收入严重低于民营医院的现象。

第四，稳定性与动态性相结合。在一定时期内，事业单位工资水平应当保持相对稳定，不宜大幅度调整，以保障事业单位人员的实际收入和生活水平。由于物价波动、经济状况等不确定性因素的影响，事业单位工资水平也不应当固定不变，而应根据经济社会环境的变化进行适应性调控，应当根据物价水平、经济发展程度等因素，建立指数化的工资水平调整机制，使工资水平能够及时反映经济变化，能够分享改革开放的政策红利，使事业单位工作人员有更多获得感。

二　工资水平影响因素

事业单位的管理逐步向精细化方向发展，行业特点、职业特点正在凸显，事业单位工资水平的决定要充分考虑到事业单位的自身属性、行业特点，甚至到具体的职业等许多因素的影响，可从宏观、中观和微观三个层面进行分析，包括宏观经济发展水平、中观行业特点和微观事业单位属性。

第一，宏观层面影响因素。

宏观层面的影响因素主要是经济发展水平。经济发展水平是进行工资分配的物质基础，同时也是劳动力生产要素价值的直观反映。事业单位虽然不同于企业，不直接参与生产活动，但是外部经济环境会对事业单位的劳动力供给、经费来源等造成严重影响。

通常情况下，影响工资水平的经济发展因素主要包括国内生产总值、物价水平和劳动生产率三个[①]。在实际操作中，可以使用 GDP、CPI 和社会平均工资三个具体指标表示。社会平均工资指标尤其重要，它不仅能够反映某一时期某一地区的平均工资水平，一定程度上也能够反映同期国内生产总值和物价水平的变化程度。社会平均工资水平每年由政府部门定期公布，数据具有权威性，又容易获取，并且能够动态反映出不同时期某一地区工资水平的变化情况，把此项指标作为确定事业单位工资水平的一项关键指标，也有利于形成事业单位工资水平的动态调整机制。

第二，中观层面影响因素。

中观层面影响因素即指事业单位所属行业的行业特点。《事业单位人事管理条例》第三十二条规定："事业单位工资分配应当结合不同行业事业单位特点，体现岗位职责、工作业绩、实际贡献等因素。""十三五"规划纲要提出，"完善适应机关事业单位特点的工资制度"。事业单位涵盖的行业领域非常多，包括教育、科技、文化、卫生、体育、勘察设计、勘探、新闻出版、农林牧渔、交通、气象、地震、海洋、环保、测绘、信息咨询、标准计量、知识产权、进出口商检、城市公共、物资仓储、社会福利、经济监督、机关后勤等 20 多个行业，其中教育、科技、文化、卫生是事业单位最多的四个行业。建立符合事业单位行业特点的工资制度，把工资制度与行业特点更好地结合，使工资制度充分地体现行业特点，是事业单位工资制度发展的方向。行业特点可从行业的自身社会价值、外部面临的市场环境和行业的人才结构与层次等方面进行分析。[②]

一是行业的自身社会价值。事业单位承担大量的社会服务职能，其产出主要体现为社会价值。根据经济学原理，当一项社会服务或者产品具有正向的社会价值时，市场价格只能反映社会服务或产品的边际私人效用，无法反映边际社会价值，从而导致市场配置资源的失灵。因此，需要事业单位这样的组织，弥补市场缺陷，提高资源配置效率。例如基础科学研究，由于不能直接产生经济效益，根据市场价值判断时，研究人员的劳动

---

① 《国家机关事业单位工作人员工资法》课题组：《论国家机关事业单位工作人员与企业职工相平衡的增资运行机制》，《管理世界》1992 年第 3 期。

② 熊通成：《事业单位绩效工资总量核定机制与模型构建》，《中国人事科学》2020 年第 4 期。

力报酬较低，但是这类研究具有很高的社会价值，往往是那些能够直接产生经济效益的应用研究的前提和基础。对于基础科学研究人员的工资水平，就不能简单依靠市场价值判断，而必须考虑社会价值。在一定历史时期内，社会价值可以反映国家战略要求，对于国家大力支持和发展的领域，可以通过社会价值系数的调整，实现国家战略目标。

二是行业面临的外部市场环境。关系国家经济命脉的关键行业，往往实现国家垄断经营；而其他一些领域，则存在一定程度的市场竞争。行业的市场环境不同，其面临的业务竞争、人才争夺、技术创新必然存在差异，市场竞争越激烈、越充分，对单位业务水平、创新能力、人才素质的要求越高，其工资水平与市场的可比性越强，在确定此类行业的事业单位工资水平时，要更多地参照同行业市场工资水平进行适当调控。

三是人才结构与层次。不同行业的从业人员所需要具备的能力和素质不同，其人才结构与层次存在较大差距，这也是行业特点的一个重要方面。比如医疗行业的人力资本投入周期长、技术难度高、风险责任大，是医疗行业的显著特点。因此，在确定事业单位工资水平时，要考虑行业的人才结构与层次，对于人力资本投入高、技术含量高的行业要适当给予倾斜。

第三，微观层面影响因素。微观层面的影响因素是指事业单位本身的属性特点、承担的职责任务和工资水平现状。

一是公益性程度。公益性是事业单位的基本属性之一，即使有些事业单位可以开展一部分经营性活动，但是从管理上仍然要坚持公益性的首要原则。在对事业单位进行考评时，考核机制应当以公益性为导向。"在事业单位中，有一大部分是以服务社会公益为基本目的或主要目的，是非营利性公益组织。而这些以公益性为主的事业单位，所彰显的是社会公益性，它必须按自己行业的特殊地位和属性，凸显其独特的为人民服务的公益价值，而非追求利润最大化，如中小学校、医院等。"①

二是事业单位市场服务水平。公益一类事业单位的经费由财政全额保障；公益二类事业单位的经费实行差额保障，并允许其获得自营收

---

① 张扬：《我国事业单位工资制度改革方案设计的难点与对策》，《当代经济》2020 年第 4 期。

入。根据习近平总书记的讲话精神以及公立医院、科研院所的收入分配改革方案，允许事业单位将自营收入用于工资分配，已经成为中央的基本精神。但是需要完善事业单位收入的分配方式，建立规范化的分配管理制度；同时还需要处理好市场性与公益性的关系，避免刺激事业单位的逐利动机。

三是事业单位工资水平现状。完善事业单位工资制度既要着眼未来，又要立足现状，为保证事业单位工资制度改革顺利、平稳过渡，必须考虑事业单位现有工资水平。在确定事业单位工资水平时，现有的工资水平是一个重要的决定因素。

三　工资水平决定模式

（一）政府主管部门的管理权限

事业单位主管部门对于工资水平的调控与约束，主要体现在绩效工资总量管理，基本原则是保证事业单位的工资水平底线，控制过高的工资水平，在确定工资水平时，需要注意保底线、基准线以及控制线。保底线是指事业单位工资的最低水平，此标准需要政府进行托底保证；基准线是事业单位工资的平均水平或参照公务员工资水平确定的基准值；控制线是事业单位工资的超高水平，对于工资水平超过控制线的事业单位，需要政府进行约束和限制。因此，政府主管部门对事业单位工资水平的管理权限应当设定为：

第一，实行事业单位工资总量控制。政府主管部门对事业单位工资水平的管理权限应为工资水平总量管理、出台内部分配的指导性意见。事业单位的内部分配则应由事业单位自主确定，对于高层次人才、紧缺人才、突出贡献人员等事业单位工作人员，允许事业单位给予较高水平的报酬，满足事业单位对于高层次人才或特殊人才的需求，不应限制事业单位内部某些具体岗位与人员的工资水平，切实为事业单位发展松绑。

第二，理顺事业单位与机关、企业的工资关系。首先，同一地区内事业单位的平均工资水平，应与社会平均工资水平保持一定的比例关系，这将体现经济发展水平与社会进步的影响，保证事业单位能够分享经济发展的成果。同时，事业单位工资水平也能够与机关、企业工资水平保持一定的比例关系，理顺机关、事业单位、企业之间的工资关系。①

第三，合理保障事业单位工资水平达到最低标准。根据工资决定理论，工资需要满足最低的生活需要，同时反映其社会劳动价值。对于承担国家规定的公益性职能但没有营利性收入来源、工资水平低于政府部门核定的最低标准的事业单位，应由当地政府通过财政拨款等措施，保证其工资水平达到最低标准。

第四，对高层次人才的工资水平实行特殊管控。事业单位是高层次人才聚集的地方，其工资水平通常采用协议工资、项目工资的方式确定，因此，单位引进的国家高层次人才应当不占用单位的绩效工资总量，其工资标准可在单位内部公示、经上级主管部门、同级政府的人社和财政部门批准后执行。

第五，主管部门切实承担事业单位管理的职能。实行有效的绩效考核与目标管理是确定事业单位工资水平的制度基础，事业单位上级主管部门应当切实承担起管理职责，构建符合事业单位行业特点、体现事业单位组织绩效的考核体系，确保事业单位工资水平真正反映事业单位的工作绩效水平。

（二）合理确定行业工资水平的模型设计

党的十八届三中全会提出，对医疗行业要"建立科学的医疗绩效评价机制和适应行业特点的人才培养、人事薪酬制度"。构建体现行业特点的工资制度是党的十八大以来事业单位工资制度改革的方向。因此，在确定事业单位工资水平时，应当紧紧抓住体现行业特点这一基本要求，首先构建事业单位所属行业的工资水平决定模型，再确定具体事业单位的工资水平。

第一，行业分类标准。

行业的平均工资水平，需要主管部门核定具体标准，并制定指导性的建议和政策方案，首先需要明确事业单位的细分行业，并且明确行业主管部门，由行业主管部门对口管理，负责绩效考核工作。

关于行业的具体分类，可参照国家统一发布的《国民经济行业分类

---

① 《国家机关事业单位工作人员工资法》课题组：《论国家机关事业单位工作人员与企业职工相平衡的增资运行机制》，《管理世界》1992 年第 3 期。

（2017）》，采用经济活动的同质性原则划分事业单位所属行业。此标准将国民经济行业分为 19 个门类（见表 5—1），所有门类又细分为 96 个大类、若干个中类和小类，可根据事业单位承担的职责任务、从事的主要业务活动范围，确定事业单位的所属行业类别。

表 5—1 国民经济行业门类

序号	行业门类
1	农、林、牧、渔业
2	采矿业
3	制造业
4	电力、热力、燃气及水生产和供应业
5	建筑业
6	批发和零售业
7	交通运输、仓储和邮政业
8	住宿和餐饮业
9	信息传输、软件和信息技术服务业
10	金融业
11	房地产业
12	租赁和商务服务业
13	科学研究和技术服务业
14	水利、环境和公共设施管理业
15	居民服务、修理和其他服务业
16	教育
17	卫生和社会工作
18	文化、体育和娱乐业
19	公共管理、社会保障和社会组织

采用此标准的原因有：一是此标准在多年实践应用的基础上经过多次修改和完善，已被各个行业所接受和认可；二是此标准将每一个行业类别按照同一种经济活动的性质划分，相同的类别共性明显，不同的类别边界清晰，事业单位分布在国民经济的多个行业，采用此种标准有利于把从事同一种经济活动的事业单位进行区分，体现事业单位的行业特点；三是与事业单位工资水平相关的大量数据，比如社会平均工资水平、行业平均工资水平等指标也都以此行业标准进行统计，在核定事业单位绩效工资总量时更方便获取相关数据。

第二，行业平均工资水平计算模型。

按照上述行业分类标准将事业单位划分到具体的某一行业，再计算行业平均工资水平。计算公式如下：

行业平均工资水平 = 本地区社会平均工资水平 × 行业调整系数

根据上述公式，本地区社会平均工资水平由统计部门定期公布，比较容易获取，关键指标是确定不同行业的行业调整系数，具体计算公式为：

行业调整系数 = 行业基准系数 + 国家战略系数 + 人力资本系数 + 市场环境系数

1. 行业基准系数

行业基准系数根据行业性质确定，可以参照历史工资水平和国际惯例确定。例如，按照国际惯例，医生的收入水平等于社会平均工资的 4—6 倍；再考虑到历史因素，我国医生的整体收入水平不高。综合考虑，不宜短期内大幅度提高基准系数，可以确定一个相比于社会平均工资的系数（如 2.5—3 倍），然后通过其他调整系数逐步调整到合理水平。

2. 国家战略系数

国家战略系数体现一段时期内某一行业对国家战略发展的影响力和重要程度，取值范围为 [0, 1]。对于国家战略优先发展的行业，国家战略系数取值接近 1，可根据需要适当调高系数，提高行业工资水平，吸引优秀人才进入行业；对于国家战略逐步升级的行业，应当调高新兴领域的调整系数，带动行业的转型升级；对于国家考虑淘汰的行业，国家战略系数取值可以等于 0。行业的国家战略系数不是一成不变的，可根据国家战略发展规划适时调整。

当前，确定国家战略系数的主要依据为国民经济和社会发展第十三个五年规划纲要、"十三五"国家战略性新兴产业发展规划、《战略性新兴产业分类（2012）（试行）》以及其他带有国家战略性的政策文件（如"一带一路""科教兴国"等）。

根据上述文件，战略性新兴产业分类共包括节能环保产业、新一代信息技术产业、生物产业、高端装备制造产业、新能源产业、新材料产业、新能源汽车产业七大产业。共分为三层，第一层根据《国务院关于加快培育和发展战略性新兴产业的决定》中的七大产业，将战略性新兴产业划分为七个大类；第二层和第三层依据《"十二五"国家战略性新兴产业发展规划》以及发改委编制的《战略性新兴产业重点产品和服务指导目录》（公开征求意见稿）将七大类进一步细分，第二层为 30 个类别，第三层为 1 个类别；在第三层建立与行业和产品（服务）的对应关系，对应《国民经济行业分类》中的行业类别 359 个，对应战略性新兴产业产品及服务 2410 项，其中对应《统计用产品分类目录》中的产品（服务）700 多项。

在确定国家战略系数时，对纳入国家战略性新兴产业的行业，适当调高系数，以提高事业单位的行业调整系数，从而提高事业单位的绩效工资总量水平。

3. 人力资本系数

人力资本系数体现行业从业人员的整体素质和能力，取值为[0，1]。对于高人力资本投入的行业，比如从业人员的平均学历要求和学历水平高于其他行业，人力资本系数取值接近 1，并可根据需要适当调高行业调整系数，使工资水平与人力资本投入相匹配，从而保持事业单位对人才的吸引力；对于低人力资本投入的行业，人力资本系数可以等于 0，从而实现人力成本的节约。

人力资本系数的参照指标包括平均受教育年限、硕士以上学位人员占比、高级职称人员占比、杰出人才占比（如院士、长江学者、国务院特殊津贴专家、国家百千万人才）等。

4. 市场环境系数

市场环境系数反映本行业事业单位面临的外部市场经营环境，取值范围为 [0，1]。对于竞争性强的行业，可以适当调高市场环境系数，保证事业单位与企业的工资水平具有可比性和竞争性，保持对优秀人才的吸引力；对于垄断性经营的行业，可以适应调低市场环境系数，降低过高的垄断性收入。

市场环境系数可以参考市场竞争程度指数加以折算。根据经济学理论，市场竞争程度的测算一般使用赫芬达尔—赫希曼指数（Herfindahl – Hirshchman Index，HHI）。[1] HHI 计算市场中各个竞争主体所占市场份额

---

[1]　马文良：《并购对中国民航市场的影响研究》，博士学位论文，对外经济贸易大学，2019 年。

的平方和，以反映市场的集中程度，其指标值在区间 [1/n，1] 内。HHI
越高，说明市场越集中，垄断程度高；HHI 越低，说明市场竞争越激烈。
具体计算公式如下：

$$HHI = \sum_{i=i}^{n}\left(\frac{X_i}{X}\right)^2 = \sum_{i=1}^{n}S_i^2$$

其中，X_i 是第 i 个竞争主体的规模，X 是市场的总规模，$S_i = X_i/X$ 是
第 i 个竞争主体的市场占有率，n 是该行业内的从业主体数量。

根据事业单位的职能范围，确定在地区范围内是否有与其存在竞争
关系的组织（包括事业单位、企业、社会组织等），然后根据各个组织
所占的市场份额，计算 HHI 指数。在行业平均工资水平决定模型中，
为了与实际情况保持一致，可以采用 HHI 的倒数（即 1/HHI）来表示
市场环境系数。同时，为了保证市场环境系数和其他行业调整系数的
权重相同，可对市场环境系数进行归一化处理，使其取值范围处于
[0，1] 之间。

对于市场竞争激烈的领域，事业单位的市场环境系数可适当调高，对
于垄断性较强的领域，事业单位的市场环境系数可以适当调低。通过市场
环境系数的作用，可以保证事业单位人员的工资水平相比于企业保持竞争
力，从而保证事业单位对优秀人才的吸引力。在操作层面，为了减少操作
难度，也可以使用职能范围与事业单位存在竞争关系的组织数量作为市场
竞争程度的测算指标（见表 5—2）。

表5—2 **行业调整系数确定依据**

系数	取值范围	确定依据
基准系数	[1，3]	历史水平 国际惯例
国家战略系数	[0，1]	国民经济和社会发展第十三个五年规划纲要、"十三五"国家战略性新兴产业发展规划、国务院关于加快培育和发展战略性新兴产业的决定、《战略性新兴产业分类（2012）（试行）》以及其他带有国家战略性的政策文件（如"一带一路""科教兴国"等）

续表

系数	取值范围	确定依据
人力资本系数	[0，1]	平均受教育年限 博士人员占比 高级职称人员占比 杰出人员占比
市场环境系数	[0，1]	HHI 指数的倒数

5. 行业平均工资水平的整体评估

根据上述计算公式和测算依据，行业调整系数的取值范围为[1，6]，其含义为各个行业之间工资水平的最大差距为 6 倍，即最低行业平均工资水平等于当地社会平均工资，最高水平为当地社会平均工资的 6 倍。通过行业调整系数的调控，可以保证不同行业之间既存在适当差距，又保证差距不会过大。

以医疗行业为例，参照历史水平与国际惯例，其行业基准系数可以大致确定为 2；在健康中国战略规划下，医疗行业属于国家支持和大力发展的行业，国家战略系数可大致确定为 0.5；医生属于人力资本投入较高的职业，人力资本系数可大致确定为 0.5；由于我国民营医院发展较为落后，公立医院在医疗行业中占据主导，公立医院之间的竞争也非常弱，市场环境系数可大致确定为 0.2。由此得到医疗行业的行业调整系数大致为 3.2，也就是说医疗行业的平均工资水平应为当地社会平均工资的 3.2 倍。

核定事业单位工资水平的前提是科学化的行业分类。明确行业分类之后，可以对比不同行业，通过德尔菲法确定各个行业的行业调整系数。

（三）合理确定事业单位工资水平的模型设计

党的十九大报告指出，"坚持按劳分配原则，完善按要素分配的体制机制，促进收入分配更合理、更有序"。

核定事业单位平均工资水平，主要目的是对不同行业内的不同事业单位工资总体水平进行调控，同时可以作为财政确定事业单位人员经费的标准。但不涉及事业单位的内部分配方式，根据事业单位工资水平和人员数量核定的工资总量内，单位可以按照规定自主分配。事业单位工资水平应当实现行业内部合理化差异，不同行业之间保持相对稳定的结构关系，并且与市场工资水平保持动态关联。对于工资水平超高的事业单位，应当征收调节基金。

事业单位工资水平的计算公式如下：

事业单位工资水平 = 行业平均工资水平 × 本单位工资调整系数

本单位工资调整系数 ＝ ［本单位历史工资水平/行业历史平均工资水平 + 本单位国家战略系数 +（本单位人力资本系数/行业人力资本系数 − 1）+（本单位人均经营性收入/行业平均人均经营性收入 − 1）］× 本单位绩效考核系数

此公式中有几点需要说明：一是调整系数中的多个因素采用与行业平均水平比较的相对值表示，是因为行业之间的差异已用行业平均工资水平表示，此处采用相对值是为了更好地体现本行业内部各事业单位之间的差异；二是"本单位历史工资水平/行业历史平均工资水平"是将单位历史工资水平与行业历史平均水平的比值作为确定单位工资水平的基础，比值大于 1，则事业单位工资水平高于行业平均水平，比值小于 1，则事业单位工资水平低于行业平均水平；三是"本单位人力资本系数/行业人力资本系数 − 1"，之所以在得出与行业平均系数的相对值后再减去 1 是为了体现不同事业单位在人力资本结构方面的差异，对事业单位的工资水平进行微调，若事业单位的人力资本系数与行业平均水平的相对值减去 1 后大于 0，说明事业单位的人力资本结构优于行业平均水平，则单位的工资系数增加，单位的工资水平提升。总体来看，多个因素共同影响事业单位的工资水平，需要综合考虑后合理确定事业单位工资水平。

1. 本单位历史工资水平

本单位历史工资水平是尊重单位现有工资水平的考量，为了保证事业单位的工资水平在核定前后不产生剧烈波动、保障改革的顺利平稳过渡而设。历史水平的取值范围可采用过去一年的水平或者过去三年的平均水平，视各地绩效工资制度改革进展而定，选择工资制度较为稳定、工资水平没有明显波动的时间范围较为合适。

用"本单位历史工资水平/行业历史平均工资水平"作为调整系数是将本单位工资水平与行业平均工资水平比较，对于历史工资水平高于行业平均水平的单位，"本单位历史工资水平/行业历史平均工资水平"的比值大于 1，将增加单位工资调整系数，提高单位工资水平，保证单位平均工资水平高于行业平均水平；对于历史工资水平低于行业平均水平的单位，"本单位历史工资水平/行业历史平均工资水平"的比值小于1，单位平均工资水平低于行业平均水平。

2. 本单位行业战略系数

本单位的行业战略系数体现本单位在行业中的战略重要性，取值范围为［0，1］。根据行业特点，在每个行业内部划分若干档次，每个档次设定不同的系数。对于单位数量多、差异性大的行业，档次数量适当增加；单位数量少、差异性小的行业，档次数量适当减少。例如，高等教育行业，全国有高等院校2879所，不同学校发展定位不同，在行业内的战略重要性有所差异，可参照国家关于高等院校的分类分级相关管理办法、是否有国家重点支持的实验室、是否纳入国家"双一流"建设、是否属于本行业的重点单位以及事业单位的级别等国家政策，设定若干个档次的行业战略系数，不同单位的工资水平通过单位的行业战略系数进行调整。

3. 本单位人力资本系数

本单位人力资本系数体现单位内部的人才结构与层次。事业单位是高层次人才密集的组织，即使在同一行业内部，不同单位之间的人才结构也存在较大差异。例如，在教育行业内部，国家重点大学和职业高等院校的人才结构必然不同；在医疗行业内部，三甲医院和社区医院的人才结构也有区别。具体系数可参照行业人力资本系数的办法，根据平均受教育年限、高学历、高级职称、高层次人才占比等指标测算确定。

用"本单位人力资本系数/行业人力资本系数－1"作为系数调整事业单位工资水平，是将事业单位的人力资本结构与行业的人力资本结构进行比较，若本单位的人才结构与层次整体上优于行业平均水平，则"本单位人力资本系数/行业人力资本系数－1"的取值大于0，可以进一步增加本单位的工资系数，提高单位平均工资水平；若本单位的人才结构与层次低于行业平均水平，则这一取值小于0，将减小本单位的工资系数，降低单位平均工资水平。

4. 本单位经营性收入

本单位经营性收入是事业单位承担市场职能、开展市场经营活动取得的收入，体现事业单位的市场性价值。事业单位的市场性职能意味着事业单位需要在市场上与同类企业共同竞争，其业务性质、经营模式、人力资本结构等都和企业有一定的可比性，可借鉴企业做法，将人均经营性收入作为衡量事业单位市场性价值的指标。人均经营性收入参照政府主管部门的相关财务规定，将事业单位从事市场经营活动取得的各项经营性收入之和除以单位在岗人数进行计算。

用"本单位人均经营性收入/行业平均人均经营性收入－1"作为系数调整事业单位工资水平，是将事业单位的经营性收入与行业的经营性收入进行比较，若本单位的人均经营性收入高于行业平均水平，则"本单位人均经营性收入/行业平均人均经营性收入－1"的取值大于0，能够增加本单位的工资系数，提高单位平均工资水平；若本单位的人均经营性收入低于行业平均水平，则这一取值小于0，将减小本单位的工资系数，降低单位平均工资水平。

5. 本单位绩效考核系数

事业单位的绩效工资体现工作业绩和贡献，反映事业单位承担职责任务的完成情况。事业单位绩效考核是对单位职责任务完成情况的综合评价，考核结果应该作为核定事业单位绩效工资总量的依据。对绩效考核结果较好的单位，适当调高绩效考核系数，增加绩效工资总量；对绩效考核结果较差的单位，适当调低绩效考核系数，减少绩效工资总量。围绕单位业绩和贡献，事业单位的绩效考核应优先考虑公益性职能的实现程度，兼顾市场性职能，将考核结果作为主要依据确定绩效工资水平。

根据上述公式，通过计算本单位工资调整系数，可以得出事业单位工资水平与行业平均工资水平的比例关系，即以行业平均工资水平为参照标准，本单位工资水平高于还是低于行业平均工资，以及具体的比值是多少。

本单位工资水平作为事业单位管理部门核定各个事业单位绩效工资总量的标准。

第 六 章

事业单位高层次人才激励机制

高层次人才是国家发展的核心战略资源。政府有关部门先后出台了一系列针对高层次人才的激励性政策文件，这些政策是事业单位收入分配体系的重要组成部分，对我国事业单位高层次人才队伍建设发挥了重要作用。

第一节　高层次人才概念和分类

一　高层次人才概念界定

高层次人才是一个抽象的概念，到目前为止尚未形成一个统一的定义。学者们多从学历、职位、职称、技能等级、专业知识、能力、贡献度、影响力等要素界定，认为高层次人才是指有高学历、高职称，在某一学科或领域具有较深造诣，在重要岗位上工作、承担重要任务，创新能力和专业能力比较强、社会贡献比较大，影响范围比较广，在各个领域发挥统领或骨干作用的核心人物和专门性人才。具体来看，有学者认为高层次人才应当是指"能够突破关键技术、发展高新产业、带动新兴学科的战略科学家和科技领军人才"，还有学者的定义是"能突破关键技术、引领新兴学科、带动新兴产业发展的战略科学家和创新创业领军人才"。

从高层次人才的特点来看，多位学者给出了不同的分类，有学者认为高层次人才具有高层次、类别性、相对性、稀缺性、动态性等特点；还有学者认为高层次人才具有高创造性、高流动性、大协作性、强时效性、相对性、区域不均衡等特点；另有学者认为高层次人才职业特点是高风险性、稀缺性、难配置型，投入特点是产出的高效益、产出的多样性，劳动消费特点是劳动的复杂性、劳动的连续性、劳动的高难度性、劳动的创造性、劳动的国际化，等等。[①] 根据中共中央、国务院出台的《关于进一步加强人才工作的决定》中的相关表述来看，高层次人才应该具有高稀缺性、高创造性、高流动性等特征。

因此，高层次人才是一个相对的概念，不同时期、不同国家或地区、不同民族对于高层次人才内涵的界定都会有所不同。高层次人才的范围框定需要把握基本原则，综合考虑多方面的因素，既要面向特定时期和地域范围内的各行各业，又要结合地区和单位实际有所侧重、突出重点、掌握核心、把握关键。

目前，中央和地方各级政府为吸引和激励人才，均出台多项针对高层次人才的收入分配政策，将此类群体的工资收入不纳入单位绩效工资总量，不受单位绩效工资总量的限制，可单独核算，对各单位引进和留住高层次人才起到了极大的激励作用。

二　高层次人才分类

就高层次人才的类型而言，主要有国家层面认定的高层次人才以及各省市、高校、科研院所和其他事业单位认定的地方高层次人才两种。

国家层面认定的高层次人才，比如两院院士、政府特殊津贴专家、"长江学者奖励计划"入选者、国家杰出青年科学基金入选者、教育部"新世纪优秀人才支持计划"入选者等。

地方层面认定的高层次人才主要指依托各省市、各高校、各科研院所高层次人才支持计划认定的高水平人才，如省部级有突出贡献的中青年专家、省特级教师、市杰出人才与青年拔尖人才等。具体到省份，比如广东省的"珠江学者"、河南省的"黄河学者"、安徽省的"黄山学者"等，浙江大学的"求是学者"、山东大学的"齐鲁青年学者"、广东外语外贸大学的"云山学者"等。

---

① 李璞：《高校高层次人才的层次分类、评价标准和评价方法探究》，《西南民族大学学报》（人文社科版）2004 年第 9 期。

第二节　高层次人才激励机制现状

近年来被中央和地方政府纳入高层次人才的范围越来越广、激励措施越来越多样化，本章仅对国家层面的一些高层次人才激励机制进行了梳理。

一　两院院士

院士是国家设立的科学技术方面的最高学术称号，为终身荣誉。1993年10月以前，院士享受国家规定的院士津贴为每月100元。1994年，人事部、财政部印发《关于增加中国科学院院士津贴的通知》，从1993年10月开始院士津贴增加到每月200元，并规定院士津贴免征个人所得税。1998年，国务院《关于在中国科学院、中国工程院院士中实行资深院士制度的通知》规定，对于80岁以上的资深院士，国务院规定每人每年享有1万元的资深院士津贴，免予征收个人所得税。2008年12月，人社部、财政部印发《我国2009年起提高两院院士津贴通知》，自2009年1月1日起，中国科学院院士、中国工程院院士的津贴标准由每人每月200元调整为每人每月1000元，所需经费均列入中央财政预算，专项拨款。根据人力资源和社会保障部公布的部门预算，2019年进一步提高了院士津贴发放标准。

此外，有些地方政府和院士所在单位也同时给予配套资金支持，向院士发放标准不等的地方院士津贴。

二　政府特殊津贴专家

1990年7月，经党中央、国务院批准，决定给部分高级知识分子发放特殊津贴。为此，人事部、财政部发出《关于给部分高级知识分子发放特殊津贴的通知》，决定将特殊津贴列为国家财政专款，从1990年7月开始发放，津贴标准为每人每月100元。

1995年，人事部发布《关于从1995年起实行政府特殊津贴发放办法改革的通知》，实行"老人老办法、新人新办法"。从1995年起，新选拔的享受政府特殊津贴人员，将不再采取逐月发放津贴的办法，而是由国务院一次性发放 5000 元；1990—1994 年选拔的人员，仍按原逐月发放的方式发给政府特殊津贴。同时制定了政府特殊津贴工作暂行办法，进一步明确了政府特殊津贴选拔的范围、条件、数量（1995—2000 年，每年控制在 5000 名左右）、程序和待遇。

2001 年 6 月，中共中央、国务院发出《关于对做出突出贡献的专家、学者、技术人员继续实行政府特殊津贴制度的通知》，决定今后十年，每年选拔 3000 名左右在社会主义现代化建设中做出突出贡献的专家、学者、技术人员享受政府特殊津贴，每人一次性发给政府特殊津贴 10000 元，并免征个人所得税。

2004 年 7 月 14 日，《中央组织部、中央宣传部、中央统战部、人事部、财政部关于改革和完善政府特殊津贴制度的意见》中，对选拔人数、选拔年限、津贴标准、选拔办法进行了改革和完善。将选拔时间改为两年一次，选拔名额为一次 4000 人，津贴标准为每人 20000 元。

经党中央、国务院批准，2008 年，人社部、财政部印发《关于调整政府特殊津贴标准的通知》，从 2009 年 1 月 1 日起，将按月发放的政府特殊津贴标准由每人每月 100 元调整为每人每月 600 元。

因此，到目前为止，政府特殊津贴专家有两种津贴标准：一是 1994 年之前选拔的人员每月 600 元，按月发放；二是对新选拔人员一次性发放 20000 元。

三 "长江学者奖励计划"入选者

"长江学者奖励计划"是高校高层次人才队伍建设的引领性工程，是吸引集聚德才兼备、矢志爱国奉献、具有国际影响力的学科领军人才和青年学术英才的重要举措，是国家高层次人才培养支持体系的重要组成部分，与其他国家重大人才工程协同推进，统筹实施。"长江学者奖励计划"实行岗位聘任制，高校设置特聘教授、讲座教授、青年学者岗位。特聘教授、青年学者项目面向全国高校实施；讲座教授项目面向中西部、东北地区高校实施，中西部、东北地区的范围参照《中西部高等学校基础能力建设工程》执行。教育部授予特聘教授、讲座教授"长江学者"称号，授予青年学者"青年长江学者"称号，在聘期内享受奖金。

"长江学者奖励计划"实施经费由中央财政专项支持。根据教育部

2011 年印发的《关于印发〈"长江学者奖励计划"实施办法〉的通知》，特聘教授奖金标准为每人每年 20 万元人民币；讲座教授奖金标准为每人每月 3 万元人民币，按实际工作时间支付；青年学者奖金标准为每人每年 10 万元人民币。

四 国家杰出青年科学基金入选者

国家杰出青年科学基金，是中国为促进青年科学和技术人才的成长，鼓励海外学者回国工作，加速培养造就一批进入世界科技前沿的优秀学术带头人而特别设立的科学基金。该基金资助全职在中国内地工作的优秀华人青年学者从事自然科学基础研究工作，每年受理一次。"十五"计划期间，国家杰出青年科学基金每年资助优秀青年学者 160 名左右，每人资助经费一般为 80 万元至 100 万元，研究期限为 4 年。

五 "新世纪优秀人才支持计划"入选者

"新世纪优秀人才支持计划"是教育部设立的专项人才支持计划，支持高等学校优秀青年学术带头人开展教学改革，围绕国家重大科技和工程问题、哲学社会科学问题和国际科学与技术前沿进行创新研究。"新世纪优秀人才支持计划"每年评审一次。"新世纪优秀人才支持计划"的资助规模为每年 1000 人左右，资助期限为 3 年。资助强度，自然科学类为 50 万元；哲学社会科学类为 20 万元。资助经费主要用于资助期内的研究工作，一次核定，分年度拨款。实施"985 工程"重点建设项目高等学校入选者的支持经费由所在高等学校"985 工程"建设经费资助；其他高等学校入选者的支持经费由教育部和所在单位按 1：1 比例共同资助。

第三节 高层次人才激励机制存在的主要问题

对高层次人才实施激励保障制度的目的，是充分发挥现有高层次人才的作用，吸引更多的高层次人才为我国实施创新战略贡献力量。但目前对高层次人才的激励使用方面仍呈现诸多问题。

一 激励标准缺乏依据

从国家对高层次人才的激励标准可以看出，高层次人才的津贴自制定以来不断地变动和调整，虽然从 2009 年 1 月 1 日起两院院士津贴标准由以前的 200 元/月增加到 1000 元/月，政府特殊津贴标准由每人每月 100元调整为每人每月 600 元，一次性支付的政府特殊津贴由 5000 元调整为20000 元。但是在社会经济水平、物价水平快速增长的背景下，这一标准明显偏低，甚至没有某些省市地方政府制定的津贴标准高。当前国际人才竞争日趋激烈，国际人才流动日益便利，对高层次人才的投入偏低，应有的工作环境、生活环境不到位，这样的激励水平对于高层次人才欠缺吸引力，不利于我国高层次人才队伍的建设。上海对引进的人才进行过一次调查，也表明了高层次人才对工作环境、生活环境满意度普遍不高。[①] 国家两院院士津贴以及政府特殊津贴水平偏低，无法实现对高层次人才的有效激励。

二 激励机制缺乏持续性

激励机制是一个完整的系统，包括人才的选拔、培养、配置、评价、奖惩等多个环节，具体激励政策的实施也需要不断评估、反馈和修正，任何一个环节出现问题，激励机制的有效性就会大打折扣。

从高层次人才的进口看，有些地方单纯从学历来确定激励扶持的对象，有些地方在人才引进过程中给予一次性奖励，奖励标准较高，待遇较好，而在引进之后人才贡献大小与其待遇相关性往往会减少；还有些用人单位采取行政晋升从而可以享受高级别待遇的留人策略，这种做法导致许多有才华的高层次人才转向了"管理"，脱离了创新科研工作，在业务上再难有所建树。

从人才的出口看，有些高层次人才获得一定的荣誉之后，除犯有重大错误、弄虚作假骗取荣誉、剽窃成果，造成重大不良影响外，一直可以保留荣誉和享受各项待遇，从而形成一次选拔定终身，一次评奖终身受益，使奖项成为因人设奖，而不是因事设奖，使高层次人才队伍缺乏生机和活

---

① 黄颖：《上海市海归群体发展状况调查》，《中国人才》2009 年第 12 期。

力。如何动态评判高层次人才业绩，是针对性实施激励的客观基础，也是使高层次人才持续发挥作用的重要环节。

三　激励主体服务不到位

创新项目扶持和管理服务是激励高层次人才发挥第一资源作用的重要方面。但在这方面也存在一些问题：

第一，在一些用人单位内部，一些高层次人才往往被过度使用，他们往往超载承担本部门、其他部门、地方的各种任务以及其他横向任务，而且没有得到应有的公开，结果他们忙于应付项目的完成，没时间做出高水平的成果，导致国家对高层次人才的投入没有得到应有的产出。事业单位收入的多元化仍没有正确体现高层次人才的应有价值。

第二，相关政策的宣传力度不够深入，信息服务渠道不够畅通，导致一些有意向被引进的高层次人才对相关的优惠政策不了解，或缺乏信息发布的权威平台，无法享受到政策的优惠。

第三，一些相关政策的制定缺乏细则、可操作性差，相关职能部门管理僵化，办事周期长，手续办理过程烦琐，对一些专家、项目带头人、自主技术创新的持有人的支持力度不足。激励主体的管理服务不到位，致使激励导向的作用不够突出，人为地形成高层次人才发挥作用的阻力。

四　激励政策交叉重复

目前政府激励模式既包括某些专项的激励政策，如教育部主管的长江学者奖励计划、高层次创造性人才计划、优秀青年教师资助计划等，中宣部主管的"四个一批"人才培养计划，中国科学院主管的院士工作；也包括人力资源和社会保障部出台的面向各行业的特殊津贴政策、突出贡献专家政策、博士后政策等。

由于体制上的原因，这些制度和措施缺乏统筹规划、政出多门、条块分割，难以形成合力。已经建立的一些制度，对象重叠、力量分散、缺少协调。国家层面不同部门激励政策缺乏统筹机制，政府各个部门"各自为政""互相制约"，不仅不利于高层次人才效率效益的发挥，而且将大大增加公共财政、用人单位各类人才的负担。

第四节 完善事业单位高层次人才激励机制思路

人才资源是第一资源，高层次人才是第一资源中的重要资源，代表一个国家的核心竞争力，是在经济全球化竞争日趋激烈条件下制胜的战略资源，吸引和激励高层次人才是我国人才强国一个重要措施。构建高层次人才激励机制的最终目标，是激发高层次人才的活力，最大限度地发挥他们的作用，推动经济社会的发展。我国在高层次人才队伍的建设、人才引进、使用评价等方面做了大量的探索，尤其针对不同的高层次人才分别出台了具有针对性的激励政策。

事业单位高层次人才激励机制是一个系统工程，完善高层次人才的激励，需进一步完善激励机制，明确激励主体、激励对象，完善激励手段。完善激励机制，首先应转变观念，观念的转变将带来一系列制度安排的变化，统筹各项激励措施和政策，加强激励制度建设，丰富激励手段，建立多层次、多角度、多因素立体化的激励机制。

一 转变人才激励理念

观念的改变影响制度和激励方式的变革，高层次人才激励方式无处不在，各项政策最终落实到激励上应形成制度性激励机制，这是激励的根本保证。[1] 这些激励贯穿管理过程始终，针对事业单位高层次人才的激励要建立起规范和科学的激励制度。

（一）确立正确的价值导向，以人为本设计激励体系

以人为本是现代人才价值观的一个集中显现，作为制度安排，影响对人才的评价、激励制度的选择；而作为社会机能，影响着对人才的物化激励、社会价值的认知。坚持以人为本的人才观，在激励机制设计上要以人为本，从人本角度出发设计激励体系，激励机制应与吸纳人才的制度和推进人才脱颖而出的制度相匹配。以人为本不仅关心人才的使用价值，人才的物化产出能力，更应关注的是激发人才的内在潜力，尊重人才的自身发展规律，关心人才的自我再生产。同时对于人才的外部效应显示也给予相

---

① 余兴安：《激励的理论与制度创新》，国家行政学院出版社 2005 年版，第 121 页。

应的关注。在激励人才同时，充分体现人才对于社会均衡发展的价值的充分展示，达到自身发展与社会发展的内在一致性。合理培养、理性配置、有效激励、持续使用，促成社会稳定、协调和可持续发展。以人为本设计激励机制应处理好以下几个关系：

第一，正确处理物质激励与精神激励的关系，坚持物质激励与精神激励并重。对于事业单位高层次人才的激励，从其需求出发，既要有充足的物质激励，在物质激励时要体现公平，体现多劳多得，让高层次人才在比较报酬与贡献时感到满意，同时也要有良好的精神激励，精神激励是建立在人的社会心理需求基础上的一种激励方式。精神激励往往是以物质需要已经得到一定程度的满足为前提的，并且与物质激励紧密相连。

第二，正确处理长期激励与短期激励的关系，坚持可持续性激励。高层次人才往往知识更加丰富、能力更强、对于组织的贡献更加突出，其成果影响更加深远，因此对这一特定群体的收入分配也应有明确的划分。不仅注重短期激励，还更注重对高层次人才的长期激励。

第三，正确处理正激励与负激励的关系，坚持激励与约束相结合。正激励是从正面的角度来看待人性的，还应该运用负激励来抑制人性的消极方面。在对高层次人才进行激励时，应以正激励为主，适时恰当地使用负激励，因地制宜地激励不同特质的高层次人才。激励与约束二者是从不同的角度对人才的行为施加影响，使系统趋向积极的状态，向预定的目标发展。因此，二者的目的是共同的、一致的。激励约束机制的根本目的是建立组织和高层次人才中长期利益共同机制。

第四，正确处理制度激励与文化激励的关系，坚持刚性激励和柔性激励相结合。从激励的角度来看，制度是一种正激励和负激励的有机统一体，制度激励是一种刚性激励。而组织文化的激励则显现为柔性激励，柔性激励影响力往往是深远而巨大的，建立人性化工作环境，重视情感激励。尊重人才、关心人才，营造心情舒畅、和谐融洽、奋发向上的工作氛围，增强团队对人才的凝集力、感召力，增强人才对团队的归属感和认同感，用共同的团队目标、理想、信念等精神因素激发他们工作的主动性、积极性和创造性。优秀的组织文化可以对组织的发展和员工的激励具有积极的促进作用，而消极颓废的组织文化则阻碍组织的发展，要充分发挥组织文化对事业单位高层次人才柔性激励的作用。

（二）明确激励的政策目标，达到组织和个人双赢

从需要层次理论、双因素理论、成就需要理论到期望理论、目标设置理论、公平理论等，都强调从人的需求出发，进行激励。激励人才的终极目的是使人才发挥最大效益，在实现人才价值最优的同时，实现组织价值的最大化。组织为实现其目标，根据其成员的个人需要，制定适当的行为规范和分配制度，以实现人力资源的最优配置，达到组织利益和个人利益的一致。对事业单位高层次人才，采取特殊的倾斜政策，增强人才回报组织的动力，实现一流人才、一流业绩、一流报酬。高层次人才的激励，应根据高层次人才不同层次的需求，从被激励对象的需求出发进行制度设计，充分发挥其才干，在实现组织价值最大化的同时，使高层次人才个人价值最大化，实现个人和组织的双赢。

（三）适当转变激励指向，重视以事为主的激励

制定高层次人才激励政策的目的是保证高层次人才引得进，留得住，用得好。我们以往的高层次人才激励政策多是在对人才进行区分和评价后，针对一个特定群体进行激励，基本以人为主。更多的是奖励过去，对未来缺乏重视。借鉴国外的经验，在激励机制构建中，重视对未来发挥作用的激励，因事激励，加大对重大成就的激励，避免一旦被认定并进入某类人才队伍就一劳永逸的状况，这也是公平公正激励的一个基础。对高层次人才的激励，关键是为急需和岗位上的高层次人才提供发挥才干的平台，鼓励创造性工作，给予合理的资源配置，使其能够充分发挥作用，在激励措施上要打破常规，要因事奖励、即时奖励。

二 构建多层次、多元化、多维度的立体激励机制

（一）完善多层次人才激励机制

建立以政府激励为导向、用人单位激励为主体、社会力量激励为重要组成的多层次人才激励体系，完善高层次人才投入管理机制。建立以用人单位为主，省、市、县（市、区）各级财政共同分担，社会力量广泛支持的多渠道、多层次经费投入机制。

单一的政府奖励体制不仅在激励资源上有限，而且较多体现了政府在人才需求方面的取舍。突出事业单位在吸引高层次人才中的主体作用，事业单位可把引进人才的购房补贴、安家费、科研启动经费列入成本核算。

用人单位要善于发现和大胆使用才智出众、个性特点突出的高层次人才，努力改善高层次人才的工作、学习、生活条件，营造高层次人才发挥才干的良好环境，最大限度地激发高层次人才的创造活力和工作热情。引入非政府民间组织参与到人才奖励之中，有助于拓展人才奖励的资金来源，加大人才激励力度，同时更能反映社会对高层次人才的多元化需求，有利于不同类型的高层次人才的培养，也能够通过各种奖励之间的有序竞争推动人才评价规则的完善。

（二）构建多元化的薪酬激励机制①

除实行岗位绩效工资主体工资制度外，各事业单位可根据实际情况，重点推行协议工资制、项目工资制、年薪制、股权激励等灵活多样的分配制度和办法。

第一，根据市场价位合理确定高层次人才薪酬水平。确定高层次人才的工资水平是一项复杂的系统工程，应充分引入市场竞争机制，把市场竞争作为评判高层次人才绩效的外部条件，通过协商方式确定其工资收入水平和发放方式。

第二，实行协议工资制。除执行岗位绩效工资制度外，事业单位还可以推行协议工资。针对单位亟须引进高层次人才，可签订协议工资。协议工资主要以劳动力市场价格为基本依据，按照有关法律、法规和政策规定，根据事业单位急需人才在聘用期内的岗位职责及目标要求等内容，其工资待遇可以经双方协商并以签订协议的方式予以确定。

第三，实行项目工资制。事业单位还可以根据实际情况推行项目工资制。对有突出贡献高层次人才承担的技术项目、工程项目以及其他特定工作的，根据项目的工作量和预期收益等情况，以合同形式确定有突出贡献的高层次人才在完成项目期间的收入分配形式。

第四，实行年薪制。事业单位还可以根据实际情况推行年薪制。对事业单位高层次人才，可以根据事业单位具体情况，实行年薪制。年薪可由两部分构成，即基本年薪和奖励年薪。基本年薪按月固定发放，奖励年薪年终经考核合格后一次性发放。

对于实行协议工资制、项目工资制等单位，其经费来源，公益一类事

---

① 何凤秋：《符合事业单位特点的差异化激励探析》，《中国人事科学》2018 年第 4 期。

业单位经费由财政负担；公益二类事业单位，由单位自有资金解决，需报人力资源和社会保障部门及财政部门备案。

第五，探索和鼓励科技成果等要素参与收益分配。鼓励事业单位积极探索按生产要素和贡献参与收入分配的方法和途径。允许其根据劳动、管理、技术和资本等生产要素在生产过程中投入的比例、贡献大小和稀缺程度给予相应的报酬。在生产要素范围和实现形式上，政府对事业单位要区别对待、分类指导，事业单位应根据本单位的性质、任务、经营方式和投资主体的不同，合理确定可参与分配的生产要素范围，采取符合本单位特点且行之有效的分配形式。在收入分配上，要引导事业单位按照市场机制，依据生产要素的实际贡献和稀缺程度来参与分配。

（三）为高层次人才提供事业发展空间

人才成就事业，事业造就人才。尊重人才的意见和发展需要，为人才营造良好的事业发展机会。高层次人才一般具有较高的责任心和事业追求，通过提供良好的工作条件、职业空间帮助其实现个人奋斗目标是一种行之有效的激励方式。应进一步改善高层次人才工作环境，增加在资金、项目、科研合作等方面的投入。推动建立以业绩和能力为主的高层次人才开发与管理制度。使人才能够凭借自己的努力及贡献获得公平合理的职位升迁、学习深造或是创造新事业的机会。

（四）促进高层次人才实现个人价值

有效的激励理论认为应该强调激励形式的多元化，以达到激励效果的最大化。除了物质激励形式的多样化之外，还应该积极探索建立多元化的精神激励内容，从而实现对于高层次人才的有效激励。多元化的高层次人才精神激励内容既包括各种层次的政府人才奖励、社会事务的积极参与、新闻舆论的广泛宣传，也包括人才市场的声誉激励。建立和完善高层次人才市场、充分发挥精神激励的作用是激励多元化的重要发展方向，从而推动高层次人才实现个人价值。

（五）为高层次人才提供生活保障

落实高层次人才的养老、失业、医疗、工伤、生育保险等政策。加强统筹协调和政策衔接，推进各类社会保障制度整合，加快完善各种社会保险关系转续办法，建立社会保障公共服务管理平台。高层次专业人才享受住房补贴（包括购房补贴、购房贴息、租房补贴），也可以通过安家补助、专家公寓、周转房等多种形式，落实好高层次人才的住房保障。对高层次人才的配偶安置、子女入学等给予相应的优惠条件。

（六）实行高层次人才退出制度

对于事业单位高层次人才激励，需要建立一种动态管理。动态管理可以采取两种方式：一种是退出制度。退出制度是对获评专家考核期内未完成考核目标者实施退出，不再履行专家义务，保留专家称号但不再享有专家权利和待遇，这也体现了以奖励做事为主的导向。另一种是建立"荣退制度"，对超过一定年龄的高层次人才实行保留有关荣誉或待遇，不再享有相关权利并承担义务，具体年龄可根据学科特点和人才个体情况确定。对高层次人才实施退出动态管理，形成竞争开放的管理系统。这是一种动态管理的激励制度设计，激励高层次人才最大限度地挖掘自身潜力，实现激励效果的最大化。

三　其他相关措施

（一）统筹各部门高层次人才激励政策

事业单位高层次人才激励政策是在我国政府职能架构下展开的，这种模式一方面有利于发挥不同部门作为高层次专业技术人才政策主体的优势和积极性，另一方面则带来了不同部门间高层次专业技术人才激励政策协调的问题。应统筹整合国家人才主管部门激励政策和业务部门的激励政策，达到结构优化、目标协调、形成合力、提高效率的目的。

（二）完善高层次人才评价机制

高层次人才的激励与评价机制有密切联系。实现有效激励，应将高层次人才评价贯穿于高层次人才选拔、培养和使用的整个过程中。激励机制必须有针对性，并要有科学完善的绩效考核制度作为保障。

对高层次人才评价，要明确标准要求，这是评价的基本依据，需针对不同专业、岗位和层次需求，明确不同的评价标准和要求；要保证评价实施过程的公平公正；要严格奖惩兑现。把评价结果与岗位管理结合使用，健全事业单位岗位聘用考核体系，实现专业技术职务与岗位的优化组合。健全以能力和业绩为导向的人才评价机制，将评价与薪酬待遇等严格挂钩，才能实现评价目标，发挥评价的激励作用。

（三）进一步明确事业单位分配主体地位

高层次人才的激励要与国家对于事业单位的管控、事业单位内部的管理体制以及相应的工资分配相协调。要突出事业单位在吸引高层次人才中的主体作用，只有确定事业单位对高层次人才分配的主体地位，才能保证高层次人才激励制度落到实处。

在现有的事业单位岗位绩效工资分配制度框架内，对高层次人才的工资实行科学合理的考评和分配，改变激励方式，采取多元手段、以事为主，才能在国家对事业单位的管控、事业单位自身的管理体制和相应分配制度上找到解决突破口。

第 七 章

事业单位专业技术人员兼职兼薪

　　事业单位聚集了大批专业人才，鼓励、支持事业单位工作人员兼职兼薪，充分发挥人才资源的作用，促进科技成果转化为现实生产力是深化事业单位收入分配制度的方向。同时，允许事业单位工作人员兼职兼薪也必须引导、规范兼职行为，促进事业单位加强内部管理，推进人事制度改革。由于国家对事业单位管理人员到企业或社会团体兼职（任职）有严格规定，本章重点分析事业单位专业技术人员兼职兼薪问题。

第一节　事业单位工作人员兼职兼薪概念界定

　　《关于事业单位工作人员实行兼职兼薪的指导意见（试行）》中指出，兼职兼薪是指符合条件的事业单位管理人员、专业技术人员和技术工人，在完成本职工作的同时，在不违反国家相关法律法规、不侵犯单位知识产权、不泄露单位商业秘密、不冲击单位经济利益、不损害社会和公众权益的前提下，从事技术创新、技术开发、技术成果转让、技术服务、信息咨询、企业兼职（承担项目、担当顾问、授课讲座）等兼职工作，将知识和技能与社会共享，并获取兼职报酬的一种分配形式。

　　兼职兼薪的前提条件，主要包括以下几个方面：

　　（1）事业单位专业技术人员在保证完成本职工作的情况下，可以到其他单位从事兼职工作，并获取兼职报酬。

　　（2）兼职的前提除要求事业单位专业技术人员圆满完成本职工作外，同时还不能侵犯单位知识产权、不得泄露单位商业秘密、不得冲击单位经济利益、不可损害社会和公众权益。这就是说，鼓励兼职，并不等于鼓励无限度地"走穴",不等于可以一边轻松地拿着单位的钱而"出工不出力",一边四处兼职大赚外快;鼓励兼职,不等于可以把本单位的商业机密透露给竞争对手,或者以此为筹码换取个人利益;鼓励兼职,不等于无偿利用本单位的资源、技术和设备,私自为兼职单位效命,为自己创收。

（3）兼职活动应是技术开发、技术推广、技术成果转让、信息咨询、技术服务以及法律、法规允许的工作内容。事业单位专业技术人员从事兼职兼薪活动,必须由单位批准,必须与提供兼职岗位的一方签订符合法律规定的兼职合同,明确各自的权利和义务、薪酬支付方式、工伤、保险责任、违约责任和解决争议的方式方法以及法律规定的其他事项。

（4）事业单位专业技术人员从事技术兼职活动需占用本职工作时间或需使用所在单位设备、专用技术以及需要所在单位提供物力、财力支持的,经所在单位批准后,须签订有关补偿协议。符合条件管理人员、专业技术人员和技术工人在完成本职工作的同时,可从事技术创新、技术开发、技术成果转让、信息咨询、技术服务等兼职工作并获取报酬。

第二节　我国事业单位专业技术人员兼职兼薪现状

一　政府主管部门和用人单位对专业技术人员兼职兼薪的做法

我国高校、医疗行业、科研院所专业技术人员集中,兼职兼薪情况较为普遍。本章重点分析这三个行业专业技术人员兼职兼薪的做法。

（一）对高校教师的兼职兼薪的做法

教师的业余兼职,是当前我国教育领域里的一个热点,也是教师管理无法回避的问题。全国各地的学校、教育行政部门对教师业余兼职的态度与做法很不一致,甚至观念处于对立的状态。有的地方态度比较开明,允许教师兼职。2006年,北京市出台了《关于加强自主创新人才队伍建设的若干政策措施》,明确指出,鼓励高校、科研机构的专业技术人员,在完成本职工作的前提下,创办具有自主知识产权的高新技术企业,兼职从事研究开发成果转化活动。2005年甘肃省出台了《甘肃省实施西部大开发若干政策措施》,作为措施之一,规定了"允许甘肃境内的大专院校、科研院所的专业技术人员,在完成本职工作和不影响原单位利益的前提下兼职兼薪"。但有的地方对教师的业余兼职作了很多规定，如南京市教育局则要求，业余参与家教和兼职授课的教师要过"四关"：先向学校提出申请，由学校审查是否"有资格"，然后向教育局申请，教育局审查批准后到工商局申请办理执照，再到税务局接受审查，办理税务登记，手续比较烦琐。

（二）对医疗行业专业技术人员兼职兼薪的做法

《中共中央、国务院关于深化医药卫生体制改革的意见》提出，稳步推动医务人员的合理流动，促进不同医疗机构之间人才的纵向和横向交流，研究探索注册医师多点执业。

医师多点执业可以充分发挥医生的人力资本价值，实现多方共赢。一是有利于均衡各地医疗资源。"看病难"，首要原因就是医疗资源不均衡，患者都涌到城市中心医院、大品牌医院就医。高水平医生就是最重要的医疗资源，如果允许中心医院医生到下一级或者落后地区执业，将大大缓解"看病难"问题。二是有利于提升医生收入。国家对医疗卫生事业投入长期不足，使得医疗机构必须"以药养医"，除去药品收入外，医生的合法收入将不足以使其在当今社会体面地生活。给医生松绑，让医生用自己高水平的医疗技艺通过"多点执业"获得合理报酬，符合新医改精神，也符合时代发展的需要。三是有利于社区、基层医疗机构、欠发达地区医生水平的提升。高水平医生的到来，可以解决基层不能诊治或者不敢诊治的病例，也可以吸引更多疑难病患者前来就诊，使得基层医生诊治视野开阔，平日问题也方便请教，对其提升大有好处。医生在社区兼职开诊所，也可以为社区居民带来便利，就不需要一定到大医院才能看到专家，"看病难"将得到彻底缓解。四是有利于公立医院改善管理机制。当人才流动起来，甚至自由之后，如何吸引更优秀的人才，或者留住现有专家，可能将成为摆在院长面前的一个课题。

同时，医疗机构认为兼职虽有一些好处，但也存在一些隐患和风险。原因除了担心医生兼职影响本职工作外，还可能面临民事责任风险和刑事责任风险，实践中，因医务人员到其他医疗机构兼职引发的医疗纠纷，在法律责任的认定方面一直没有明确的依据。因此，医疗机构在考虑医生兼职时态度不一。

（三）对科研院所专业技术人员兼职兼薪的做法

大部分科研院所对待兼职的态度基本上是积极支持。科研系统认为，专业技术人才在完成本职工作的前提下兼职是应该允许的。兼职和本职是相互补充、相互促进的，专业技术人才兼职有利于扩大本单位的影响，拓宽本单位产品和技术的市场，也有利于本单位课题的申请和从本单位以外承接科研项目。当然，也有少数科研单位担心兼职可能会造成科研成果的流失和影响本职工作的质量。[①]

二 事业单位专业技术人员兼职兼薪的基本特征

目前我国事业单位兼职兼薪的主要人员为：学有专长的科学技术人员；业余时间较为宽裕，有精力和能力的教师、演员、医生、新闻记者、报刊编辑、运动员等。

从兼职劳动的性质上看，可分为行政性兼职、经营性兼职、劳务性兼职、知识性或技术性兼职四类。行政性兼职主要是指由组织任命兼任行政职务的兼职；经营性兼职主要是指兼任企业经营性职务的兼职；劳务性兼职主要是指从事体力劳动的兼职；知识性或技术性兼职主要是指依靠脑力劳动从事知识型或技术型工作的兼职。事业单位的专业技术人员从事的兼职主要是知识性或技术性兼职，也有少部分从事行政性兼职和经营性兼职。

从兼职的目的上看，事业单位专业技术人员从事兼职的目的一是增加收入，二是发挥自己的自身价值。

从兼职人员的素质上看，从事兼职的专业技术人员的素质较高，所学专业主要是应用技术类，理工、财经、师范、农学、医学、法律、外语、艺术等应用类专业和从事科研、教学、管理、咨询、诊疗、生产等应用性较强的工作。

从兼职人员从事兼职的时间上看，从事兼职的人员主要利用业余时间和节假日从事兼职。利用业余时间和节假日从事兼职的占多数，且他们大部分不需要坐班。

---

① 曹蔚：《国立科研机构研究人员兼职兼薪研究》，《科学学与科学技术管理》2007 年第 9 期。

（一）事业单位兼职兼薪的共同特点

1. 存在的普遍性

目前国内事业单位专业技术人员兼职兼薪活动已成为一种普遍的社会现象，引起社会和政府的高度关注。近年来随着市场经济制度的建立和发展，事业单位专业技术人员兼职处于快速发展阶段。据中国高等学校教师网高教资源栏目的资料介绍，2003 年我国普通高校专任教师为 724658 人，占教师总比例的 84.37%，远远高于民办高校 34.91% 和成人高校 67.74%，而普通高校兼职教师为 134250 人，占教师总数比例的 15.63%，则远远低于民办高校的 65.09% 和成人高校的 32.62%。此外，医疗行业，科研院所和文化领域等专业技术人员从事兼职兼薪的也很多。

2. 类型的多样性

兼职兼薪的情况较为复杂，目前国家及学术界对兼职兼薪概念还没有统一明确的界定，本书认为，兼职兼薪是指个人到本职单位以外从事非全时和非公益的工作，并获取一定报酬。

兼职的类型多种多样，按兼职兼薪的角色、服务内容、组织形式、客体、流向等方面对兼职兼薪类型可划分为以下几种：

第一，从兼职兼薪的主体划分，可分为兼职专业人员、兼职管理人员、兼职创业者、其他兼职人员等。

第二，从兼职兼薪的客体划分，可分为本行业其他组织、其他行业、自己创业、政府、学术组织、其他兼职兼薪客体。

第三，从提供兼职兼薪的服务内容划分，可分为授课或合作研究、科技开发、成果转让、从事管理活动、荣誉职位、社会服务、其他服务内容。

第四，从兼职的组织形式划分，可分为项目制、公司制、专业咨询、个人聘请、其他组织形式。

第五，从兼职的流向划分，在高校、研究机构兼职兼薪，在企业兼职兼薪，在其他单位如社会培训机构、学会评审机构、财会审计机构等兼职兼薪。

3. 收入的隐蔽性

随着社会经济的发展，我国事业单位专业技术人员兼职兼薪的现象越来越普遍，但各事业单位对于兼职收入的多少并不清楚，使兼职收入半明半暗，处于薪酬管理的"夹缝"地带，具有明显的隐蔽性。出现隐蔽性的原因主要包括：

第一，国家、地方政府出台了一系列鼓励专业技术人员兼职兼薪的政策，这些政策是指导性的，并未对兼职收入的标准和管理作明确规定，特别是在个人所得税和收入支付方式等方面缺乏有效的调控政策，兼职收入一般都呈隐蔽状态。

第二，兼职单位为了外聘优秀人才到本单位兼职，直接与兼职人员签订兼职协议、支付报酬，同时不向兼职人员所属单位通报，从而造成兼职收入的隐蔽性。

第三，兼职人员由于没有政策约束，认为收入是个人的隐私，无须告诉单位，从而使兼职收入呈隐蔽性。

4. 管理的复杂性

由于事业单位专业技术人员兼职兼薪具有类型多样化、收入隐蔽性等特点，致使兼职兼薪的管理和规范复杂化。

兼职情况可分为两大类：一是聘请外单位人员来本单位兼职；二是本单位人员到外单位兼职。据调查，两种兼职情况都较为普遍，但从公开可查询的资料显示更多的是关于第一类兼职的情况。对于聘请外单位人员来本单位兼职，基本都是个人与聘任单位之间履行必要的聘任程序，但都没有征求兼职者所在单位的意见。这也是管理的复杂性所在。

由于事业单位专业技术人员兼职兼薪类型多样化，在管理上需要分类管理，不同类型的兼职兼薪行为具有不同的管理制度，哪些需要鼓励支持，哪些需要限制，哪些需要禁止，如何针对不同类型的兼职兼薪行为进行有效的管理，这就表现出管理的复杂性。

由于事业单位专业技术人员收入的隐蔽性，单靠事业单位自身进行规范管理很难行之有效，在规范事业单位专业技术人员兼职兼薪行为过程中，对兼职收入的管理是难点。

（二）各行业专业技术人员兼职兼薪的个性特征

从整体上看事业单位专业技术人员兼职兼薪现象具有普遍性、多样性、收入隐蔽性和管理复杂性等特征。不同行业的兼职兼薪也呈现出具体的特点。

1. 高校专业技术人员兼职兼薪的特征

第一，从事兼职兼薪的时间最为充裕。从劳动时间看，高校教师一周的平均课时一般不会超过 6 节，加上每年的寒暑假，教师可自由支配的时间相当多。

第二，高校教师兼职兼薪主要靠高学历、高学识及所在学校的名气。高等院校是智力高度密集行业，其从业人员的平均学历之高、学识之深，是很少有行业能与之匹敌的。为其兼职提供了知识保证，同时，所在学校的名气对教师的兼职兼薪有影响，一般来说名牌大学的教师往往有更多的机会兼职。

第三，从事兼职兼薪的大多是应用性较强专业的教师。企业管理、金融、法律、财会、外语等专业市场的需求较大，这类教师的兼职机会一般较多。像哲学、历史学等应用性不是很强的学科，这类教师在外边兼职的很少。

2. 医疗行业专业技术人员兼职兼薪的特征

第一，与高校教师相比，医生从事兼职兼薪活动的可自由支配时间相对较少。首先是医生工作时间上具有不确定性，患者和医生往往都无法预期什么时间生病需要提供哪种医疗服务。虽然从事兼职的医生大部分不需要坐班，但一旦医院有紧急情况，医生必须随叫随到，不像高校教师那样可自由支配的时间多。

第二，医生从事兼职的要求比其他行业要高。目前，我国高级医务人才较为紧缺。根据调查资料显示，医院医生从事兼职的，大部分是具有高级职称而且在某一学科领域具有一定造诣的知名专家、教授，他们拥有丰富的临床经验和独到的医疗技术。

第三，与其他事业单位相比，医生从事兼职兼薪要承担更多的风险。首先，医疗活动是一个过程，尤其对于外科手术而言，如果兼职的医务人员仅仅是完成手术就离开，而对于患者手术前的检查、诊断、手术准备以及手术后患者的恢复、并发症的预防处理等都不参与，有可能严重影响患者的治疗效果。其次，由于个体差异的存在，同一疾病的不同个体可能具有不同体征，因此医疗服务确定性中包含不确定因素，即在相同的治疗原则下，可能针对不同个体采取不同的处理方法。这种不确定性也使医生兼职面临更多的风险。

第四，医生兼职兼薪引起的法律责任很难确定。兼职医务人员并不是所兼职医院的在编人员，对于从事兼职工作的医务人员的管理，是由其法定执业医院还是其兼职医院负责，实难明确，此外由于兼职医务人员在其兼职医院的医疗服务行为导致的医疗纠纷或是医疗事故，其负责承担相应责任的主体也难以确定。

3. 科研院所专业技术人员兼职兼薪的特征

第一，科研机构专业技术人员具有较高的基础研究和科学发现能力，从事兼职工作能够将自己的科研成果与实际结合，更容易产生社会效益和经济效益。

第二，科研院所的专业技术人员属"知识型员工"，他们更加重视能够促进自身发展、喜欢有挑战性和自主权的工作，对知识、对个体和事业的成长有持续不断的追求。兼职兼薪能够在一定程度上满足他们的这种需求。

第三，科研院所从事兼职兼薪的人员利用本单位便利条件的比较多，涉及知识产权问题也比其他事业单位的多。

4. 文化领域专业技术人员的兼职兼薪的特征

目前我国已初步形成了包括新闻出版、影视音像、演出娱乐、艺术培训、文化旅游、会展咨询等在内的综合型文化产业体系，文化产业的产值占 GDP 的比重不断提高。

我国文化领域专业技术人员兼职兼薪的特征为：

第一，名声和威望是他们从事兼职的重要砝码。文化领域的专业技术人才一般在社会上都享有广泛的知名度，比如知名作家、主持人、体育明星、记者等。

第二，文化领域的专业技术人才兼职的收入比其他事业单位的兼职人员要高。

第三节　我国事业单位专业技术人员兼职兼薪存在的问题

一　专业技术人员兼职兼薪存在的问题

专业技术人员兼职兼薪的行为有很多好处，但是因为专业技术人才兼职实践过程中的政策法规不完善、监督管理不到位、人才素质有差异、兼职行为不规范，使得其兼职兼薪仍然存在不少问题，而这些问题的存在，影响了专业技术人员兼职兼薪的健康、有序、稳定发展，也会给经济发展和社会进步造成一定的负面影响，因而不容忽视。

专业技术人员兼职兼薪存在的问题主要有以下几点。

（一）兼职兼薪的社会认识问题

人们对专业技术人才兼职的认识不够全面，导致了对待兼职的态度不够科学。这些片面的认识无外乎两种表现，一是有些单位和个人不分情况一味否定技术人员的兼职兼薪，视其为洪水猛兽，看不到兼职兼薪对于社会、对于技术人才本身的有利之处；二是看不到或是不愿承认技术人才兼职兼薪所存在的一些弊端，忽视了对其的管理与规制，使得兼职兼薪行为在市场上混乱不堪，兼职的技术人员甚至本末倒置，耽误本职，更甚者出现重大事故，一发不可收拾。

（二）兼职兼薪法制中存在问题[①]

第一，兼职兼薪行为没有法律可依。对于专业技术人员的兼职兼薪行为，国家和地方虽制定了相关的规定、政策，但是并没有上升到以规范、权威的法律体系规制的层面，直接使得专业技术人才的兼职兼薪行为没有法律可依。以医疗卫生行业中的医师兼职兼薪的问题为例，我国实行医生定点注册执业，每个医生都是单位人，院外行医理论上是缺乏法律依据的。《中华人民共和国执业医师法》和《医师执业注册暂行办法》都没有明确的关于医师多地点执业的规定；2000 年中组部、人事部、卫生部在联合下发的《关于深化卫生事业单位人事制度改革的实施意见》中明确允许医师兼职，由于中国医生的人事关系属于其所在的医院，现在出现的"允许兼职"的条例似乎在旧有的法规中找不到相配合的解释，甚至出现相矛盾的地方。

第二，兼职兼薪与劳动法律之间也存在冲突。劳动法律规定不能有双重劳动关系的存在。而专业技术人员的兼职兼薪实际上是形成了一种双重劳动关系，既与原单位存续劳动关系，又与兼职单位建立了劳动关系。劳动法律缺乏对此的相关规定，使得兼职兼薪的行为缺乏法律依据，劳动者缺少相关劳动法律的保护，各种权益难以得到保障。这样的冲突有待

---

① 罗尔男：《员工持股及兼职兼薪法律风险防范措施刍议》，《法制与社会》2018 年第 11 期。

解决。

第三，知识产权方面的纠纷比较突出。在市场竞争日益激烈的当今社会，人才也备受重视，信息的爆炸也使得几乎每一项科研成果都是很多技术人才相互配合、协作的产物；从而也直接关系到人才所在单位及相关人员的利益。知识产权的保护就显得相当重要。我国的现实是，虽有相关的知识产权保护法律体系，但是知识产权保护的社会意识普遍薄弱，个人和单位知识产权保护的意识都很薄弱，使人才兼职引起的侵犯知识产权案时有发生，从而使得专业技术人才的兼职兼薪的发展也受到了一定的影响。

对此，社会乃至个人都应该清楚，只要兼职兼薪存在，就会对原单位的专利等构成一种外泄的风险，使得专利极容易被滥用。在兼职兼薪中，如何保护兼职人员所在单位的合法权益必须得到重视并予以很好的解决。

（三）兼职兼薪的管理问题

第一，兼职兼薪行为本身的特性使得管理难度增加，监督者缺位。兼职兼薪的主要特性是其收入的隐蔽性，而这种收入的隐蔽性很大程度上是因为行为本身的隐蔽性带来的。因为种种原因，很多人并不愿意公开自己的兼职兼薪情况，签订协议的就更是少之又少。在巨大的隐蔽性下，本职和兼职的区分只有技术人员自己去把握，而缺少监督者。监督者的缺位，使得接受兼职单位的利益难以得到保护，一定程度上也不利于兼职者的权益保护。在特殊的医疗卫生行业，兼职大夫的私下"走穴"无形中还使得患者也在承担巨大的风险，一旦出现事故，责任很难界定明晰。国家在不公开化的兼职兼薪的行为下，也会因为兼职兼薪不缴纳税收而蒙受一定的损失。可以看出，无论于国于民，兼职兼薪的隐蔽性都使得管理十分困难。

第二，兼职兼薪管理制度建设滞后，没有形成规范化管理模式。专业技术人员的兼职兼薪不是新兴事物，国家和地方也都针对其制定了相关的政策，但是研读其规定，不难看出，规定的条文大多过粗、过宽，基本不具可操作性；同时，一般也仅有规定、政策，而少有上升到权威、系统的法律层面，这给各相关单位的执行造成了一定的困难。不容忽视的是，各行业、单位实际上也并没有从自己的实际出发发展适合自身的规章制度，只是简单复制别地或者中央的相关规则，管理十分混乱。①

（四）兼职兼薪人才自身有关的问题

第一，兼职技术人才的诚信修养及道德素养有待进一步提高。社会一直提倡诚信教育，对于兼职兼薪的技术人员，这一点同样应该提倡。技术人员中不乏一些法纪意识薄弱，仅从个人利益出发思考问题的人，他们可能会侵犯自己单位的知识产权、经济利益，甚至偷税逃税。也不乏一些缺乏职业道德的人会弃本职工作而不顾，不做好本职工作，同时也不认真对待兼职工作。例如，在高校中，有些老师专心于校外创收，而不认真教学，教学质量大打折扣；近些年，有些教师在民办高校兼职，一般身兼多所民办高校，上完课便不见踪影，教学事故发生概率极高，这样不仅影响了学校正常的教学活动，也使得学生的学业受到影响。这些有关技术人才的素质问题亟待解决，否则将限制我国专业技术人才兼职兼薪的发展。②

第二，兼职行为的不规范制约人才队伍的健康发展。从事兼职的专业技术人员会由于得不到规范的管理而出现一些不合适的行为，例如，为兼职影响本职工作，兼职工作的报酬高于本职工作的报酬，瞒报兼职所得收入等。对没有在外兼职兼薪的技术人员产生不平衡感，不再安心工作而难免会影响其现有工作，损害单位利益。长此以往，便进一步使得技术人才队伍的建设遇到瓶颈，难以健康发展。

第三，兼职兼薪人员的适用性及相关培训不受重视。很多单位聘任兼职人员，看中的是其的学历、经验，但是并没有可行的方案评估其各方面的能力考查其是否适合本单位的相关发展。例如，某些高职院校招募事业单位中的工程技术人员担任学校的兼职老师。这种做法本无可厚非，但是其对于这些技术人员是否适合教书育人、是否能够胜任教育工作并没有一个准确的评估，而恰恰这些技术人员可能缺乏必要的高等教育理论知识，对于高职人才培养的目标也认识不清，难以找到理论与实践的最佳平衡点，教学脱节，教学效果令人担忧。大家普遍对于有一技之长的专业技术人员或者专家有种过度的迷信，对于这些专家，培训就更是少之又少，因而，技术人员的素质并没有得到提升，且不一定适合兼职单位的发展

---

① 彭春燕：《专业技术人员兼职兼薪问题研究》，《高科技与产业化》2015 年第 2 期。

② 吴合文：《高校教师兼职兼薪的角色冲突与制度设计》，《教育研究》2017 年第 12 期。

需要。

（五）医疗卫生行业中的特殊问题

医疗卫生行业不同于其他行业，其具有的问题也比较特殊。兼职的医师给一些经费充足、人力资源不丰富的医院提供了优秀的人力资源，使医院的医疗水平上升了一个档次。问题在于，一些小的、经济条件欠佳的小医院在市场竞争中逐渐失去竞争力，使医疗行业中收入差距拉大，医务人员这支社会重要的技术人员队伍的发展受到限制。同时，考察一下引入兼职医师的医院的动机，不难发现，很多是想提升自己的经济效益，这样的目的会导致兼职兼薪的医生的社会效益和医疗服务质量都会大打折扣。

二　专业技术人员兼职兼薪的成因分析

专业技术人员的兼职兼薪由来已久，其形成的原因也较为复杂且值得探究。总的来说，可以归结为以下几点：

（一）专业技术人员自身的原因

第一，职业特性。职业特性是专业技术人员兼职兼薪的必要条件。兼职的技术人员一般本职工作较为宽松，时间比较弹性，例如教师这一职业，不需坐班的制度使得教师的兼职成为可能，而且作为教师，他们有很强的知识生产与传播能力，社会活动能力和经营能力也很强，在发挥他们这些特长时，职业特性为他们提供了兼职方便。其他类型专业技术人员的兼职兼薪同样也有这方面的动因，医疗机构、文化领域都因其独特的职业特点，而出现了大批的兼职兼薪现象。医院、高校等机构营造的宽松的制度环境无形中也为他们的兼职提供了方便。这些单位给予技术人员以足够的空间、自由时间，只要完成单位规定的工作量，其他时间可以自主安排。[1]

第二，专业技术人才自身发展的需要。专业技术人才具有丰富的知识和技能，他们因为自身的价值获得了别人所没有的地位与尊重，然而，应该看到的是，目前事业单位存在分配制度不尽合理，用人制度不够完善等诸多管理体制问题，不管是报酬还是自我价值可能都没能很好地让专业技术人员满足自身发展需要，这就迫使他们向外谋求发展的空间。在外的兼

---

[1]　黄春建：《论高校教师兼职兼薪行为的正当性》，《山东高等教育》2017 年第 4 期。

职机会，可以使他们的专业技能因为更多的实践而得到提高，人力资本的价值也得到更好地体现与提升。兼职兼薪给专业技术人才以积累经验的机会。例如，兼职兼薪的医务人员，可能会在兼职的过程中参与疑难病例的诊断，使临床经验得到丰富，为更好地开展本职工作奠定了基础；高校教师的校外兼职，会使其实际与理论的结合的能力大幅提升，其社会价值也在不断提升；文化领域的兼职，会使得相关人员的知名度提高，从而使其在本职工作中开展工作更为顺利。

第三，利益驱动与心理失衡。改革开放以来，市场经济急速发展，国家允许一部分人先富起来，于是，越来越多的人凭着知识或能力走上了富裕之路，然而较为不合理的现象是，事业单位的专业技术人员虽然拥有无价的知识资源，却可能由于事业单位分配制度的不合理、社会资源有限等原因而不能得到相应满意的回报，由此形成了巨大的心理落差与不平衡感，促使他们积极寻求外部的发展与回报空间，并得到收益，改善自己的生活，这是寻求与社会平衡的心理体现。

（二）社会原因

第一，社会的需求促成专业技术人员的兼职兼薪。专业技术人才不管是来自教育、科研、医疗、文化或是其他领域，都有着不可替代的专业技能，有着丰富的专业知识及丰富的实践经验，社会的发展更突出了这些人员的价值，因而他们的兼职几乎成为必然。专业技术人才的兼职兼薪是通过市场对专业技术人才的一种有效的人力资源配置方式，通过这样的配置方式，使得专业技术人员的人力资本价值得到最大限度的体现，并促进了社会进步。

第二，社会资源分布的不均匀使专业技术人才兼职兼薪成为必要。我国的专业技术人才资源不仅在总体量上相对缺乏，而且在资源配置上也极为不平衡，明显表现为城市占有资源较多而农村较少，大的事业单位资源充足而中小事业单位明显不足。大城市的大型事业单位不仅拥有大量的优质物质资源，还拥有更为高质量的专业技术人才，而小地方的相关机构对人才、资源的需求就为专业技术人员的兼职提供了客观条件。以医院为例，很多大城市的大医院占有大量的优质医疗资源，往往不仅资金雄厚，拥有大量的先进科研医疗设备，而且集中了大量优秀高水平医疗人才，由于人才过分集中难免不能人尽其才，造成医疗资源的闲置和浪费的现象时有发生；而在广大的中小城市及农村地区，由于各种原因还面临着缺医少药的局面，随着生活质量的提高，对优质医疗资源（包括著名医生专家教授）的渴望更加强烈，这也就促成了医疗技术人员的兼职兼薪。

（三）事业单位管理体制原因

第一，事业单位工资制度激励不足。工资制度激励性不足，不能体现专业技术人才应有的价值，成为专业技术人才寻求对外兼职兼薪的工作限制性动机的一种。专业技术人才通过自身多年的人力资本投资、经验的积淀，获得了无价的专业知识技能，为单位、社会创造了巨大的财富，然而，事业单位的工资体系设计不合理，使得他们很难从本职工作实现经济上的价值、得到与其人力资本相适应的回报。这是将专业技术人员推向兼职兼薪领域的重要原因。

第二，事业单位未建立行之有效的绩效管理体系。事业单位多数没有健全、行之有效的针对专业技术人才的绩效管理体系，对于专业技术人员的绩效监控自然就行之乏力。绩效管理的缺失，造成专业技术人员热衷于兼职兼薪，而面对本职工作会有一种应付的心理，本末倒置、耽误正职、只顾兼职的情况发生。因而，要实现对兼职兼薪的专业技术人才的有效规制、管理，绩效管理是其中较为重要的一环。

第四节　完善事业单位专业技术人员兼职兼薪的思路

一　总体思路

我国事业单位专业技术人员兼职兼薪管理是我国事业单位人事制度改革中的重要内容。根据中央关于《深化干部人事制度改革纲要》，中组部、人事部《关于加快推进事业单位人事制度改革的意见》和《关于事业单位工作人员实行兼职兼薪的指导意见（试行）》，人事部关于《事业单位工作人员收入分配制度改革方案》，人事部关于《事业单位工作人员收入分配制度改革实施办法》，以及各省市地区事业单位专业技术人员兼职兼薪办法和有关规定，结合我国事业单位专业技术人员的特点和实际情况，现对我国事业单位专业技术人员兼职兼薪提出如下思路。

我国事业单位专业技术人员兼职兼薪的管理要在事业单位机构改革和

人事制度整体改革的前提下进行，作为事业单位改革中重要内容的专业技术人员兼职兼薪管理办法应和事业单位改革配套进行。

（一）结合事业单位分类管理，规范专业技术人员兼职兼薪

事业单位改革首先是进行科学分类。按照事业单位分类改革，即按照社会功能将现有事业单位划分为承担行政职能、从事生产经营活动和从事公益服务三个类别。对承担行政职能的，逐步将其行政职能划为行政机构或转为行政机构；对从事生产经营活动的，逐步将其转为企业；对从事公益服务的，继续将其保留在事业单位序列，强化其公益属性。公益一类主要指义务教育、基础性科研、公共文化、公共卫生及基层的基本医疗服务等基本公益服务机构。公益二类主要指高等教育、非营利性医疗等公益服务，可部分由市场配置资源的机构。根据事业单位分类改革，规范事业单位专业技术人员兼职兼薪管理。

（二）结合事业单位人事制度改革，进行兼职兼薪管理

首先，事业单位工作人员全面推行聘用制。按照"平等自愿、协商一致"原则，由单位与职工签订聘用合同，实行岗位管理。对事业单位合理设置岗位后，按照岗位的要求，采取选拔考核等方式，以岗择人。同时，要实行严格的考核，在完成本岗位工作任务的前提下，允许兼职兼薪。

其次，积极探索事业单位收入分配制度改革，搞活内部分配。事业单位在确定的工资总量内，可以自主制定职工收入分配方案，实行具有行业特点并符合本单位实际的工资分配形式。在分配制度上推行岗位工资制，根据岗位责任大小、科技含量、难易程度和劳动强度等因素确定工资额。同时，事业单位要根据自身的行业特点和社会化的发展方向，借鉴企业的经验做法，合理确定管理、技术、资本、劳动等生产要素按贡献参与的比例额度，制定切实可行的分配方案。只有责酬相符，才能更好地规范专业技术人员的兼职兼薪。

（三）与事业单位综合配套改革衔接，进行兼职兼薪管理

建立健全以社会养老保险制度为重点的各种保障机制。坚持以人为本、积极稳妥的原则，解决好事业单位未聘、解聘、人员的安置、事业单位养老保险等一系列问题。通过建立社会养老保险制度等措施，逐步实现事业单位人员由单位人向社会人的转变，促进人员合理流动，只有实现人

员合理流动，才能有序进行兼职兼薪人员管理。

二　基本原则

我国事业单位专业技术人员兼职兼薪管理方面需要遵循的原则主要有五条：

（一）全面规划，统筹安排

事业单位专业技术人员的兼职兼薪的管理办法涉及事业单位用人制度改革、收入分配制度改革、管理制度改革、绩效管理改革和监督制约制度改革等多方面的问题，需要全面规划，统筹安排。

（二）分类指导，分步实施

将我国事业人事单位改革置于建立和完善社会主义市场经济的环境和背景中，根据不同事业单位在社会主义市场经济中的作用和功能进行科学分类，按照行政管理类、公益类、经营类的不同类别，针对事业单位所属的不同类型，选择和确定相应的专业技术人员兼职兼薪管理的实施步骤。

（三）因地制宜，综合考虑

事业单位专业技术人员兼职兼薪管理要根据各地区经济发展水平，遵照国家关于不同类别事业单位专业技术人员管理的分类指导规定，并结合所在不同行业的发展现状，把握行业发展趋势。对不同地域、不同类别、不同行业事业单位专业技术人员从实际出发，综合考虑进行兼职兼薪管理。

（四）与事业单位人事制度整体改革配套推进

按照事业单位人事制度改革的原则、内容和要求，决定了事业单位的发展方向之后，对必须保留的事业单位进行整体改革。在此基础上，配套推进事业单位专业技术人员的兼职兼薪管理办法。

（五）积极稳妥，稳中求进，本职优先，兼职适度

事业单位专业技术人员兼职兼薪管理涉及多方面的利益，既要积极又要稳妥，要坚持在大局下行动，正确处理好各个方面的利益的关系，稳中求进。事业单位专业技术人员兼职应当贯彻国家、社会、单位、个人利益相结合的原则，遵守国家法律、法规的规定，自觉维护所在单位和兼职单位的知识产权，以本职工作优先，在适度的范围和期限内从事兼职兼薪活动。

三 兼职兼薪前提条件

允许兼职兼薪主要是指高校、科研院所等准公益类以及中介服务、生产经营类事业单位的专业技术人员。其基本前提条件是：

第一，必须保证保质保量按时完成职工所在单位的本职工作。在单位规定的考核期内没有按时完成单位规定的工作量者，加倍扣除其绩效工资和奖金，一年之内不允许再从事其他兼职兼薪工作，情节严重者给予一定的行政处分。

第二，不得侵犯单位的利益。不得损害单位的利益，不得侵犯单位知识产权，不得泄露单位的科研成果，不得侵占和无偿占有单位的有形和无形资产为自己的兼职工作提供便利，不得违背单位的有关规定。

第三，必须经原单位批准，并签订相应的兼职合同。事业单位专业技术人员从事兼职兼薪活动，必须由单位批准，必须与提供兼职岗位的一方签订符合法律规定的兼职合同，明确各自的权利和义务、薪酬支付方式、工伤、保险责任、违约责任和解决争议的方法以及法律规定的其他事项。事业单位专业技术人员从事技术兼职活动需占用本职工作时间或需使用所在单位设备、专用技术以及需所在单位提供物力、财力支持的，经所在单位批准后，须签订有关补偿协议。

第四，必须遵守国家相关法规。不得损害社会和公众利益，不违背《劳动法》的规定，超长时间超负荷工作者，单位不予签订兼职兼薪合同。

第五，以下情况不允许兼职兼薪：

一是担负的工作涉及国家机密，从事兼职活动可能泄露国家机密的；

二是承担国家科技攻关或者本单位重要任务，在此期间兼职可能影响完成国家计划和本单位任务的；

三是因与兼职单位存在利害关系或者其他可能影响公正办事的情形的；

四是用人单位在劳动合同中约定或在规章制度中规定不得从事兼职的，劳动者不能从事兼职。特别是与用人单位已签订"保密合同"或"竞业限制协议"者。

五是单位的经营管理者不得自营或为他人经营与其所任职单位同类的业务或者从事损害本单位利益的活动，从事上述经营或者活动的，所得收入应当归单位所有。

四 兼职兼薪分类管理

针对兼职兼薪存在的问题，为规范管理，可从两个维度对兼职兼薪实行分类管理：一是按行业对事业单位的兼职兼薪进行分类管理，二是按兼职兼薪的类型对事业单位的兼职兼薪进行分类管理。

（一）按行业进行分类管理

国家出台统一的兼职兼薪管理办法，各行业可根据行业特点和兼职的不同形式，进一步确定行业政策。

1. 教师兼职兼薪

教师的兼职兼薪是这个领域里的一个热点，一直是高校领导在管理过程中觉得十分棘手的事情，也是教师管理无法回避的问题。关于高校教师的兼职状况，提出以下建议：

第一，由于教师的工作性质相对稳定，所以缺乏一定的竞争意识和忧患意识，把大量时间用于自己的兼职活动方面，容易导致教学质量下降，高校可以引入考评机制加以约束。比如，对每个新聘的讲师，可以规定两个为期数年的合同聘任期，两个合同期内最多有两次申请晋升的机会。如果两次申请都不能晋升成功，两个合同期结束，就停止聘用。副教授也只有在任期内晋升成为正教授，才能获得相应的工作岗位，激励其努力地传播和生产知识，以争取晋升成功。

第二，采取一定的激励措施，增强教师的成就感。一是要增加教师的收入，二是要满足教师职业发展需要，让不同职称职务的教师都能看到自己每年的进步。职称晋升可实行积分制，让教师看到希望。论资排辈只会抑制青年教师的主观努力，因为长期看不到希望，或主观努力对改变现状没有作用，将会使所有的教师坐等晋升机会的到来，而不会主动努力，从而缩短本职工作时间、本末倒置。[①]

2. 医务人员兼职兼薪

随着我国的改革开放和经济的快速发展，居民对医疗保健服务水平和

---

① 黄伦宽：《高校实行以增加知识价值为导向分配政策研究》，《现代经济信息》2018年第11期。

质量提出了越来越高的要求，技术力量较薄弱的基层医疗机构、民营医院和诊所纷纷聘请公立医院的技术人员有偿兼职，愿意从事业余兼职的医疗技术人员除以增加收入为目的外，也较注重实现个人的价值。医疗技术人员从事业余兼职服务有利于医疗人力资源的充分利用，但也会带来许多问题，故应对这一行为进行规范化管理。

第一，政府卫生管理部门为此确定了医务人员兼职的三原则：首先，医务人员兼职必须遵守国家有关法律法规、部门规章及有关规定；其次，医务人员兼职要遵守所在医疗机构的有关规定，确保完成本职工作，并要对患者负责，保证医疗质量和医疗安全；再次，医务人员兼职所取得的收入要透明，同时必须接受税务部门的监督；最后，国家卫生部还认为医疗机构之间根据医疗工作需要，邀请其他医疗机构的医学专家进行会诊是一种正常的医疗行为，不属于兼职的范畴。同时，像卫生支农、医疗下乡、政府组织的医疗队，等等，也都不属于兼职的范畴。医务人员在兼职过程中应该尽可能地遵守以上原则。

第二，医院应该建立审批制度，医院职工在外兼职兼薪有下列情形之一的，必须经所在单位批准：一是兼职工作需占用本职工作时间，影响本职工作的；二是兼职工作需使用单位设施、设备、专用技术和需单位提供物力、财力支持的。对一些特殊岗位和技能的人，单位可根据情况不予批准。

第三，依法管理不能仅靠"审批"，医师兼职行为出现问题主要集中在本职工作与兼职工作的冲突、兼职医疗行为不符合诊疗常规、兼职医院的医疗条件不规范等方面。由于兼职医疗行为具有临时性、救济性、短暂性等特点，不仅影响执业医疗机构和兼职医疗机构医患双方的利益，也造成医师外出兼职具有巨大的风险隐患，一旦出现不良后果，兼职医师无疑要承担相应的民事责任甚至刑事责任。为避免日后纷争，发邀医疗机构与受邀医疗机构之间，兼职医生与发邀医疗机构之间，应有规范的书面协议；医疗事故的法律责任裁定应在相关法律中体现；创建兼职医生准入制度。认定资格的依据标准可以包括：医务人员学历、技术职称、身体条件、本职工作表现、时间安排、奖惩记录等。符合兼职执业资格条件的，发给统一印制的"兼职执业许可证"。

第四，应该多角度和全方位地实施监管提倡医院人事管理人性化、法制化；对医师兼职行为须完善税收手段；针对医师外出兼职行为风险，建立相应的保障机制。医院应建立备案制度，医院职工在工作之余进行兼职兼薪活动且不影响本职工作的，应将本人兼职兼薪情况向所在单位通报，并登记备案；建立劳动合同制度。

第五，医院人力资源部门必须建立起一套规定明确、具体量化、科学规范的人员绩效考核体系和考核制度。一方面，对医生本职工作作出量化评定，保证医生在完成本职工作的基础上，才能院外行医；另一方面，对兼职工作做出量化限定，防止医生超负荷工作。

第六，国家尽快出台相关的政策规定；制定具体操作实施规范；医院内部应加强管理机制和道德的约束等，要求职工在完成本职工作任务的前提下兼职，做到循序渐进；并且加强对兼职医生行风和职业道德教育及其法律、法规的约束。医务人员应加强自我约束和社会责任感的培养，尽管道德的约束力量较法律和管理规章制度来讲略显薄弱，但是，道德约束所释放出来的长久性、广泛性、文化相融性、社会可接受性，又是法规和条例所不能及的。因此，法律和自我约束都是必要的。

3. 科研人员兼职兼薪

科研人员兼职兼薪已成为一种潮流和趋势，有利于人力资源的充分利用，避免人才浪费，对于我国经济的发展有着重要作用。我国政府已经开始重视这一部分人员的需求，不同省市和企业也纷纷出台相关政策和措施，确保科研人员在兼职的同时搞好本职工作。虽然不同的地方存在不同情况，但相关政策措施也有相同和相关之处，特别是沿海经济发达地区和东南部更是走在了时代的前列，具体情况总结如下：

第一，对于大部分民营企业来说，为促进其腾飞，发展经济，很多企业大力加快人才培养，促进人才兴业，采取措施鼓励科技人员兼职兼薪。一般来说，在由科研人员所在单位组织的兼职活动中，技术人员可从兼职收入中提取一定比例作为技术服务人工费；由科技人才中介服务机构组织的兼职活动，技术人员可从兼职净收入中提取一定百分比作为技术服务人工费；由个人自行联系的兼职活动，兼职收入除依法纳税外全部归技术人员所有。另外，有的省（如吉林）还采取措施鼓励和支持事业单位人员离岗领办、创办企业。实施人才服务民营企业志愿者项目，每年选派一定数量的党政机关、事业单位人才到民营企业服务，同时从省级中小企业发展专项资金中拿出一部分用于民营企业各类人才的培养。

第二，事业单位专业技术人员有下列七种情况之一要求兼职，须经所在单位同意：

（1）需占用本职工作时间的；（2）需利用本单位物质、技术、资料的；（3）需利用本单位名义进行兼职活动的；（4）进行技术承包、技术经营和承包、领办、租赁城乡集体企事业的；（5）在兼职单位担任行政职务、技术领导职务和技术（经济）顾问的；（6）在本单位担任领导职务的；（7）按照国家有关规定，需经本单位同意或有关部门审批的。专业技术人员若不能很好地履行公职完成本单位分配任务，或者担负工作涉及国家和单位机密，或者承担国家、市（区）重点工程、重点科技攻关项目和本单位重要任务或在病假、事假期间等情况，以及参照国家公务员制度管理的事业单位专业技术人员，均不得从事兼职活动。另外，对出色完成本职工作并在兼职活动中做出突出贡献；对全面完成国家和区市计划，并积极支持和组织兼职活动，推动科技与经济联合的人员，将给予奖励。

第三，兼职必须由原单位批准，应与兼职单位签订合同，批准后可占用本职时间，兼职造成损失应当赔偿，兼职不能泄露技术成果，可降低兼职单位用人成本等。

第四，符合条件的事业单位管理人员、专业技术人员和技术工人在完成本职工作的同时，从事技术创新、技术开发、技术成果转让、信息咨询、技术服务，技术服务、开发与成果转化，讲学、科研等兼职工作并获取报酬。兼职兼薪可由单位组织或通过中介推荐，也可由个人自行联系。有的甚至可在工资总额中列出一定比例作为奖励额度。

总而言之，兼职兼薪的决定突破了不允许事业单位人员兼职的传统禁区，是深化事业单位分配制度改革的一种崭新形式。它不仅能使更多的企业受益，也将使人才本身获益。

（二）按兼职兼薪的性质和类型进行分类管理

根据兼职工作的不同性质，可将兼职兼薪分为鼓励型、允许型、限制型、禁止型四种类型，分别进行分类管理。

1. 鼓励型兼职兼薪

鼓励型兼职是指基本不存在利益冲突或责任冲突而从事基础教育、基础科研、公共服务等纯公益性事业的兼职行为，主要包括：

——参加国内外学术组织、学术刊物、学术会议等；

——参加学术型讲座、报告、座谈会、研讨会等；

——以专家学者身份被邀请到政府或非营利机构从事公益性活动，特别是被派往公共资源稀缺地方从事公益性活动；

——担任公共名誉职位和公共名誉职务。

2. 允许型兼职兼薪

完成本职工作的，原单位不得干预专业技术人员的兼职活动，有如下几种情况：

——实行八小时工作制的，能够在工作时间内完成所在单位按岗位责任制确定的任务；

——实行课题招标承包制、技术经济承包责任制的，能够保证工作任务进度和质量的；

——实行授课时制的，能够按时完成课时任务，保证教学质量的。

专业技术人员在业余时间或不实行八小时工作制的，在完成本职工作任务后，有从事讲学、著作、编辑、翻译、科学研究、技术开发、技术咨询、技术服务等活动和参加学术团体工作的权利，在不违反本办法的前提下，单位不得干预和限制。

3. 限制型兼职

主要是指以营利为目的，但是兼职工作可能会与原工作产生冲突，或者会侵犯原单位利益的情况存在时，需要对专业技术人员进行限制，主要包括以下几种情况：

——占用本职工作时间的；

——利用本单位的物质条件和未公开的技术资料、技术诀窍的；

——转让技术成果涉及本单位技术权益的；

——在兼职单位担任技术领导职务和技术顾问的；

——在原单位担任组织领导职务的；

——按照国家有关规定，需经单位同意或有关部门审批的。

4. 禁止型兼职

主要是指专业技术人员有可能违反相关法律规定，给原单位带来利益损失，并且损害原单位声誉的情况，如果这些情况可能存在，那么专业技术人员不得兼职，主要包括下列几种情况：

——职务涉及国家和单位机密，因兼职活动可能泄露机密的；

——参加国家和省、市级重点工程、重点科技攻关项目及本单位重要任务，因兼职可能对工作造成影响的；

——因与兼职单位存在直接利害关系或者可能影响公正办事、公正监督、公正执法等原因，应当回避在该单位兼职的；

——在病假、事假期间的；

——拒绝接受单位分配的任务或者消极怠工的；

——从事粉尘、矽尘、放射性和有毒物质等作业者，兼职从事同类作业超过国家劳动、卫生标准规定工作时间的。

五　专业技术人员兼薪形式

专业技术人员在保证完成本职工作、不损害本单位经济利益和不违反国家有关法律法规的前提下，经本单位批准并签订协议后，可以兼任其他工作，取得相应的合理报酬。

——对利用单位无形资产、设备、资料和职务科技成果等从事兼职工作的，应从兼职收入中向单位缴纳一定比例费用。

——如果兼职工作需占用本职工作时间或需使用单位设施设备、专用技术、需单位提供物力、财力支持的，职工须经所在单位批准，并签订有关补偿协议。职工因兼职兼薪活动给单位造成经济损失的，要赔偿损失；触犯法律的，要承担法律规定的全部责任。

——事业单位职工要以单位或个人名义与提供兼职岗位的单位或个人签订符合法律规定的兼职合同，明确各自的权利与义务、薪酬支付方式、违约责任、工伤、保险责任和解决争议的方式以及法律规定的其他事项。同时，对职工在兼职期间所涉及的有关工资保险福利待遇等问题以及单位双方各自的其他要求，应在协议中予以明确。

——如果个人参加了某个项目，则应该按项目分配制规定确定收入标准，并在合同中明确。对于完成时间超过半年以上的项目，可分阶段兑现部分收入，但项目预期收入的一部分必须待项目完成后兑现。负责项目期间，项目负责人的档案工资，由单位按照国家规定进行调整。各项社保费用仍然按规定分别由单位和个人缴纳。

——完善税收政策，制定关于兼职兼薪的新的税法和方案措施，采用新的税率，并通过在一些地区试点的形式反馈修正和完善此政策，把兼职人员的收入通过税收的形式上缴一部分给国家，使兼职人员在增加个人收入的同时也能增加国家财政收入，减少社会的贫富差距程度，平衡过多的灰色收入带来的社会问题。

——此外，兼职人员的薪酬也应该具有激励和公平的功效，解决这一问题的关键是修改现行的科技奖励法规，加大对科研人员的奖励力度，改善科研人员的工作、生活条件和福利待遇，使科研人员消除后顾之忧，一心一意搞好本职工作。同时也使兼职不再仅仅受利益驱动而盲目发展，而是按照技术市场的规律进行合理流动。另外，提高科研人员的待遇和奖励金额，还能在一定程度上缩小兼职人员与非兼职人员之间的收入差距，消除非兼职人员的不平衡心理。

六 其他相关配套制度

（一）加快事业单位人事制度改革步伐

具有高科学技术、文化知识的、具有技术密集与劳动密集并存的特点的人力资源是事业单位重要特征。与人力资源管理相关的制度是事业单位的基础性制度，因而事业单位人事制度改革是事业单位改革的核心内容之一。事业单位的专业技术人员作为事业单位人力资源的重要组成部分，专业技术人员的兼职兼薪管理办法的实施需要事业单位人事制度改革大环境的支撑。

（二）全面推行事业单位工作人员的岗位管理

加快事业单位人事制度改革步伐，重点是要推行聘用制和岗位管理制度。实施事业单位管理岗位是事业单位人事制度改革的内在要求，是事业单位收入分配的迫切需要，也是事业单位人事制度改革实践不断深化的必然结果。

以"岗位"为核心的岗位管理是一项系统工程，包括岗位设置、岗位聘用、岗位工资、岗位考核、岗位激励、岗位培训、岗位退出等环节。这是一条完整的人力资源管理的流程。岗位设置是顺利实施岗位管理，实现事业单位人员由身份管理转向岗位管理的前提和基础。事业单位要按照人事部下发的《事业单位岗位设置管理试行办法》、实施意见和行业指导要求，规范岗位设置，按照核准的岗位总量，结构比例和最高等级开展岗位设置工作，从各事业单位的实际情况出发，科学合理地设置不同等级别岗位。岗位聘用、岗位工资、岗位考核、岗位激励、岗位培训、岗位退出等环节都是建立在岗位设置的基础上因"岗位"而去聘人，去设定岗位工资、进行考核、实行激励措施、进行岗位上的人员培训、退出。政府人事行政部门应制定和完善相关政策措施，加强对事业单位岗位设置的指导、管理和监督，定期检查，及时纠正违规行为，确保岗位设置工作有序进行。

（三）完善事业单位工作人员绩效管理办法

建立事业单位绩效管理办法首先要明确一个非常重要的观点：绩效管理不仅是绩效考核，而且是一种动态的绩效管理系统。绩效管理的过程是一个循环，这个循环分为五步：

绩效计划、绩效实施、绩效考核、绩效反馈与面谈以及绩效考核结果的应用（包括绩效改进和导入以及其他管理方面的应用）。

事业单位工作人员的绩效管理应该是一种以发展为导向的、鼓励型的管理办法。发展型的绩效管理与事业单位及其工作人员的目标的实现相关，是真正意义上的绩效管理。

（1）绩效计划，这是绩效管理的起点。要达到事业单位的发展目标，需将总体目标分解为具体的任务或目标，落实到各岗位，各岗位所需完成的任务以及相应的重要性程度用指标和权重的方式确定下来。事业单位各部门的负责人应该同工作人员一起根据本岗位的工作目标和工作职责搞清楚一个绩效计划周期内应完成的工作、完成的时间、目的等。

（2）绩效实施，制订计划之后，事业单位的工作人员就开始按照计划开展工作。在工作的过程中，管理者要对其负责的工作人员的工作进行指导和监督，对发现的问题及时予以解决，并随时根据具体情况对绩效计划进行调整。

在整个绩效期间，都需要管理者不断地对工作人员进行指导和反馈即进行持续的绩效沟通，这点对于整个绩效管理系统都是至关重要的，直接关系到绩效管理的目标是否实现的问题。

（3）绩效考核，可以根据具体情况和实际需要进行月考核、季考核、半年考核和年度考核。考核期开始，每个工作人员对绩效目标、岗位任务完成目标和绩效测量标准都有明确的认识。绩效考核包括工作任务完成考核和工作行为评估两个方面。在绩效考核实施过程中，所收集到的能够说明被评估者绩效表现的数据和事实，可以作为判断被评估者是否达到关键绩效指标要求的证据。

（4）绩效反馈与面谈，在事业单位中的绩效管理过程并不是为了给每个工作人员绩效考核打出一个分数就结束了，管理者需要和被评估者进行一次或多次面对面的交谈。通过交谈，使得在岗员工了解组织对自己的期望，了解自己的绩效，认识自己有待改进的方面；与此同时，在岗员工也可以提出自己在完成绩效目标中遇到的困难，请求上级给予指导。

（5）绩效改进和导入，改变传统绩效考核的目的仅仅是通过评估得到的结果作为工资、奖金、津贴、晋升或降级的参考标准，而是还注重在岗员工工作能力的不断提高以及绩效的持续改进和发展才是其根本目的。绩效导入就是根据绩效考核的结果分析对于在岗员工的量身制定的培训。事业单位也应该有针对性地安排一些培训项目，及时弥补员工工作能力的短缺，这样带来的结果是既满足了完成岗位工作的需要，也可以使员工享受免费的学习提高的机会。

（6）绩效结果应用，当绩效考核完成后，评估的结果并不是束之高阁，而是将结果和岗位聘用以及岗位工资管理联系起来。

事业单位实行岗位管理必须引入绩效管理的方法强化考核评估，否则动态管理无法实施。因此要建立岗位管理绩效考评体系，并在此基础上实行人员奖励，在奖励内容中应包括岗位层级与档次的晋升，在惩罚中应包括岗位层级与档次的降低。

在实施事业单位工作人员绩效管理办法时，要贯彻按劳分配与按生产要素分配相结合的原则，建立与岗位职责、工作业绩、实际贡献紧密联系和鼓励创新创造的分配激励机制；要适应事业单位聘用制改革和岗位管理的要求，以岗定薪，岗变薪变，加大向优秀人才和关键岗位的倾斜力度；要建立适合事业单位特点的工资正常调整机制，使事业单位工作人员收入与经济社会发展水平相适应。

第 八 章

高等学校工资制度

高等学校有两种类型，即事业单位和民办非企业单位，本章所称高等学校属于事业单位范围。事业单位的工资制度有其一般性规律，作为事业单位组成部分的高等学校又具有自身的特殊性。本章根据我国事业单位工资制度的一般规律，结合高等学校自身特点，探讨高等学校工资制度的发展轨迹、现状、问题及改革的路径。

第一节 高等学校工资制度发展沿革

中华人民共和国成立以来，随着经济体制的改革，我国高校工资制度经历了多个发展阶段，每一次改革都与当时的经济政治体制相适应，呈现出不同的时代特征。

一 1949—1955 年高等学校工资制度

中华人民共和国成立初期国家经济发展比较困难，各地区工资制度复杂混乱，国家决定采取实物供给制和货币工资制相结合的模式。实物供给制适用于老区南下干部和部分新参加工作的干部，货币工资制适用于原国民政府的职工和公教人员。

自中华人民共和国成立至 1952 年年初，高校中大部分人员实行供给制待遇。1950 年 7 月，财政部规定对供给制人员实行"小包干"，即生活费、津贴费都折合成米数包干供给，其他项目如服装、技术津贴、保健费、妇婴费、水电费、家属粮、医药费等仍分项供给。① 随着国家财政状况好转，供给项目、办法、手段也在不断调整，可以说供给制有效保障了大学教师的基本生活，在过渡时期起到了稳定作用。

与此同时，工资制度逐步由供给制向工资分制过渡。1952 年 7 月，中央人民政府教育部颁发了《关于调整全国各级各类学校教职工工资的通知》和《全国各级学校教职员工工资标准表》，规定全国高等学校教职工实行以工资分为单位的工资标准，按照当时实际生活需要，每个"工资分"所含实物种类和数量为粮食 0.8 斤、白布 0.2 尺、植物油 0.05 斤、食盐 0.02 斤、煤 2 斤。此工资标准共有 35 个等级，最高 1100 分，最低 70 分，最高工资分是最低工资分的 15.71 倍；一个职务设多个工资等级、上下交叉，比如大学校长为一级至八级，对应的工资分为 1100—650 分。② 这次工资调整，初步统一了全国各级学校教职工的工资标准和体现按劳付酬的精神，提高了教职工的工资待遇，激发了他们工作的积极性。

随着国家经济建设的不断发展，为了适当地提高教学人员的工资，逐步改善教职工的生活待遇，并进一步体现按劳付酬的原则，1954 年 11 月，高等教育部颁布《全国高等学校教职员工工资标准表》。高等学校的工资标准以工资分为计量单位，按职务共分 33 级，最高 1230 分，最低 90 分，最高工资分是最低工资分的 13.67 倍（特级教育工作人员根据具体情况可适当提高，最高工资分是高校最低分的 18.22 倍）；每一级有多个档次，不同级别的档次互相交叉。

伴随着国民经济的发展和全国物价的稳定，工资分所含五种实物已不能完全包括高等学校教职工生活的实际需要。1955 年，在全国机关工作人员实行货币工资制的背景下，高等教育部根据国务院的命令，结合高等学校的实际情况，发布《关于高等学校工作人员全部实行工资制和改行货币工资制的通知》，高等学校工作人员全部实行货币工资制，③ 工资收入包括工资和物价津贴两部分。全国高等学校教职员工工资标准表由工资

---

① 熊俊峰：《大学教师薪酬结构研究》，博士学位论文，华中科技大学，2014 年。
② 郑霞坤、张建华：《高等学校工资制度的形成与工资变革》，《辽宁高等教育研究》1987 年第 3 期。
③ 熊俊峰：《大学教师薪酬结构研究》，博士学位论文，华中科技大学，2014 年。

分修订为货币工资标准表,大学教职员工共分 33 级,最高工资标准为 270.6 元,最低工资标准为 19.8 元,最高工资是最低工资的 13.67 倍。[①] 同时,执行国务院的物价津贴表,物价津贴标准表以弥补各地区物价差额,使各地区的工作人员享有大致相同的生活水平。

二 1956 年高等学校工资制度

1956 年国家进行第一次全国范围的工资制度改革。国务院发布《关于改善高级知识分子的工作条件的通知》及高等教育部发布《关于 1956 年全国高等学校教职工工资评定和调整的通知》,对高等学校工作人员工资实行分类管理,分为行政、教学、教学辅助三类。工资结构均由等级工资、津贴补贴和奖金组成,但由于三类人员分别执行不同的工资标准,各个工资项目的占比有所不同。

行政人员、工勤人员的等级工资执行《全国高等学校行政职工工资标准表》,共分 25 级,相当于"国家机关工作人员工资标准表(一)"的 6—30 级,以 11 类工资区为例,最高工资标准 416 元,最低工资标准 26 元,最高工资标准为最低工资标准的 16 倍。教学人员执行《全国高等学校教学人员工资标准表》,共分 12 级,教授为 1—6 级,副教授 3—6 级,讲师 6—9 级,助教 9—12 级。以 11 类工资区教学人员为例,教授工资标准 390—169 元,副教授工资标准 273—169 元,讲师工资标准 169—101.5 元,助教工资标准 101.5—70 元,不同专业级别的工资标准互相交叉,最高工资标准是最低工资标准的 5.57 倍。教学辅助人员执行《全国高等学校教学辅助人员工资标准表》,共分 12 级,以 11 类工资区为例,最高工资标准 182 元,最低工资标准 37.5 元,最高工资标准为最低工资标准的 4.85 倍。[②]

津贴补贴除了执行国家统一的项目和标准外,还设立了技术津贴、书报费等体现高校专业技术人员特点的项目。

[①] 中国社会科学院、中央档案馆编:《1953—1957 年中华人民共和国经济档案资料选编(劳动工资和职工保险福利卷)》,中国物价出版社 1998 年版,第 453 页。

[②] 中国社会科学院、中央档案馆编:《1953—1957 年中华人民共和国经济档案资料选编(劳动工资和职工保险福利卷)》,中国物价出版社 1998 年版,第 515—517 页。

1958 年，高校实行了年终教职工跃进奖制度，后来规定大学教师的奖励性工资不得超过总工资的 6%。1978 年中国开始经济体制改革后，高等学校逐步恢复奖励制度，大部分职工实行了年终奖。1979 年财政部出台规定，在文教卫生科研单位试行财务预算包干后，各单位可将部分留成收入可用于奖励。[①]

这一时期高校的工资制度主要有以下特点：

第一，高校工作人员开始实施分类管理，对应不同的工资标准。

第二，高校的行业特点初步体现，设立了针对高校专业技术人员的津贴补贴项目。

第三，奖励制度逐渐受到重视，高校对教职工的管理从单一的行政手段向行政和经济激励转变。

第四，高校享有部分工资项目的内部分配权，可根据单位收入状况，自主决定奖金分配。

三　1985 年高等学校工资制度

1985 年 8 月，按照国家关于机关事业单位工资制度改革的规定，结合高等学校的情况和特点，国务院工资改革小组、劳动人事部发布《高等学校教职工工资制度改革实施方案》。高校工作人员实行分类管理：教学人员、科研人员和其他各类专业技术人员、实验人员、行政人员、工人。工资结构均由基础工资、职务工资、工龄津贴和奖励工资四个部分组成。

基础工资、工龄津贴、奖励工资，按照国家统一规定的标准执行。

按照学校的学历培养层次和教职工职务类别，职务工资共有高等学校（简称"高校"）教学人员、行政人员、实验技术人员和高等专科学校（简称"高专"）行政人员四张工资标准表；其他各类专业技术人员按照国务院批准的各有关主管部门同类人员的职务工资标准执行；工人执行国家机关和事业单位工人的工资标准。具体分析如下：

第一，职务等级。高校行政人员职务等级最多，共有 8 个；高专行政

---

①　曾湘泉、赵立军：《我国高等学校工资制度的历史沿革》，《中国高教研究》2004 年第 12 期。

人员有 6 个职务等级；高校教学人员和实验技术人员均为 4 个职务等级。

第二，工资档次。高校教授 9 档、副教授 10 档、院（校）长、高级实验师 8 档，助教、实验员 5 档；其他职务等级的工资为 6—7 档。

第三，同一职务类别内部工资差距。以每个职务等级所有档次工资标准的平均值为计算基础，高校教学人员、行政人员、实验技术人员、高专行政人员的最高职务等级工资分别是最低等级的 4.37 倍、5.05 倍、3.76 倍、4.42 倍。

第四，不同职务类别和等级的工资关系。以每个职务等级所有档次工资标准的平均值为计算基础，高校教授职务工资的平均值最高（187.22 元），高专办事员最低（24 元）。总体上，高校教授高于院（校）长，高校副教授高于副院（校）长和高级实验师、略低于院（校）长，高校讲师略低于副处长和高级实验师、高于科长和实验师，高校助教高于科员和助理实验师、低于副科长和实验师。

这一时期高校工资制度的主要特点是：

第一，体现职务因素。与 1956 年相比，这一阶段的工资制度开始强调职务因素在工资收入中的作用，实行以职务为主的结构工资制，尤其在较高的职务等级中（教授、校长等），职务工资占比最大。

第二，突出尊重教师的导向。在所有职务类别中，教师的职务工资档次较多，工资标准较高。

第三，行政人员职务等级数量多。高校行政人员职务等级数量是教学人员的两倍，行政人员职务晋升空间较大。

第四，奖励工资激励效果不明显。奖励工资占比较低，高校大多采用了平均分配的方式，对教师的激励效果不大。

四　1993 年高等学校工资制度

1992 年，党的十四大提出建立社会主义市场经济体制的目标。为摆脱高校教职工工资待遇不能准确体现按劳分配原则问题，以及满足客观人力资源配置的需要，我国进行了新一轮的事业单位工资制度改革，对于劳动者个体的收入首次引入了较大比例的津贴制度。1993 年 12 月国务院印发《关于机关和事业单位工作人员工资制度改革问题的通知》，其中的《事业单位工作人员工资制度改革实施办法》为高校教职人员工资改革的主要参照标准。根据岗位特点，事业单位工资制度分为专业技术人员、管理人员、技术工人三类。根据事业单位工作特点，专业技术人员分别执行五类不同的工资制度。

在事业单位的各类别工资制度中，高校教师高校专业技术人员执行专业技术职务等级工资制，专业技术职务工资按照专业技术职务序列设置，津贴与工作人员的实际工作数量和质量挂钩，比如课时津贴、科研课题津贴、研究生导师津贴等；管理人员执行职员职务等级工资制，职员职务工资按照职员职务序列设置，岗位目标管理津贴体现管理人员的工作责任大小和岗位目标任务完成情况；技术工人执行技术等级工资制，技术等级工资体现技术工人的技术水平高低和工作能力的大小，岗位津贴体现技术工人实际工作量的大小和岗位的差别，普通工人实行等级工资制。

由于高校在国家规定的津贴总额内，自主确定津贴项目、津贴档次，全国高校津贴标准各不相同。本部分重点分析固定部分工资。

第一，职务等级。专业技术人员、管理人员、技术工人分别有 4 个、6 个、5 个职务等级，普通工人有 1 个等级。

第二，工资档次。每个职务等级通常有 6—10 个工资档次（普通工人 13 个档次），在同一职务类别内，中间级别的职务工资档次较多，一般为 10 个，最高、最低级别的档次较少，有 6—8 个。

第三，同一职务类别内部的工资差距。以每个职务等级所有档次工资标准的平均值为计算基础，专业技术人员、管理人员、技术工人最高等级的职务工资（技术等级工资）分别是最低的 2.51 倍、3.10 倍、1.59 倍。

第四，不同职务类别和职务等级的工资关系。以每个职务等级所有档次工资标准的平均值为计算基础，一级职员的职务工资平均值最高，为 585 元，六级职员最低，为 188.5 元。教授低于一级职员、高于二级职员，副教授低于二级职员、高于三级职员和高级技师，讲师低于三级职员、高于四级职员和技师，助教低于五级职员、高于六级职员。

这一时期高校工资制度的主要特点有：

第一，工资实行分类管理。根据经费来源不同，全额拨款单位、差额拨款单位的工资构成中固定部分和活的部分所占比例不同；根据人员类别不同，专业技术人员、管理人员、工人分别执行不同的工资制度。

第二，津贴设置体现行业特点。作为工资构成中活的部分，为鼓励专业技术人员把主要精力用在完成本职工作任务上，国家根据教育行业的工作特点设立多项津补贴，体现工作人员的工作数量和质量。

第三，工资分配引入竞争、激励机制。本次改革通过加大工资中活的部分，使工作人员的报酬与其实际贡献紧密结合起来。高校以津贴制度为突破口，强化了工资的激励功能，工资分配由"公平为先"向"效率至上"转变。

第四，管理人员工资受到重视。管理人员职务等级减少、工资档次增加，一级职员职务工资标准高于教授。

第五，高校的自主分配权逐步增加。各高校可根据本单位的实际情况，在国家规定的津贴总额内，享有分配自主权，合理拉开差距。

五　2006 年高等学校工资制度

在市场经济不断发展的背景下，各高校的收入来源逐渐多元化，资金上更加充裕，为了增加教职工工资水平，增设津补贴项目、扩大津补贴发放范围、自行提高津补贴标准的现象层出不穷，很多学校活的部分占比大大超过国家规定的范围，不同高校之间的工资水平差距逐步拉大。

2006 年 10 月，人事部、财政部、教育部印发《高等学校、中小学、中等职业学校贯彻〈事业单位工作人员收入分配制度改革方案〉三个实施意见》，各高校依此逐步完成了岗位绩效工资制的改革与调整。改革后高校教师的工资由岗位工资、薪级工资、绩效工资和津贴补贴四部分构成，其中岗位工资、薪级工资、津贴补贴由国家统一制定标准。绩效工资则依据教师工作表现和业绩，上级主管部门进行总量控制，高校自主分配。结合事业单位岗位管理相关办法，事业单位共分为管理岗、专业技术岗、工勤技能岗三类，每一类岗位执行不同的工资标准。

由于绩效工资在高校内部自行分配，津贴补贴占比较小，本部分重点分析基本工资中的岗位工资。

第一，岗位等级。高校专业技术岗、管理岗、工勤技能岗分别有 13 个、10 个、6 个等级，一个岗位等级对应一个岗位工资标准。

第二，工资档次。专业技术岗、管理岗、工勤技能岗分别有 65 个、65 个、40 个薪级。

第三，同一岗位类别内的工资差距。以 2006 年工资制度改革后的岗位工资为计算标准，专业技术岗、管理岗、工勤技能岗最高等级的工资水平分别是最低等级的5.1倍、5倍、1.54倍。

第四，不同岗位类别的工资关系。以岗位工资为计算标准，三类岗位各个等级的工资水平互相交错，专业技术岗正高四级高于管理岗四级、专业技术岗副高七级高于管理岗六级和工勤技能岗一级、专业技术岗中级十级高于管理岗八级和工勤技能岗三级、专业技术岗初级十三级与管理岗十级相同、高于工勤技能岗五级。

这一时期高校工资制度的主要特点有：

第一，体现行业特点。政府主管部门调控绩效工资总量时，通常考虑高校的行业特点进行核定。

第二，工资自主分配权加大。绩效工资在工资构成中占比较大，由单位自主分配无疑增加了学校的分配权限。

第三，高校主要领导人工资纳入重点管理范围。随着高校整体工资水平的提高，政府加强了领导人员工资监管。主管部门制定高校主要领导的收入分配办法，结合考核合理确定其收入水平，规范高校主要领导的收入分配。

第二节　高等学校工资制度探索

我国高校从业人员数量多、高层次人才集中、用工方式灵活。各单位在国家政策的框架下，结合本单位特点，对事业单位工资制度进行了不同程度的创新和探索。

一　多种分配模式并存

2017年，教育部等五部门联合发布的《关于深化高等教育领域简政放权放管结合优化服务改革的若干意见》提出，高校在核定的绩效工资总量内可采取年薪制、协议工资、项目工资等灵活多样的分配形式和分配办法。

高校人数众多、岗位结构复杂、学科差异明显，单一的工资分配形式难以体现各类岗位特点和各类人员工作贡献，目前多数高校在上级主管部门核定的绩效工资总量内，实行以岗位绩效工资为主体、多种模式并存的分配方式。

第一，部分高校实行岗位绩效工资制，并对现有制度进行局部创新。高校职工人数通常比其他事业单位多、用工方式更加灵活，为更好地体现本单位的自身特点、制定符合单位发展的工资制度，高校往往在国家政策框架内，对事业单位工资制度进行局部创新。在基本工资、津补贴、绩效工资的三元结构下，将基本工资、国家允许保留的津补贴合并为固定类工资，其他部分为绩效工资。绩效工资考虑岗位等级、工作业绩和贡献等因素进行分配，根据岗位等级分配的类似基础性绩效工资，根据工作业绩和贡献分配的类似奖励性绩效工资。

第二，大多数高校采用岗位绩效工资制为主、年薪制为辅的工资制度。大多数高校编内人员实行事业单位的岗位绩效工资制度，工资项目主要包括基本工资、津补贴和绩效工资。基本工资执行国家标准；津补贴主要包括教龄津贴、改革性补贴、1993 年工改保留津贴、政府特殊津贴等；绩效工资在上级主管部门核定的总量内进行分配。绩效工资包括高校的绩效工资和院系的绩效工资等。针对高层次人才，主要实行年薪制，年薪主要由基本年薪、绩效年薪构成。基本年薪是固定发放部分，绩效年薪根据工作业绩、合同约定目标任务完成情况，根据考核结果发放。

第三，部分高校的编内人员以年薪制为主。有的高校对主岗教师采用年薪制，其他人仍然沿用岗位绩效工资制。年薪包括基础年薪和绩效年薪，基础年薪主要体现基本工作量完成情况，绩效年薪根据超额工作量、绩效考核结果发放。

二　工资水平存在差距

高校的平均工资水平与当地经济发展水平、财政保障能力、学校办学层次、人力资本结构呈正相关关系。经济发达、财政保障力度大的地区的高校工资水平明显高于经济欠发达、财政保障能力差的地区；学校的办学层次越高、高层次人才越多，工资水平也越高，"985""211""双一流"等高水平大学的工资水平明显高于其他高校。

第一，与世界其他发达国家相比，我国高校总体平均水平较低。美国高等教育学家菲利普·阿特巴赫（Phillips Altbach）曾对全球 28 个国家的高校教师月收入进行调查，对大学教师的起始薪资、平均薪资和最高工资进行了统计分析。中国高校教师平均工资位居倒数第三，平均起始薪资为全球最低薪资。①

2018—2019 学年，美国大学教授协会对 152 所公立高校和 75 所私立高校全职教师的工资水平进行了调查，教授年平均工资 90964—189310 美元，副教授 74159—115960 美元，助理教授 63581—102006 美元（见表8—1）。在工资水平上，高校教师平均工资高于美国中等收入家庭，有较强社会竞争力。②

表8—1　　　　　　　　美国大学教师年平均工资水平③　　　（单位：美元/年）

学术级别	学校类别④	公立高校⑤	私立高校⑥
教授	类别 Ⅰ	141859	189310
	类别 ⅡA	101182	109910
	类别 ⅡB	94503	109274
	类别 Ⅲ	90964	—
副教授	类别 Ⅰ	96909	115960
	类别 ⅡA	81905	84386
	类别 ⅡB	78312	82348
	类别 Ⅲ	74159	—
助理教授	类别 Ⅰ	84308	102006
	类别 ⅡA	71950	72845
	类别 ⅡB	66894	68647
	类别 Ⅲ	63581	—

---

① 洪柳：《国际视阈下高校教师薪酬制度改革研究及启示》，《教育财会研究》2017 年第 6 期。

② 仇勇、李宝元、董青：《我国高校教师的工资制度改革研究——基于历史走势分析与国际经验借鉴》，《国家教育行政学院学报》2015 年第 10 期。

③ 数据来源：American Association of University Professors. The Annual Report on the Economic Status of the Profession, 2018 –2019. MAY 2019。

④ "类别Ⅰ"为可授予博士学位的院校，"类别ⅡA"为可授予硕士学位的院校，"类别ⅡB"为可授予学士学位的院校，"类别Ⅲ"为可授予副学士学位的院校。

⑤ 此数字代表全职教师的合同学年工资，不包括暑期教学、津贴、额外工资或其他形式的报酬。

⑥ 此数字代表全职教师的合同学年工资，不包括暑期教学、津贴、额外工资或其他形式的报酬。

2013 年，中国高等教育学会工资研究分会"高等学校教师工资调查"课题组对全国 84 所高校教师进行了工资调查，获取了有效样本 137411 个。正高级教师的年平均收入 14.36 万元，副高级为 10.33 万元，中级为 8.3 万元，初级为 7.44 万元。[①] 我国大学教授、副教授的年平均工资不到美国公立高校教师的 1/5。[②]

第二，与其他行业相比，高校教师平均工资水平无明显优势。根据《中国劳动统计年鉴 2018》，2017 年，我国国有单位就业人员平均工资 81114 元，教育行业 84860 元，其中高等教育 115486 元。在调查的 19 个行业中，教育工作人员平均工资水平处于第 6 位，略高于全国平均水平（见表 8—2）。

表 8—2　　　　2017 年分行业国有单位就业人员平均工资　　（单位：元/年）

行业	工资	行业	工资
全国	81114		
农、林、牧、渔业	35886	批发和零售业	81907
住宿和餐饮业	50816	信息传输、软件和信息技术服务业	82762
水利、环境和公共设施管理业	51735	交通运输、仓储和邮政业	83848
建筑业	55623	教育	84860
居民服务、修理和其他服务业	61592	文化、体育和娱乐业	87850
租赁和商务服务业	62843	电力、热力、燃气及水生产和供应业	91375
房地产业	67632	卫生和社会工作	92796
采矿业	71402	科学研究和技术服务业	99164
制造业	77649	金融业	109128
公共管理、社会保障和社会组织	80589		

第三，高校间的平均工资水平存在差距。高校的工资水平与当地经济发展水平、学校评估层次、人力资本结构呈正相关关系。经济发达的东部地区高校工资水平明显高于西部地区；学校评估层次越高、高层次人才越

---

① 赵丹龄：《2017 年高校教师工资收入分配最新动态》，2018 年 11 月 1 日，（http://www.creditsailing.com/GongziGaiGeFangAn/47939.html.）。

② 美国教授、副教授工资水平按照四个学校类别的平均工资计算，汇率按照美元/人民币 =7 计算。

多，工资水平也越高，"985""211""双一流"等高水平大学的工资水平明显高于其他高校。

第四，高校内部工资差距大。高校青年教师（年龄在 35 周岁左右的青年教职工）总体收入普遍不高，相关调查显示，81.9% 的青年教师年收入 10 万元以下，其中 34.6% 的青年教师年收入 6 万元以下。[1] 与此同时，高校引进的高层次人才，包括两院院士、"长江学者"和国家杰出青年基金获得者等，收入水平在高校明显处于领先地位，达到教师平均收入的 2.8 倍，具有一定的外部竞争力。[2]

三 绩效工资总量核定方式存在差异

2006 年工资制度改革时提出，各高等学校主管部门综合考虑所属高等学校的社会公益目标任务完成情况、绩效考核情况、事业发展、人员规模、岗位设置等因素，具体核定所属高等学校的绩效工资总量。《关于深化高等教育领域简政放权放管结合优化服务改革的若干意见》指出，充分考虑高校和科研院所知识技术密集、高层次人才集中等特殊性，调整绩效工资水平时予以重点倾斜。

在各地分行业核定绩效工资总量时，高校常常作为一个行业，单独确定绩效工资总量水平，体现高校知识密集、人才集中的特点。

四 内部工资分配灵活多样

《关于实行以增加知识价值为导向分配政策的若干意见》和《关于深化高等教育领域简政放权放管结合优化服务改革的若干意见》都提出，引导高校实行体现自身特点的分配办法。赋予高校更大的收入分配自主权，理顺内部收入分配关系，保持各类人员收入的合理比例，绩效工资分配要向关键岗位、高层次人才、业务骨干和做出突出成绩的工作人员倾斜。

---

[1] 赵丹龄：《2017 年高校教师工资收入分配最新动态》，2018 年 11 月 1 日，http：//www.creditsailing.com/GongZiGaiZiGaiGeFangAn/47939.html。

[2] 赵丹龄：《2017 年高校教师工资收入分配最新动态》，2018 年 11 月 1 日，http：//www.creditsailing.com/GongZiGaiZiGaiGeFangAn/47939.html。

高校内部工资分配办法呈现以下几个特点：

第一，高校工资的自主分配力度加大。国家政策多次提出，允许高校在上级主管部门核定的绩效工资总量内进行自主分配，不限具体分配形式。目前，高校内部分配多以专业技术岗位为主，兼顾管理岗位、工勤技能岗位等各类人员。各类岗位、各个岗位等级的绩效工资构成和水平差距均由高校决定，以便于高校根据自身发展阶段、战略目标、发展任务和岗位特点等确定分配办法。

第二，岗位是工资分配的重要影响因素。除了基本工资和津补贴按照岗位类别、岗位等级确定标准以外，高校在绩效工资内部分配时，通常也将岗位作为重要的参考因素。在不同岗位类别之间，通常根据历史工资关系、学校实际发展需要，确定工资水平分配关系。在不同岗位等级之间，一般都是岗位等级越高、工资水平越高。

第三，效率优先成为分配趋势导向。在高校进行工资内部分配时，除了考虑岗位因素，工作业绩和贡献也逐步成为分配的主要导向。比如授课数量和质量、承担课题数量和级别、科研成果数量和级别等，体现了多劳多得、优绩优酬的分配原则。

五　领导人员与教职工工资水平形成合理关系

《高等学校领导人员管理暂行办法》提出，完善领导人员收入分配办法，结合考核情况合理确定绩效工资水平，使其收入与履职情况和学校发展相联系，与本校教职工的平均收入保持合理水平。

高校领导人员工资由上级主管部门核定，有的主管部门规定领导人员与本校教职工之间的工资水平关系，有的规定正职领导与副职领导之间的工资关系，领导人员与其他教职工的工资关系由高校根据实际情况自行制定。具体的比例关系没有统一标准，都在逐步探索中。

六　经费来源渠道多元

高校的经费来源多元化，主要是财政拨款、事业收入和其他收入。财政拨款包括生均拨款和专项经费拨款，生均拨款标准根据学生结构、专业等设定，学生按照博士、硕士、本科学位分别制定标准，艺术类专业培养成本较其他专业更高，拨款标准高于其他专业；专项经费拨款针对项目实施情况定向拨付。事业收入一般包括教育事业收入（学费）、培训费、科研经费、科技成果转化收益等。其他收入包括产业投资收益、社会捐赠、利息等。

各个来源渠道在高校的总收入中占比有较大差异。生均拨款相对比较固定；专项拨款根据学校发展需要不定期拨付，政府对重点发展的高校和学科给予经费支持；事业收入是高校之间收入差距的主要原因，经济发达地区、评估层次高、市场转化能力强的高校事业收入占比较高；其他收入目前在我国处于初期发展阶段，在高校总收入中占比较低。

七　其他收入分配政策陆续出台

为激发高校工作人员的积极性、主动性和创造性，国家出台一系列政策，构建体现增加知识价值的收入分配机制。

第一，出台科技成果转化收益政策。2015 年修订的《中华人民共和国促进科技成果转化法》中，对完成、转化职务科技成果做出重要贡献的人员给予奖励和报酬的基本标准进行了规定，转化收益为不低于转化净收入或作价入股的 50%。目前，大多数高校纷纷制定本单位的科技成果收益分配办法，对科技成果转化认定、评估和收益分配进行规定，科技成果转化收益成为提高高校工作人员工资水平的途径之一。

第二，实施高层次人才工资分配激励机制。关于事业单位高层次人才工资激励机制，国家发文提出，对于事业单位聘用的急需紧缺、业内认可、业绩突出的极少数高级专业技术人才、高级管理人才和高端技能人才，所需绩效工资总量在事业单位绩效工资总量中单列，相应增加单位绩效工资总量。此意见对高校引进、激励高层次人才发挥了积极作用。

第三节　高等学校工资制度改革成效

高校工资制度改革探索比较早，内部分配机制灵活，与市场机制联系比较密切，取得了一些成效。

一　工资制度导向上，构建符合高校特点的工资制度

第一，绩效工资总量核定上，考虑高校知识技术密集、高层次人才集

中的特点，绩效工资总量核定予以倾斜。

第二，分配形式灵活多样。充分考虑高校内部各类岗位、学科、人才特点，采取多种分配形式。

第三，内部分配权限上，高校主要领导的绩效工资分配办法由上级主管部门制定，对工资分配加强监管；其他工作人员由学校、学院二级分配，有利于充分体现各个部门、各类岗位的实际工作贡献。

二　工资制度适应性上，顺应发展需要

第一，与政治要求的适应性。高校承担了人才培养、科学研究、服务社会、文化传承等公益服务职能，战略价值性凸显，制定符合高等教育行业特点的工资制度对国家发展战略发挥着重要的支撑作用。

第二，与经济发展的适应性。基本工资上，落实基本工资正常调整机制，使高校工作人员收入随经济社会发展动态调整。绩效工资上，部分地区参考经济发展水平、物价消费水平等因素增长情况，动态核定绩效工资总量。

第三，与社会文化的适应性。社会普遍认为，高校教师是受人尊重的职业，大多数接受过高水平的专业教育、具有较高的知识水准、富有创新性，主管部门核定绩效工资总量时，对高校给予适当倾斜。

三　工资制度灵活性上，具有多样性

从分配形式、依据到结果都具有多样性。

第一，多种分配形式并存。除岗位绩效工资制外，对部分急需引进的高层次人才，经批准可实行协议工资、项目工资等分配形式。

第二，分配依据兼顾岗位和业绩，业绩评价多维度。既考虑岗位因素，根据岗位类别和等级分配；又考虑业绩贡献，从教学、科研等多维度考评工作业绩，根据评价结果分配。

第三，分配结果体现个体差异。高校根据工作贡献，确定不同人员之间的绩效工资构成、工资标准、工资差距，充分发挥绩效工资的激励作用。

第四节　高等学校工资制度存在的问题

一　工资项目功能不明确

工资结构中不同项目的功能不明确，具体表现在：

第一，基本工资水平确定的依据和标准不明确。目前执行的基本工资标准全国统一，未与当地经济发展形成动态机制，经济发达地区高校的基本工资远远不能发挥基本保障作用。

第二，绩效工资的标准和分配方式不明确。绩效工资分为基础性绩效和奖励性绩效，而在实际分配中，基础性绩效工资实际发挥的是保障性功能，以解决基本工资占总收入比重较低、对职工保障性不足的问题，这样使得基本工资与绩效工资的区分变得混乱。

二　工资标准缺乏外部竞争力

"高等学校教师薪酬调查"课题组 2016 年对 32 所教育部直属高校教师进行的薪酬调查数据显示，高校教师样本中具有博士学位的占 80%，高级职称占 68%，中级职称占 31%，初级职称占 1%；高校教师的年工资收入 10 万元以下的占 47.7%，10 万—15 万元的占 38.2%，15 万—20 万元的占 10.7%，20 万元以上的占 3.4%。[①] 2017 年，我国国有单位就业人员平均工资 81114 元。[②] 高校教师作为一个知识密集型和人力资本高投入型群体，现有收入缺乏外部竞争力。教师是高校的关键性技术类岗位，也是高校内部工资分配的参考基准，其他岗位多参照教师工资标准进行分配，也存在同样的问题。

三　绩效工资水平未形成动态增长机制

绩效工资总量核定通常参照高校上一年的绩效工资水平、当地公务员

---

① 赵丹龄：《2017 年高校教师工资收入分配最新动态》，2018 年 11 月 1 日，http：//www.creditsailing.com/GongZiGaiZiGaiGeFangAn/47939.html。

② 国家统计局人口和就业统计司、人力资源和社会保障部规划财务司：《中国劳动统计年鉴》，中国统计出版社 2018 年版，第 231 页。

工资水平，没有反映高校的工作绩效。中央部委直属高校近几年没有调整绩效工资总量，地方所属高校部分实现了绩效工资按年调整，但普遍存在着绩效工资增长依据不足的问题。

四 高校内部工资级差大

由于缺乏内部分配的指导意见，高校内部工资级差较大。81.9%的青年教师（年龄在35周岁左右）年收入10万元以下，其中34.6%的年收入6万元以下。[1] 与此同时，高校引进的高层次人才，包括两院院士、"长江学者"和国家杰出青年基金获得者等，分别是教师平均收入的3.2倍、2.8倍、2.5倍。[2]

五 工资分配的制度基础不完善

第一，缺少岗位评价体系。大多数高校以国家规定的岗位设置办法为依据进行工资分配，但全国高校将近3000所，将岗位简单分为三类不一定符合高校的实际发展需要，普遍缺乏本单位内部的岗位评价体系，不能充分体现单位的工作特点。

第二，绩效评估体系不完善。体现形式有两种：一种是内部绩效评估流于形式，工资分配与考核不挂钩或者考核结果相差不大、拉不开差距；另一种是绩效评估指标体系不科学，考核指标通常更侧重于科研，教学、教研类指标权重较低，教师把更多的时间和精力放在科研工作上，忽略了教学工作，不利于高校人才培养。

六 其他收入分配政策缺乏实施细则

第一，高层次人才工资政策。国家鼓励高校积极引进高层次人才，但是哪些人员属于高层次人才、工资水平的指导价格是多少，都没有做出详细规定。实际上，各高校引进的高层次人才水平差异较大，有的高层次人

---

① 赵丹龄：《2017年高校教师工资收入分配最新动态》，2018年11月1日，http://www.creditsailing.com/GongZiGaiZiGaiGeFangAn/47939.html。

② 赵丹龄：《2017年高校教师工资收入分配最新动态》，2018年11月1日，http://www.creditsailing.com/GongZiGaiZiGaiGeFangAn/47939.html。

才是院士或国家杰出青年基金获得者，有的研究生毕业就是高层次人才，需要对高层次人才的管理进行明确。同时，高层次人才的工资水平也缺乏指导意见。为了吸引更多优秀人才加入，高层次人才的工资水平陷入无序竞争，增加了高校的人工成本支出，不利于稳定人才队伍。

第二，事业单位工作人员奖励办法。事业单位工作人员和集体表现突出、有显著成绩和贡献的，应当给予奖励。但哪些成绩和贡献应当奖励、给予什么奖励、奖励级别是什么、奖励金额是多少，都没有明确的实施细则，高校对政策把握不准，不敢随意设置奖励，影响政策的激励效果。

第五节　完善高等学校工资制度的思路

对于高校工资制度运行中出现的问题，有的是事业单位的共性问题，需要整体上完善事业单位工资制度；有的是高校特有的个性问题，需要根据高校特点和发展需要，有针对性地明确思路建议。本节立足高校工资制度，从工资分配形式、结构、标准、绩效工资总量调整机制、内部分配以及工资相关配套制度上提出完善的思路。

一　坚持搞活工资分配形式

近年来，随着国家人才战略的实施，特别是引进高层次人才力度不断加大，高校收入分配改革出现了新的时代特征。我国高校正处于快速发展阶段，应当搞活工资分配模式，采用岗位绩效工资制、年薪制、协议工资制、项目工资制等多种形式并存的多元分配形式。

在现行政策下，岗位绩效工资制是大多数高校的主要分配形式，大部分工作人员适用于此种模式。高校领导班子可采用年薪制，把领导工资水平与学校整体发展挂钩，将高校绩效考核结果作为确定领导人员工资水平的依据。高校引进的急需等特殊人才可采用协议工资制，在协议合同中明确工作职责、任务、达到的目标，等等，激励人才的创造性。高校临时聘用、以完成某项科研任务为目标的各类人员可采用项目工资制，根据项目实施中做出的业绩贡献确定工作期间的工资水平和方式。

二　优化工资结构

国际上，高校工作人员通常有清晰的岗位职责，明确的工作目标和任务，以此为基础，固定部分的工资占比较大，教师完成了岗位职责即可获得，灵活部分的工资占比较小，与教师的实际工作业绩和考核结果挂钩，起到激励约束作用。

我国高校正处于快速发展时期，借鉴国际经验，为优化工资结构、明确各工资项目功能、加强工资保障作用，引导教师专心从事本单位工作，绩效工资不再区分基础性绩效和奖励性绩效，在保持工资总水平不变的情况下，将部分基础性绩效工资纳入基本工资，逐步提高基本工资比重，满足职工的基本生活需要；保留的绩效工资部分与业绩挂钩，向工作表现好、业绩贡献突出的职工倾斜。

三　提高现有工资标准

人员结构上，高校高学历、高职称人员集中，博士、硕士研究生及本科生在员工人数中所占比重明显大于其他行业。工作性质上，高校的两大职能——教学和科研具有很强的创新性。

根据高校发展目标和人才需求，以相关行业的劳动力市场价格为参照依据，在现有工资水平基础上，逐步提高高校各类岗位的工资总水平，对于部分紧缺急需、需在全球范围内招聘的人才，可适当参考国际标准确定工资水平，增大工资激励作用。同时，我国高校以公立高校为主体，大部分属于事业单位，还需统筹考虑公共部门的其他收益，如事业单位编制以及编制带来的优质的平台和资源、有保障的薪酬待遇、较高的社会地位、稳定的工作状态、工作与生活平衡等一系列的非货币报酬。

四　完善绩效工资总量动态调整机制

绩效工资是工资中占比较大的部分，绩效工资总量水平的高低很大程度上影响着高校工作人员的整体工资水平，应当完善绩效工资总量调整机制，实现工资水平动态调整。

一是按行业、层次、定位细化高校分类。高校数量众多，战略定位、发展目标、评估层次差异较大，应当细化高校分类，分别核定绩效工资总量，建立绩效工资总量动态调整机制。二是构建合理的绩效评估体系，对高校工作任务完成情况进行评估。绩效指标设计上，强化公益性导向，将人才培养、国家战略项目等公益性任务完成情况作为重要的考核指标，引导高校提高公益服务水平和质量。三是绩效工资总量与评估结果挂钩。对评估结果较好的高校，适当提高绩效工资总量；对评估结果较差的高校，适当调低绩效工资总量或绩效工资总量保持不变。

五　增强工资内部分配公平性

工资分配的公平性体现在不同岗位类别、岗位等级、学科、人员之间的平衡。一方面，要摆脱大锅饭的平均主义，坚持多劳多得。通过差异化的工资分配方式，促使广大教职工积极投身本职工作，发挥工资的激励作用。另一方面，要合理确定各类岗位、人员之间的工资关系，使学校的内部分配相对科学合理，有理论、有依据，而且能够得到绝大多数教职员工的认同，做好工资分配的内部平衡。

六　完善与工资相关的配套制度

一是建立岗位评价体系。高校人力资源部门应当采用岗位评价的技术和方法，科学划分内部岗位类别、设定岗位等级，完善岗位职责，为工资分配打好基础。二是完善高校内部绩效评估体系。对于不同类别的教职工，通过差别化的考核方式，激励教职工努力提升业务水平。

七　完善其他收入分配政策

一是制定高层次人才工资分配机制实施细则。高层次人才的认定需由政府主管部门制定标准和范围，并经高校上级主管部门审核认定后方可引进；为避免单位之间的不正当竞争，高校主管部门应当规定高层次人才的工资标准范围，规范工资管理。二是出台事业单位工作人员奖励指导意见。对事业单位工作人员的奖励范围、标准、权限等给予指导性意见。

第 九 章

义务教育学校工资制度

义务教育学校，是指实施义务教育的学校，可分为公办义务教育学校、民办义务教育学校。本章的义务教育学校指公办义务教育学校，属于全额拨款事业单位，梳理了义务教育学校工资制度的发展沿革、政策探索，分析现行义务教育学校工资政策存在的问题，提出完善思路。

第一节　义务教育学校工资制度发展沿革

一　1956 年义务教育学校工资制度

中华人民共和国成立初期，我国机关事业单位实物工资制和货币工资制并存，中小学教师在工资水平方面差别很小。1956 年，我国实行了第二次工资制度改革，中小学教职工和国家机关工作人员实行统一的等级工资制，工资结构均由等级工资、津贴补贴和奖金组成。

这次中小学工资制度改革取消了省辖市以上城市与一般地区、初中与高中的划分，将初中与高中教职工合并，形成中学、小学两套工资标准，学校内部又分为教师和行政人员两类，共有《全国小学教员工资标准表》《全国小学行政人员工资标准表》《全国中学教员工资标准表》《全国中学行政人员工资标准表》四套等级工资标准。

等级工资标准根据职务级别设置，一职数级，不同职务级别的工资标准互相交叉。以 11 类工资区中学行政人员为例，共有 15 个工资等级，一级对应一个标准。中学校长为 1—8 级，工资标准为 175.5—79.5 元；总务主任为 5—10 级，工资标准为 112—63 元；一般职员为 7—15 级，工资标准为 88.5—34 元。①

　　总体来看，中学、小学行政人员工资标准参照国家机关工作人员制定，中学行政人员的工资标准相当于国家机关工作人员工资标准表（一）的 13—27 级，小学行政人员的工资标准相当于国家机关工作人员工资标准表（一）的 17—29 级，中学行政人员的工资标准高于小学。

　　本次中小学工资制度的改革将中小学行政人员的工资标准与国家机关工作人员的工资标准对应起来，更加便于管理；将中小学教员的工资表独立，突出义务教育行业的特殊性地位和重要性，更加有利于调动教职工的积极性；按照中小学教师的教龄、学历、工作质量和数量等条件，在增加工资的基础上，重新评定级别；提高了小学教师的最高、最低工资标准，减少了等级，加大了级差，教师的生活得到明显的改善，社会地位得到提高。

二　1985 年义务教育学校工资制度

　　改革开放之后，实行以"经济建设为重心，大力发展生产力"，经济上逐步从计划经济体制向市场经济体制转变，物质资料日渐丰富。为适应经济发展，全国进行了第二次工资制度改革，建立以职务工资为主要内容的结构工资制。工资结构由基础工资、职务工资、工龄工资和奖金组成。

　　尽管从工资制度上看，几乎所有的机关、事业单位都实行的是结构工资制，但是这次改革仍然单独设置中小学教师的工资标准。国家机关和事业单位工作人员工资制度改革方案中，专门有《小学教师基础工资、职务工资标准表》和《中学教师基础工资、职务工资标准表》。与 1956 年不同的是，没有再另外单独设置小学和中学行政人员的工资标准表，中小学行政人员的职务工资标准参照国家机关行政人员、中小学教师工资标准制定。

　　根据中共中央、国务院《关于国家机关和事业单位工作人员工资制度改革问题的通知》，中小学教师基础工资标准和其他机关事业单位相同，均为每月 40 元。职务工资没有区分等级，只设置若干档次，中学教

---

① 中国社会科学院、中央档案馆编：《1953—1957 年中华人民共和国经济档案资料选编（劳动工资和职工保险福利卷）》，中国物价出版社 1998 年版，第 519—522 页。

师 14 档，工资标准 130—24 元；小学教师 12 档，工资标准 91—12 元；中学教师工资标准高于小学教师。此次工资制度改革，对中小学教师先采取套改新工资标准的办法，即按现行工资额就近套入中小学教师基础工资和职务工资。具体的职务名称系列，以及各种职务的职责规范、人员结构比例和人数限额，由主管部门制定，报国务院批准后，经过试点，逐步实行。

三　1993 年义务教育学校工资制度

随着经济的快速发展，各方面认为事业单位实行与机关基本相同的工资制度，不适合事业单位的特点和发展的需要。1993 年工资制度改革后，事业单位与机关实行不同的工资制度。事业单位把不同行业的专业技术人员分为五种制度，即专业技术职务等级工资制、专业技术职务岗位工资制、艺术结构工资制、体育津贴资金制和行员等级工资制；事业单位管理人员实行职员等级工资制，事业单位工人实行技术等级工资制和等级工资制。

1994 年 2 月 5 日，人事部、国家教委《关于印发高等学校、中小学、中等专业学校贯彻〈事业单位工作人员工资制度改革方案〉三个实施意见的通知》指出，新的中小学工资制度总称为中小学职务（技术）等级工资制，工资结构由职务（技术）等级工资和津贴两部分构成。职务（技术）等级工资为工资固定的部分，主要体现工作能力、贡献、劳动繁重复杂程度；津贴主要体现各类人员的岗位工作特点、劳动的数量和质量。在各单位工资总量构成中，职务（技术）等级工资部分占 70%，津贴部分占 30%。在五类专业技术人员工资中，中小学教师执行专业技术职务等级工资制，在此基础上单独制定中小学教师的工资标准表，只不过把中学教师和小学教师合并成为一套工资标准表。中小学的行政人员和工人则纳入事业单位的管理人员和工人统一管理，实行职员职务等级工资制和技术等级工资制（等级工资制）。

中小学教师的专业技术职务等级工资标准根据职务等级设置。中小学教师均设四个职务等级：高级教师、一级教师、二级教师、三级教师。小学高级教师与中学一级教师执行相同的工资标准，依次类推，中学与小学教师的工资标准建立错层对应关系，相同职务等级的小学教师的工资标准低于中学教师。

每个职务等级设 7—10 个工资档次，不同职务等级的工资标准互相交叉。以中学教师为例，高级教师的职务工资共有 9 个档次，工资标准 275—555 元；一级教师有 10 个档次，工资标准 205—435 元；二级教师有 10 个档次，工资标准 165—333 元；三级教师有 8 个档次，工资标准 150—264 元。

四 2006 年义务教育学校工资制度

为适应经济高速增长和深化事业单位改革的要求，建立符合事业单位特点、体现岗位绩效和分级分类管理的收入分配制度，2006 年，国家进行第四次工资制度改革。此次改革取消了中小学教师单独的工资制度和工资标准，将中小学教师工资制度纳入事业单位统一管理，实行统一的岗位绩效工资制度。工资结构由岗位工资、薪级工资、绩效工资和津贴补贴四部分组成。在事业单位内部，按照专业技术岗位、管理岗位、工勤技能岗位，分别执行不同的工资标准。

人事部、财政部、教育部印发《高等学校、中小学、中等职业学校贯彻〈事业单位工作人员收入分配制度改革方案〉三个实施意见》中明确规定，岗位工资和薪级工资执行国家统一的政策和标准。中小学教师岗位工资和薪级工资标准，在新的专业技术人员基本工资标准的基础上分别提高 10%。义务教育学校教师的平均工资水平应当不低于当地公务员的平均工资水平。

中学教师设 4 个专业技术职务层级，分别是高级教师、一级教师、二级教师、三级教师，各自对应 3 个、3 个、2 个、1 个岗位等级，共计 9 个岗位等级，执行专业技术岗位五级到十三级岗位工资标准。

小学教师设 4 个专业技术职务层级，分别是高级教师、一级教师、二级教师、三级教师，各自对应 3 个、2 个、1 个、1 个岗位等级，共计 7 个岗位等级，执行专业技术岗位八级到十三级岗位工资标准（二级教师和三级教师均执行十三级岗位工资标准）。

中小学管理人员和工人按本人现聘用的岗位（任命的职务和技术等级或职务，执行相应的岗位工资标准）。

对不同岗位规定不同的起点薪级。中小学工作人员按照本人任职年限和所聘岗位，结合工作表现，对应相应的薪级工资。

这次改革的特点，是把所有事业单位基本统一到一个工资制度上来，不同行业的特点，用绩效工资来体现。在国家层面明确义务教育学校教师的平均工资水平应当不低于当地公务员的平均工资水平，初步解决了教师收入偏低、与当地同级别公务员平均工资水平差距拉大的问题；学校主管部门具体核定学校绩效工资总量时，逐步实现同一县级行政区域义务教育学校绩效工资水平大体平衡，对农村学校特别是条件艰苦的学校要给予适当倾斜。这些举措有利于调动义务教育学校教师工作的积极性，吸引和鼓励各类优秀人才到义务教育学校任教，特别是到农村义务教育学校长期从教、终生从教，提高当地的教学质量和水平，保证同一县域内教师工资水平大体平衡，促进县域内义务教育的均衡发展。

第二节　义务教育学校工资制度探索

一　率先实施绩效工资制度

按照绩效工资"三步走"战略，人力资源和社会保障部、财政部、教育部发布《关于义务教育学校实施绩效工资的指导意见》，决定从2009年1月1日起，率先在全国义务教育学校实施绩效工资。

文件规定，绩效工资总量暂按学校工作人员上年度12月基本工资额度和规范后的津贴补贴水平核定。其中，义务教育教师规范后的津贴补贴平均水平，由县级以上人民政府人事、财政部门按照教师平均工资水平不低于当地公务员平均工资水平的原则确定。绩效工资总量随基本工资和学校所在县级行政区域公务员规范后津贴补贴的调整相应调整。

此次改革首次从行业的角度对绩效工资的构成比例提出要求，绩效工资分为基础性和奖励性两部分。基础性绩效工资主要体现地区经济发展水平、物价水平、岗位职责等因素，占绩效工资总量的70%，奖励性绩效工资主要体现工作量和实际贡献等因素，在考核的基础上，由学校确定分配方式和办法。

二 提高义务教育学校教师平均工资水平

长期以来，我国义务教育学校教职工工资水平偏低。2006 年，全国有 273 个县（占区县总数的 8.5%）的小学教职工和 210 个县（占 6.5%）的初中教职工人均年工资收入低于 1.2 万元，人均月收入不足 1000 元。①

2018 年 1 月，中共中央、国务院发布《关于全面深化新时代教师队伍建设改革的意见》，明确提出要不断提高教师的地位待遇，真正让教师成为令人羡慕的职业。强化教师承担的国家使命和公共教育服务的职责，确立公办中小学教师作为国家公职人员特殊的法律地位。要求各级党委和政府负起中小学教师保障责任，提升教师的政治地位、社会地位、职业地位，吸引和稳定优秀人才从教。

《义务教育法》要求，教师的平均工资水平应当不低于当地公务员的平均工资水平，在法律层面确立了义务教育学校教师的工资水平。2018 年，国务院办公厅发布的《关于进一步调整优化结构提高教育经费使用效益的意见》规定，健全中小学教师工资长效联动机制，核定绩效工资总量时统筹考虑当地公务员工资收入水平，实现与当地公务员工资收入同步调整，确保中小学教师工资收入水平不低于或高于当地公务员平均工资收入水平，使教师能够安心在岗从教。

国务院教育督导办印发通知，2020 年把义务教育教师平均工资收入水平不低于当地公务员作为督导检查重点。通知指出，各地要高度重视义务教育教师工资待遇保障工作，认真落实《义务教育法》和中央有关文件中对义务教育教师平均工资收入水平应当不低于当地公务员平均工资收入水平的规定。在年终为公务员发放奖励性补贴及安排下一年度财政预算时，务必统筹考虑义务教育教师待遇保障问题。

2020 年 5 月 19 日，教育部举行新闻发布会，教育督导局局长田祖荫表示，教育部就"义务教育教师工资水平不低于公务员"连发两个通知，要求年底以前必须完成这项目标任务，作为一项硬任务，要求各地开展自查，下半年 9—10 月将组织实地的检查督察。

---

① 国家教育督导团：《国家教育督导报告（2008）——关注义务教育教师》，《教育发展研究》2009 年第 1 期。

国家多次强调重视义务教育教师工资待遇问题，不断提高义务教育教师工资水平。

三　多方面提升乡村教师待遇

乡村教师是我国教师队伍的重要组成部分，乡村教师的专业发展水平决定着我国乡村教育的发展质量。然而，受到城乡二元经济体制的影响，我国的城乡教育发展呈现城乡发展差距大、城乡发展不均衡的现象，乡村教育的发展也呈现出种种困境。

《关于全面深化新时代教师队伍建设改革的意见》提出，深入实施乡村教师支持计划，关心乡村教师生活。认真落实艰苦边远地区津贴等政策，全面落实集中连片特困地区乡村教师生活补助政策，依据学校艰苦边远程度实行差别化补助，鼓励有条件的地方提高补助标准，努力惠及更多的乡村教师。

除提高工资性收入外，还从多方面完善乡村教师的生活待遇，拓展乡村教师职业发展空间。加强乡村教师周转宿舍建设，按规定将符合条件的教师纳入当地住房保障范围，让乡村教师住有所居。拿出务实举措，帮助乡村青年教师解决困难，关心乡村青年教师工作生活，巩固乡村青年教师队伍。在培训、职称评聘、表彰奖励等方面向乡村青年教师倾斜，优化乡村青年教师发展环境，加快乡村青年教师成长步伐。为乡村教师配备相应设施，丰富精神文化生活。

四　加强绩效工资配套制度建设

为更好地发挥工资的激励功能、充分体现教师的实绩和贡献，为绩效工资分配提供合理依据，教育部出台了《关于做好义务教育学校教师绩效考核工作的指导意见》，建立符合教育教学规律和教师职业特点的教师绩效考核制度。

教师绩效考核的内容主要包括师德和教育教学、从事班主任工作等方面的实绩。师德主要考核教师遵守《中小学教师职业道德规范》的情况，特别是为人师表、爱岗敬业、关爱学生的情况。教育教学主要考核教师从事德育、教学、教育教学研究、教师专业发展的情况。从事班主任工作重点考核其对学生的教育引导、班级管理、组织班集体和团队活动、关注每个学生全面发展的情况。

绩效考核可采取定性与定量相结合，教师自评与学科组评议、年级组评议、考核组评议相结合的方式，形成性评价和阶段性评价相结合等方法，同时适当听取学生、家长及社区的意见，充分发挥校长、教师和学校在绩效考核中的作用。

绩效考核结果是绩效工资分配的主要依据。对履行了岗位职责、完成了学校规定的教育教学工作任务的教师，全额发放基础性绩效工资；对有突出表现或做出突出贡献的教师，视不同情况发放奖励性绩效工资。根据绩效考核结果，合理确定奖励性绩效工资分配等次，坚持向骨干教师和做出突出成绩的教师倾斜，适当拉开分配差距。同时，绩效考核结果也是教师资格认定、岗位聘任、职务晋升、培养培训、表彰奖励等工作的重要依据。

五　完善义务教育学校教师待遇保障机制

国家从财政经费投入、编制管理等方面给予政策倾斜，完善义务教育学校教师的待遇保障机制。

第一，保证财政性教育经费投入。2008 年义务教育学校实施绩效工资之初，按照管理以县为主、经费省级统筹、中央适当支持的原则，确保义务教育学校实施绩效工资所需资金落实到位。2015 年，为统筹城乡义务教育资源均衡配置，推动义务教育事业持续健康发展，《国务院关于进一步完善城乡义务教育经费保障机制的通知》提出，整合农村义务教育经费保障机制和城市义务教育奖补政策，建立统一的中央和地方分项目、按比例分担的城乡义务教育经费保障机制。重点向农村义务教育倾斜，向革命老区、民族地区、边疆地区、贫困地区倾斜，统筹解决城市义务教育相关问题，促进城乡义务教育均衡发展。2018 年，国务院办公厅《关于进一步调整优化结构提高教育经费使用效益的意见》指出，将教师队伍建设作为教育投入重点予以优先保障，鼓励吸引优秀人才从事教育事业，努力让教师成为全社会尊重的职业。财政教育经费要优先保障中小学教职工工资发放。

近些年，政府财政性经费在义务教育领域的投入水平快速增长，极大地提高了农村义务教育的财政保障水平。2017 年，国家财政性义务教育经费近 1.8 万亿元，占当年总教育经费比重的 52.57%，占国内生产总值的比重达 2.17%，① 完成了国家财政性教育经费占国内生产总值的比重保持在 4% 以上的目标。

第二，落实中小学教师编制。义务教育学校是全额拨款事业单位，事业编制是吸引人才从教、稳定教师队伍的有力保障。《关于进一步调整优化结构提高教育经费使用效益的意见》要求，各地要严格规范教师编制管理，推动落实城乡统一的中小学教职工编制标准。对符合条件的非在编教师要加快入编，并实行同工同酬。从编制上给中小学教师吃定心丸。

第三节　义务教育学校工资制度存在的问题

近年来，国家关于义务教育学校教职工的工资待遇出台了一系列举措，重在提高教师地位，保障和改善义务教育学校特别是中西部地区农村义务教育教师的工资待遇，吸引和鼓励各类优秀人才长期从教、终身从教，促进义务教育事业健康发展，具有十分重要的意义。但是仍然存在政策落实不到位、教师工资水平偏低、配套制度不完善等问题。

一　义务教育学校工资水平仍然偏低

第一，义务教育学校教师工资总体水平与公务员工资相比仍存在差距。2006 年中小学教师工资制度进行改革，规定义务教育学校教师的平均工资水平应当不低于当地公务员的平均工资水平，但随着公务员工资改革进程加快，各级地方政府开展规范公务员补贴工作，公务员工资中的职务工资、级别工资、津补贴等开始逐步到位，与同等条件、同等资历的公务员相比，中小学校教师收入的构成中，基本工资与当地公务员相当，津贴补贴收入则相对较低，实质上造成义务教育学校教师工资水平低于公务员的现象。《国家教育督导报告（2008）——关注义务教育教师》中提供的数据显示，2006 年全国普通小学、普通初中教职工年均工资收入为

---

① 数据来源：2017 年《中国统计年鉴》、《中国教育统计年鉴》。

17729 元和 20979 元，分别比国家机关职工收入低 5198 元和 1948 元。[①]

第二，义务教育学校教师工资增速低于其他行业。《中国劳动统计年鉴》统计数据显示，2006 年，全国普通小学教职工人均工资收入比 2002 年增长了 58.2%，普通中学增长 63.2%。[②] 但在中小学教师工资快速增长的同时，全国其他行业的职工工资收入却随着经济的发展得到了更快的增长。中小学教师的相对工资待遇并没有得到根本性改变，行业间的分配不公有愈演愈烈的迹象。

第三，在义务教育学校行业内，不同地区、学校之间工资水平差距大。近几年我国不断调整教师工资，教师的绝对收入得到提高，但是地区与地区之间差异依然存在。不同地区之间受制于经济发展的水平，发达地区和一般地区以及贫困地区的教育财政投入力度差距很大。城乡教师间的收入"不公平"现象越来越突出。贫困地区学校办学困难、教学质量低下，区域差距过大，教师工资难以提高。

二 义务教育学校绩效工资激励效果有限

义务教育学校教职工的工资构成为：岗位工资、薪级工资、津贴补贴、绩效工资四部分。其中，岗位工资和薪级工资以职称为依据确定；津贴补贴多根据职称和工龄确定；绩效工资分为基础性绩效工资和奖励性绩效工资。根据《关于义务教育学校实施绩效工资的指导意见》，基础性绩效工资占绩效工资总量的 70%，学校大多仍以职称高低为依据进行分配；奖励性绩效工资占 30%。客观上，奖励性绩效工资在工资收入中占比较小，加之学校分配时又拉不开差距，不利于发挥绩效工资的激励效应。

三 绩效考核机制不完善

依据《关于义务教育学校实施绩效工资的指导意见》的要求，学校可以根据教师、管理、工勤技能等岗位的不同特点，依据工作量来制定考

---

① 国家教育督导团：《国家教育督导报告（2008）——关注义务教育教师》，《教育发展研究》2009 年第 1 期。

② 国家教育督导团：《国家教育督导报告（2008）——关注义务教育教师》，《教育发展研究》2009 年第 1 期。

核制度。学校不同的岗位有不同的岗位职责，这就要求每一个岗位的考核都要有自己特定的考核评价体系。国家要求制定绩效工资分配方案，目的就是要根据考核结果按劳分配。因此每一个岗位需要有不同的考核体系才能做到客观公正以及薪酬与工作业绩相符合。教师绩效的考核是绩效工资实施中存在的最大问题，长期以来教师"干多干少一个样，干好干坏一个样"，"大锅饭"式的工资待遇非常不利于激发教师工作的积极性。然而，教师绩效考核的完善并不是一件容易的事情。

教师工作绩效具有间接性、综合性、长期性的特点。间接性是指教师的工作是教育人、培养人。真正的绩效考核不是看教师做了多少，而是要看学生学到了多少，看学生成长得好不好。综合性是指教师的工作目标是把学生培养成为德、智、体、美全面发展的有用之才，应当把学生各方面的发展作为评价教师的标准。长期性是指学生的成长是一个循序渐进的过程，教师工作的效果不是马上能体现出来的，而是要等一个较长周期结束后，才能逐步地、充分地显示出来。

目前对教师的绩效考核指标体系比较片面，通常以学生考试排名、获奖数量等指标为评价倾向，还有的学校把教师的课时、教研活动、发表文章等作为教师绩效考核的主要内容，重点没有放到学生的学习成效和成长状况上面，忽视了教师工作的特性，绩效考核方法过于短期化、数量化、片面化，忽视了长期性、综合性、全面性的考核。

四　人员经费保障不足

为推动城乡义务教育资源均衡配置，加大中央、地方财政资金统筹力度，国家将由"以县为主、经费省级统筹、中央适当支持"的义务教育经费保障体制，改为中央和地方分项目、按比例共同分担，中央对地方实施了大量义务教育转移支付，有效地保障了学校的正常运转，缓解了中央和地方事权与支出职责不一致带来的教育经费短缺问题。

但是，在教育经费支出结构中，教育系统的高效平稳运行需要人员经费支出、公用经费支出和基本建设支出的配比维持在合理的范围之内。尽管各级政府不断加大对义务教育的投入，实现了国家财政性教育经费支出占国内生产总值的比例达到4%的目标，然而，由于种种原因，中央和地方政府对义务教育基础设施和办学条件等硬件投入力度很大，但对包括提高教师工资和待遇的人员经费转移支付力度不足，由此导致我国义务教育经费表现出"重物轻人"的特征。

五 部分欠发达地区资金落实不到位

在教师工资经费上，中央对中西部地区及东部部分地区义务教育教师工资经费给予支持，省级人民政府加大对本行政区域内财力薄弱地区的转移支付力度。县级人民政府确保县域内义务教育教师工资按时足额发放，教育部门在分配绩效工资时，对艰苦边远贫困地区和薄弱学校给予倾斜。这一项重要的制度安排，使直接负责中小学教师工资的县级财政减轻了压力，确保了中小学教师工资的发放和增长工资时的资金来源。

但是我国实行财政分级管理体制，中小学教师工资经费由县级财政部门承担兜底责任，由于各地区之间、城乡之间经济发展不均衡，造成各城市或者各县的绩效工资标准不同以及兑现程度不同。有些地方政府仅仅出台了相应的政策，拨款并未到位，在经济欠发达县市，地方财政捉襟见肘，仅仅落实了一部分绩效工资，直接影响教师队伍的稳定发展。

第四节 完善义务教育学校工资制度的思路

一 提高义务教育学校总体工资水平

教师的工资收入是激发教师执教热情、献身教育事业的重要因素之一，通过提高教师工资收入从而提高其社会地位，进而提高教育质量，培养适应经济、社会需求的合格人才，实现教育强国战略具有重要意义。义务教育学校是全额拨款事业单位，创收途径少，经费来源主要是财政拨款。因此，需要从财政经费投入着手，逐步提高义务教育学校总体工资水平。

第一，各级政府继续加大教育投入，确保义务教育经费稳步增长。尽管目前我国连续多年达到国家财政性教育经费占国内生产总值4%的目标，但是和西方发达国家相比仍有差距。例如，2015年，法国教育财政投入GDP占比达6.8%，且公立小学和中学教育机构80%的教育支出均用于支付教师和其他非教学工作者的报酬，教育的财政投入力度大。

第二，加大欠发达地区义务教育人员经费投入。我国义务教育的一个问题是地区之间发展不均衡。义务教育均衡发展的关键是学校的均衡，学校均衡的关键在于教师的均衡。可以说，义务教育能否均衡发展关键看教师，教师队伍能否均衡关键在于教师收入分配制度的改革。除了整体上保证义务教育经费随着经济社会发展不断增长外，还要更多向欠发达地区义务教育学校的人员经费支出倾斜。政府部门要将义务教育教师的工资收入和本地公务员工资收入统筹考虑，在增加本地公务员工资收入的同时，同幅度、同额度增加县域义务教育教师的工资收入，确保广大县域义务教育教师的实际收入和本地公务员完全一致。

二　完善绩效考核机制

教师绩效考核实施方案的科学性直接关系到教师绩效工资制度的实施效果。

第一，运用科学的研究方法，把实际教师工作中遇到的各种任务环环相扣地对应到绩效考核指标中，采用定性和定量相结合的方式，全面地考虑哪些因素影响绩效实际，做到从学校内部到学生家庭、从教学任务到育人树人的综合测评。依据以人为本的管理理念，以促进教育发展为目标，充分考虑教师的重要作用，实现教师的自身价值，不能受到升学率的束缚，而是应该从学生自身素质发展角度客观评价教师。努力提高绩效考核的科学性，以保证绩效考核体系的有效运行。

第二，依据教育工作规律科学划分各项工作的绩效占比。教学工作始终是专任教师的首要任务，应将教师的教学工作量和教学工作效果作为绩效考核的主要内容和核心部分。除此之外，班级管理、教研、师德师风及考勤等内容需要根据其重要程度依次进行绩效占比划分。

三　优化财政支付结构

教育转移支付制度是平衡地区间义务教育财政非公平的重要手段。目前，中央对地方实施了大量义务教育转移支付，有效地保障了学校的正常运转，缓解了中央和地方事权与支出职责不一致带来的教育经费短缺问题。但是，现阶段我国义务教育转移支付的资金较多被用于公用经费和基建经费补助上，而对包括提高教师工资和待遇的人员经费转移支付力度不足。因此，未来应优化转移支付结构，逐步降低、整合和规范专项转移支付，将更多的教育经费用于提高教师工资待遇和生活质量，增加中小学校对高素质人才的吸引力，减少现有优秀教师的流失率上。

此外，在设计转移支付时应当充分考虑不同地区间地方政府自有财力差异、教育成本差异、学龄人口教育需求差异等，进一步细化转移支付标准，结合各地实际情况，制定义务教育转移支付制度，落实财政教育支出责任。

第 十 章

公立医院工资制度

　　公立医院在我国是提供医疗服务的主体力量，属于事业单位，具有公益性、非营利性等特征。伴随着我国医药卫生体制改革、事业单位改革、工资制度改革的推进，公立医院的工资制度也在逐步调整和完善。本章梳理了中华人民共和国成立以来公立医院的工资制度发展脉络，分析了现行的工资政策，提炼出目前存在的问题和完善建议。

第一节　公立医院工资制度发展沿革

一　1949—1955 年公立医院工资制度

　　中华人民共和国成立初期，全国采取实物供给制和货币工资制并存的政策。1954 年 6 月，政务院发布《中央人民政府政务院关于国家机关工作人员工资、包干费标准及有关事项的规定的命令》，所有国家机关工作人员均同时实行工资分和包干费两种工资制度，卫生技术人员执行单独的工资标准。

　　卫生技术人员实施分类管理，分为医务人员、药剂人员、公共卫生人员、护理助产人员、其他卫生技术人员五类。每类人员设不同的专业级别数量，除护理助产人员设护（主任）士、护士和助产士、护理员三个级别外，其他几类人员均设四个级别，医务人员分为医（主任）师、医（主治）师、医师、医士；药剂人员分为药（主任）师、药师、药剂士、调剂员；公共卫生人员分为公共卫生主任医（技）师、公共卫生医（技）师、公共卫生医（技）士、消毒防疫员；其他卫生技术人员分为技（主任）师、技师、技士、技术员。

工资分和包干费均设 26 个工资等级，每个专业级别对应若干工资等级，不同专业级别之间工资等级互相交叉。各类人员之间的工资标准有一定对应关系。医务人员、药剂人员、公共卫生人员、其他卫生技术人员基本相当，护理助产人员最高级别的工资标准与其他四类人员的次高等级相当。

以医务人员为例，医（主任）师为 1—9 级，工资分为 880—440 分，包干费为 570—248 分；医（主治）师为 6—13 级，工资分为 582—330 分，包干费为 332—172 分；医师为 10—18 级，工资分为 400—220 分，包干费为 224—128 分；医士为 14—21 级，工资分为 308—166 分，包干费为 160—110 分。最高工资分是最低工资分的 5.30 倍，最高包干费是最低包干费的 5.18 倍。[①]

1955 年，卫生部颁布《卫生部关于国家卫生事业机构工作人员全部实行工资制和改行货币工资制的通知》，卫生事业机构工作人员一律改为实行货币工资制。卫生技术人员工资标准共分六等 26 级，三等、四等各有 5 个级别，其他等级均为 4 个级别，一个级别对应一个工资标准，互不交叉。最高工资标准 210 元，最低工资 22 元，最高工资标准是最低工资标准的 9.55 倍。[②]

这一时期的工资制度由中央统一管理，机关、事业单位、企业工资制度相同，逐步实现从实物供给制和工资分制并存向货币工资制的成功过渡，符合当时的社会环境和经济发展水平，有利于我国顺利开展社会主义建设，也成为我国工资制度的基础。

二 1956 年公立医院工资制度

1956 年，我国进行了第一次全国范围的工资制度改革，所有人员实行等级工资制。公立医院医务人员的工资制度随之发生变化，工资结构与其他人员相同，执行单独的等级工资标准。

---

① 中国社会科学院、中央档案馆编：《1953—1957 年中华人民共和国经济档案资料选编（劳动工资和职工保险福利卷）》，中国物价出版社 1998 年版，第 394 页。

② 中国社会科学院、中央档案馆编：《1953—1957 年中华人民共和国经济档案资料选编（劳动工资和职工保险福利卷）》，中国物价出版社 1998 年版，第 394 页。

当时，公立医院医务人员执行国家卫生技术人员的工资标准。卫生技术人员分为五类管理，包括公共卫生人员、医疗人员、药剂人员、护理助产人员、其他卫生技术人员，公立医院主要包括后四类人员。每类人员设不同的专业级别数量，除护理助产人员设护士长、助产士长，护士、助产士，护理员、保育员、妇幼保健员三个级别外，其他几类人员均设四个级别，医疗人员分为主任医师、主治医师、医师、医士；药剂人员分为主任药剂师、药剂师、药剂士、药剂员；其他卫生技术人员分为主任技师、技师、技士、技术员。

卫生技术人员的等级工资标准共有 6 等 21 级，不同专业级别的工资互相交叉；每个级别设 11 档工资标准，分别对应国家的 11 类工资区，根据当地的经济发展、物价等要素，不同工资区的医院采取不同的标准。四类人员的工资标准有一定对应关系，医疗人员、药剂人员、其他卫生技术人员的最高专业级别的工资标准级别相当，次高级别的工资标准与护理助产人员的最高级别相当。①

以 11 类工资区的医疗人员为例，主任医师为 1—7 级，等级工资标准为 377—175.5 元；主治医师为 6—11 级，等级工资标准为 200—102.5元；医师为 9—14 级，等级工资标准为 136.5—70 元；医士为 11—17 级，等级工资标准为 102.5—52 元。最高工资标准是最低工资标准的 7.25 倍。②

这一时期公立医院工资制度的主要特点是实施分类管理，根据工作性质和职业特点，区分五类人员，分别执行不同的工资标准。但在实际执行过程中没有体现按劳分配制度，造成了严重的职级不符、劳酬脱节。

三 1985 年公立医院工资制度

改革开放之后，实行以"经济建设为中心，大力发展生产力"，经济上逐步从计划经济体制向市场经济体制转变，同时原有的工资制度不利于激励医务人员的工作积极性。1985 年，在国家工资制度改革之时，国务

---

① 中国社会科学院、中央档案馆编：《1953—1957 年中华人民共和国经济档案资料选编（劳动工资和职工保险福利卷）》，中国物价出版社 1998 年版，第 526 页。

② 中国社会科学院、中央档案馆编：《1953—1957 年中华人民共和国经济档案资料选编（劳动工资和职工保险福利卷）》，中国物价出版社 1998 年版，第 526 页。

院工资制度改革小组、劳动人事部印发《关于卫生部医疗卫生事业单位工作人员工资制度改革问题的通知》，医疗卫生事业单位工作人员工资制度进行改革。

医疗卫生事业单位工作人员分为行政管理人员、卫生技术人员、工人，公立医院包含此三类人员。行政管理人员、卫生技术人员实行以职务工资为主要内容的结构工资制，工资标准单独制定；工人实行以岗位（技术）工资为主要内容的结构工资制，工资标准参照国家机关和事业单位同类人员执行，本章不再赘述。

在行政管理人员和卫生技术人员的工资构成中，基础工资、工龄津贴、奖励工资按国家规定标准执行，职务工资按人员类别分别执行不同的工资标准。与公立医院相关的职务工资共有三套标准，分别是卫生技术人员职务工资标准，护理专业技术人员工资标准，卫生部所属医院、科研所管理人员职务工资标准。职务工资按照工作人员的职务级别设置，一职数级，不同的职务级别之间互相交叉。

卫生技术人员共有主任医师、副主任医师、主治医师、医师、医士 5 个级别。主任医师的职务工资共有 9 档，工资标准为 315—120 元；副主任医师的职务工资共有 10 档，工资标准为 195—82 元；主治医师的职务工资共有 9 档，工资标准为 130—57 元；医师的职务工资共有 8 档，工资标准为 82—30 元；医士的职务工资共有 8 档，工资标准为 57—12 元。最高职务工资标准是最低职务工资标准的 26.25 倍。

护理专业技术人员共有 4 个职务级别，每个级别的工资标准有 7—8 个档次，最高职务级别的工资标准低于主治医师、高于医师，最低职务级别的工资标准与医士相当。

卫生部所属医院、科研所管理人员共有 6 个职务级别，每个级别的工资标准有 6—7 个档次，最高职务级别的工资标准介于副主任医师和主治医师之间，最低职务级别的工资标准低于医士。

这一时期公立医院的工资制度实施分类管理，区分技术人员、管理人、工人三大类；各类人员执行不同的工资标准，建立了对应关系；更加重视技术人员，卫生技术人员的职务工资标准明显高于其他类别；工龄工资、奖励工资兼顾资历和贡献因素，医务人员可按照工作年限、工作能力来提高收入。此次改革使公立医院开始适应社会主义市场经济的发展。同时，也存在一些弊端，例如，固定的基础工资标准不能适应动态的经济发展以及物价变化，逐步失去了保障性作用；奖励工资由于大部分医院都采取平均发放的原则，并未体现按劳分配的精神，失去了激励作用，一定范围内造成了卫生人才的流失。

四　1993 年公立医院工资制度

1993 年全国工资制度改革后，机关与事业单位工资制度分离，公立医院是事业单位，执行事业单位工资制度，工资结构均由固定部分和活的部分组成。按照国家政策规定，公立医院大多是差额拨款事业单位，固定部分占比 60%，活的部分占比 40%。

根据国务院《关于机关和事业单位工作人员工资制度改革问题的通知》，按照行业特点和岗位类别，公立医院专业技术人员实行专业技术职务等级工资制，工资结构由专业技术职务工资和津贴组成。专业技术职务工资是固定部分，按照专业技术职务序列设置，每一职务分别设立若干工资档次。卫生技术人员共有五个职务等级，每个等级设有 6—10 个档次，不同职务等级之间的职务工资标准互相交叉。主任医、护、药、技师有 7 个档次，职务工资标准为 670—390 元；副主任医、护、药、技师有 9 个档次，职务工资标准为 555—275 元；主治医（主管护、药、技）师有 10 个档次，职务工资标准为 435—205 元；医、护、药、技师有 10 个档次，职务工资标准为 333—165 元；医、护、药、技士有 8 个档次，职务工资标准为 264—150 元。最高职务工资标准是最低职务工资标准的 4.47 倍。津贴是工资构成中活的部分，与专业技术人员的实际工作数量和质量挂钩。

管理人员实行职员职务等级工资制，工资结构由职员职务工资和岗位目标管理津贴组成。职员职务工资是固定部分，按照职员职务序列设置，每一等级分别设立若干工资档次。管理人员共有六个职员等级，每个等级设有 6—10 个档次，不同职员等级之间的职务工资标准互相交叉。一级职员有 6 个档次，职务工资标准为 695—480 元；二级职员有 7 个档次，职务工资标准为 560—335 元；三级职员有 8 个档次，职务工资标准为 430—235 元；四级职员有 10 个档次，职务工资标准为 372—180 元；五级职员有 8 个档次，职务工资标准为 267—160 元；六级职员有 8 个档次，职务工资标准为235—145元。最高职务工资标准是最低职务工资标准的4.79倍。岗位目标管理津贴是活的部分,体现管理人员的工作责任大小和岗位目标任务完成情况。管理人员最高、最低职员等级的职务工资标准与卫生技术人员基本相当。

技术工人实行技术等级工资制。工资结构由技术等级工资和岗位津贴组成。技术等级工资是固定部分,按照技术等级设置,每个技术等级分别设立若干工资档次。技术工人共有五个技术等级,每个等级设有8—10个档次,不同技术等级之间的工资标准互相交叉。高级技师有8个档次,技术等级工资标准为419—245元;技师有9个档次,技术等级工资标准为379—205元;高级工有10个档次,技术等级工资标准为348—180元;中级工有10个档次,技术等级工资标准为310—160元;初级工有10个档次,技术等级工资标准为277—145元。最高技术等级工资标准是最低技术等级工资标准的2.89倍。岗位津贴是工资构成中活的部分,体现技术工人实际工作量的大小和岗位的差别。技术工人最高技术等级的工资标准与主治医(主管护、药、技)师相当,最低技术等级与医、护、药、技士相当。

普通工人实行等级工资制。工资结构由等级工资和津贴组成。等级工资是固定部分,设13个工资档次,工资标准为314—135元。最高等级工资标准是最低等级工资标准的2.33倍。津贴是工资构成中活的部分,体现普通工人实际工作量的大小和工作表现的差异。

此次工资制度改革使公立医院与国家机关单位的工资制度相脱离,符合医院的特点;引入活的津贴部分,在津贴分配上贯彻了按劳分配的精神,按贡献大小确定奖金,提高了医务人员的工作积极性,反映了公立医院各类医务人员的岗位工作特征、实际工作中劳动的量与质之间的差别,对稳定医务人员队伍有着不可忽视的作用。

五 2006年公立医院工资制度

2006年工资制度改革后,事业单位实行统一的岗位绩效工资制度,工资结构由岗位工资、薪级工资、绩效工资和津贴补贴组成。公立医院执行事业单位的工资制度,工资结构与其他事业单位相同。

人事部、财政部、卫生部发布的《卫生事业单位贯彻〈事业单位工作人员收入分配制度改革方案〉的实施意见》指出，卫生事业单位岗位分为专业技术岗位、管理岗位和工勤技能岗位。专业技术岗位设置 13 个等级，管理岗位设置 8 个等级，工勤技能岗位分为技术工岗位和普通工岗位，技术工岗位设置 5 个等级，普通工岗位不分等级。

由于医院内部人员结构复杂，专业技术人员又细分为医师、药师、技师、护师等系列。每个系列均包括主任医（药、技、护）师、副主任医（药、技、护）师、主治医（药、技、护）师、医（药、技、护）师、医（药、技、护）士，分别设有 4 个、3 个、3 个、2 个、1 个岗位等级，分别对应国家专业技术岗位一级至十三级，执行相应的专业技术岗位工资标准。

公立医院管理人员和工人按本人现聘用的岗位（任命的职务和技术等级或职务，执行相应的岗位工资标准）。

对不同岗位规定不同的起点薪级。公立医院工作人员按照本人套改年限、任职年限和所聘岗位，结合工作表现，套改相应的薪级工资。

国家对公立医院绩效工资分配进行总量调控和政策指导，各公立医院主管部门按照同级政府人事和财政部门核定的绩效工资总量，综合考虑所属公立医院的社会公益目标任务完成情况、绩效考核情况、事业发展、岗位设置和经费来源等因素，下达各公立医院的绩效工资总量。公立医院在收支平衡的基础上，根据本地区具体情况和单位的等级、类别，绩效工资总量可分别高出一定幅度。公立医院在核定的绩效工资总量范围内，按照规范的分配程序和要求，采取灵活多样的分配形式和分配办法自主分配。

岗位绩效工资制度体现了按劳分配的思想，兼顾了效率和公平，并在一定程度上提高了医务人员的积极性，促进了公立医院的发展，对完善公立医院工资体系起到重要作用。

随着经济快速发展，事业单位创收渠道增加，单位收入提高，公立医院的工资分配制度开始出现一些问题，主要表现为单纯追求规模体量、收支结余提成、增量收入提成、开单提成、违规发放津补贴等，在追逐经济利益的同时，弱化了社会效益。在医药卫生体制改革、事业单位分类改革的背景下，为提高医务人员工作积极性，提升公立医院公共服务质量，近年来，政府主管部门和公立医院一直在探索建立体现医疗行业特点的工资制度，在现有政策框架内，不断创新和完善事业单位工资制度。

第二节　公立医院工资制度探索

医疗行业人才培养周期长、职业风险高、技术难度大、责任担当重，建立符合医疗行业特点的公立医院薪酬制度，是深化医药卫生体制改革和事业单位收入分配制度改革的重要内容，对增强公立医院公益性，调动医务人员的积极性、主动性、创造性，推动公立医院事业的发展，都具有重要作用。

2017年1月，人力资源和社会保障部、财政部、卫生计生委、中医药管理局联合印发《关于开展公立医院薪酬制度改革试点工作的指导意见》。在上海、湖南、重庆、宁夏等11个综合医改试点省份各选择3个市（州、区），除西藏外的其他省份各选择1个城市进行为期1年的试点改革。2017年12月，公立医院薪酬制度改革试点进一步扩大，除上述试点城市外，在其他城市至少选择1家公立医院开展薪酬制度改革试点。此次薪酬制度改革主要有以下几方面内容：

一　优化公立医院工资结构

我国公立医院数量多、分布地域广、专业类型和医疗技术差别大，内部岗位结构复杂，除按照国家规定划分为专业技术岗、管理岗、工勤技能岗外，根据不同岗位职责要求，还可以进一步细分为医、护、技、药、管等类别。

此次改革提出在完善岗位绩效工资制的同时，合理确定公立医院工资结构，注重医务人员长期激励，有条件的可探索实行年薪制、协议工资制等多种模式。目前，在公立医院内部，根据岗位特点，分别实施不同的工资模式，比如医生、医技等核心专业技术人员和医院领导等核心管理人员多采用年薪制，其他人员实行岗位绩效工资制。

二　合理确定公立医院工资水平

2016年，习近平总书记在全国卫生与健康大会上提出"允许医疗卫生机构突破现行事业单位工资调控水平，允许医疗服务收入扣除成本，并按规定提取各项基金后，主要用于人员奖励，同时实现同岗同薪同待遇，激发广大医务人员活力"(简称"两个允许")。截至 2018 年年底,全国 2800 多家公立医院已开展薪酬制度改革试点,落实"两个允许",探索建立符合医疗行业特点的薪酬制度。

此次改革文件提出可根据当地经济发展、财政状况、工作量、服务质量、公益目标完成情况、成本控制、绩效考核结果等,在现有水平基础上合理确定公立医院薪酬水平和绩效工资总量。对高层次人才聚集、公益目标任务繁重,承担科研、教学任务以及需要重点发展的公立医院或绩效考核评价结果优秀的公立医院,适当提高薪酬水平。建立动态调整机制,稳步提高医务人员薪酬水平,调动医务人员积极性。

借鉴外国经验,结合公立医院工作特点、人才结构,公立医院工资水平得以稳步提高,有的地区以当地社会平均工资水平的 3—5 倍为参照基准或者事业单位平均工资水平 3 倍为核定高线,确定公立医院工资水平。

三　推进公立医院主要负责人工资改革

第一,探索公立医院主要负责人工资模式。鼓励公立医院主管部门对公立医院主要负责人探索实行年薪制,年薪包括基本年薪和绩效年薪,绩效年薪与公立医院的公益目标任务完成情况、绩效考核结果等挂钩。对公益目标任务完成情况好、绩效考核优秀的医院,主要负责人的工资水平适当上浮;对公益目标任务完成情况不好、绩效考核较差的医院,主要负责人的工资水平下调。

第二,调控公立医院主要负责人工资水平。公立医院的本质属性是公益性,工资水平不能完全由市场决定,要由政府统一宏观调控。目前,政府管控工资水平主要有两个关键点:一是公立医院的平均工资水平,使所有医院之间保持合理的工资差距;二是公立医院主要负责人的工资水平,将主要负责人的工资水平与公立医院考核评价结果、个人履职情况、职工满意度等因素关联,促进公立医院高质量发展,同时,使公立医院主要负责人工资水平与本院职工工资水平保持合理关系。

四　落实公立医院分配自主权

公立医院主管部门负责核定工资水平,由公立医院在核定的工资总量内进行自主分配,落实公立医院分配自主权。

公立医院在制定内部工资分配办法时，要统筹考虑多个方面，形成各类岗位之间合理的工资关系。一是兼顾不同岗位类别。充分体现医、护、技、药、管等不同岗位差异，兼顾不同类别、学科之间的平衡。二是强调业绩贡献，体现知识、技术、劳务、管理等要素的价值。向关键和紧缺岗位、高风险和高强度岗位、高层次人才、业务骨干和作出突出成绩的医务人员倾斜，向人民群众急需且专业人才短缺的专业倾斜。三是兼顾特殊群体工资水平。适当提高低年资医生薪酬水平，统筹考虑编制内外人员薪酬待遇，推动公立医院编制内外人员同岗同薪同待遇。

五　健全以公益性为导向的考核评价机制

公立医院的考核评价机制要以公益性为导向，体现公立医院的公益属性和公益工作目标完成情况。主要有三个层次：

一是主管部门对公立医院的考核评价办法。公立医院主管部门需要制定科学的公立医院考核评价指标体系，综合考虑职责履行、工作量、服务质量、费用控制、运行绩效、成本控制、医保政策执行情况等因素，定期组织考核，考核结果与医院薪酬总量挂钩。对考核不合格的医院，要适当降低薪酬水平。

二是主管部门对公立医院主要负责人的绩效考核评价办法。公立医院主管部门综合考虑工作责任、医院管理的实际情况、医院考核评价结果和任期目标任务完成情况等因素，定期组织考核，考核结果与公立医院主要负责人的薪酬挂钩。

三是公立医院制定内部的考核评价办法。公立医院综合考虑岗位工作量、服务质量、行为规范、技术能力、医德医风和患者满意度等因素，制定内部工作人员的考核评价办法，将考核结果与医务人员工资水平挂钩。

六　经费来源

按照深化医药卫生体制改革和收入分配制度改革的总体部署，公立医院工资制度改革与医疗、医保、医药联动改革相衔接。根据"两个允许"指示精神，多地医疗卫生主管部门出台政策，在逐步降低或取消药品加成的情况下，通过适当提高医疗服务价格、增加政府投入、改革支付方式等措施完善公立医院补偿机制，保证公立医院收入不下降，进一步改变以创收为核心的收入分配机制，稳步推进公立医院工资制度改革，逐步建立符合医疗行业特点，体现以知识价值为导向的工资制度。

据统计，为探索公立医院薪酬改革制度，近年来政府不断加大投入力度。各级财政对全国公立医院的直接补助从 2010 年的 849 亿元增加到 2018 年的 2705 亿元，年均增长 15.6%。2018 年，全国公立医院财政直接补助收入占总支出的比例达到 10.1%，深圳市、北京市分别达到 31.6% 和 21%。目前，上海、福建、安徽、江苏、浙江、青海 6 省市已全面推开薪酬制度改革。重庆市将医院经常性收支结余按不低于 15% 提取事业基金后，全部用于人员奖励。①

第三节　公立医院工资制度存在的问题

一　工资战略导向不明

公立医院历史以来一直存在着公益性和营利性两种工资战略导向，在改革开放之前一直是"完全公益性"导向，但公立医院缺乏效率；改革开放之后，尤其是第一次医疗体制改革之后强调以市场机制改革公立医院，虽然没有放弃"公益性导向"，但是对公益性未加强调和重视，加之公立医院的营利性本质，工资激励也就出现"高度营利性"导向，出现了"大处方""大检查""拿红包"等问题，病人看病成本居高不下，医患矛盾日趋紧张。

党的十九大报告提出，强化事业单位公益属性。公益性是公立医院的本质属性。2009 年医药卫生体制改革以来，通过增加政府投入、提高医疗服务价格等多种举措提升公立医院合理性收入，避免公立医院的"过度营利性"导向、降低医院逐利动机、切断医院和医药之间的利益传输，有效减轻居民就医费用负担，切实缓解"看病难、看病贵"问题。

但是，从行业特点看，公立医院专业人才密集、职业风险大、技术难度高、工作强度大，在日益激烈的市场化竞争中谋求发展，工资制度和工资水平也必须随行就"市"，否则就会影响医院长期发展战略的实施。同时，公立医院是差额拨款单位，财政资金只能提供部分保障，客观上公立

---

① 国家卫健委：国家卫健委专题新闻发布会，2019 年 6 月 14 日。

医院有增加自有收入的动机和需要。

因此，公立医院在自身发展、人才政策、工资激励上经常处于"公益性"和"营利性"之间摇摆不定，必须在工资分配上明确提出"加强公益性，弱化营利性"的战略导向。

二 工资水平缺乏公平性

工资水平的公平性包括外部公平和内部公平。外部公平是指公立医院与其他行业之间的平衡，内部公平是指公立医院内部各类人员之间的平衡。

与其他行业相比，公立医院行业特点鲜明，人才结构、培养周期、工作强度、技术难度、压力责任等方面明显高于其他行业。但与其他行业工作人员相比，工资水平优势不大，医务人员付出与收入不匹配。[①]

内部公平缺失体现在以下几个方面：一是不同岗位等级之间差距小，许多公立医院的院长、科室主任、普通职工之间工资收入相差不大；二是不同岗位类别之间差距小，医生等核心技术人员与护士、药师、管理人员等其他岗位类别之间的工资差距过小；三是业绩贡献体现不足，知名医生与普通医生的工资差距小，在公立医院，职称往往是内部分配的主要依据，相同职称等级的医生之间收入差距小，干好干坏差别不大的现象普遍存在；四是编制内外人员工资水平差距不合理，公立医院编外人员占比大，很多医院目前没有实现同工同酬，编外人员工资水平明显低于编内人员。

三 工资总额核定方式有待完善

公立医院薪酬制度改革试点工作开展后，有的公立医院实行年薪制，政府主管部门对已经实施薪酬制度改革的公立医院的工资水平调控也从绩效工资总量核定改为工资总额核定。不管是工资总额还是绩效工资总量，公立医院工资水平普遍存在核定依据不科学、缺乏动态调整机制等问题。

一是工资水平通常参照当地社会平均工资、公务员规范后津贴补贴和

---

① 赵明阳等：《公立医院薪酬分配现状、存在问题及对策的质性研究》，《广西医学》2020年第7期。

年终一次性奖金、事业单位工资水平，结合公立医院行业特点，即作为公立医院的工资水平。这种核定方法没有将工资水平与公立医院工作任务完成结果挂钩，不能发挥工资的激励作用，也没有强调公益性的基本特征，不利于公立医院完成公益任务。

二是工资水平核定未形成动态调整机制。工资水平核定后，有的地区多年不调，有的虽有动态调整，但未与经济发展、物价水平、公立医院工作任务完成情况等关联，未建立动态调整机制。医疗行业本身就存在很大的不确定性，易受患者个体情况、医务人员工作情况、医院管理等内外环境因素的影响，加之医疗服务价格、药价、物价等也在不断变化，如果不对绩效工资总量进行适时动态调整，就难以确保医院绩效工资总量的时效性。

四　工资分配依据不当

在公立医院薪酬制度改革试点工作开展后，有的公立医院开始探索实施年薪制、协议工资制，有的公立医院仍然执行事业单位的岗位绩效工资制。无论哪种工资制度，其工资分配依据都有待改进和完善。具体表现在两方面：一是大部分的工资收入根据专业技术职称或管理职务分配，对业绩贡献体现不够。以岗位绩效工资为例，岗位工资标准根据职称或职务等级确定；绩效工资分为基础性绩效工资和奖励性绩效工资，基础性绩效工资基本都按职称或职务等级分配，奖励性绩效工资对工作能力、业绩贡献有所体现，但大多在考虑职称和职务基础上再向工作表现好的职工有所倾斜。工作绩效不够重视，容易挫伤员工的积极性。二是对于以工作业绩为主要分配依据的工资部分，评价标准不够全面和科学。公立医院的绩效评估体系中经济效益指标占据较大比例，除了因为原来的绩效评估体系实施多年，职工已经形成分配习惯外，人员经费不足、医院的营利导向驱动以及其他社会效益指标量化困难等也是影响公立医院绩效评估体系改革的因素。[①]

---

① 张树林等：《我国公立医院薪酬管理面临的挑战及优化策略》，《中国医院管理》2019 年第 10 期。

五 人员经费保障不足

关于公立医院的财政经费保障力度，往往有两种不同观点：一种认为公立医院是事业单位，各级财政投入资金巨大，除了每年的定期投入外，还有临时性的专项经费投入，各种经费加起来数目不小；另一种认为财政保障力度不足，人员经费捉襟见肘，以致公立医院工资水平普遍较低，迫使公立医院增加创收渠道、提高创收能力。

事实上，各级财政对公立医院的投入主要不是多少的问题，国家每年对公立医院都有定期定量的资金支持，关键是财政投入方向不准，即国家投入资金大多用于基础设施建设、购买医疗设备和应用软件等固定资产类，而用于医务人员工资支出的资金非常有限，致使职工感受不到财政支持的存在，也成为公立医院一直以来认为财政保障不足的主要原因。尤其是公立医院薪酬制度改革、养老保险制度并轨后，人员支出增加，绝大部分都是依靠公立医院创收而得。

第四节　完善公立医院工资制度的思路

对于公立医院而言，要坚持服务的"公益性"，其管理体制、运行机制、人事管理制度、服务价格调整机制、医保支付制度设计等方方面面都要以"公益性"为导向。同时，公立医院在日益激烈的市场化竞争中谋求发展，薪酬制度也必须随行就"市"，否则就会影响到医院长期发展战略的实施。

一 建立符合行业特点和医生职业特点的薪酬制度

相比其他行业，医疗行业拥有更为复杂的特点，高投入、高风险、高压力、高强度、高难度。作为行业中医疗服务的主要提供者，公立医院具有医疗行业的特点。同时，公立医院还具有公益性的特点，其目标和行为与政府的发展规划和要求保持一致，同时也能顺应社会的需求从而实现社会福利最大化。

参考其他国家对医生薪酬制度的标准以及医生社会平均收入的标准，根据党的十九大以来所提出的相关政策要求，结合我国目前发展需要和医生的社会地位，明确公立医院的社会职能和公益属性，以体现医生个人价值为目的，构建符合医疗行业特点的薪酬制度，实现社会政策需求。

二　合理确定工资总水平

按照现行政策，公立医院在保障单位正常运转和事业可持续发展的前提下，扣除成本并按规定提取各项基金后主要用于人员奖励，合理确定薪酬水平，自主申报工资总量，经政府主管部门核定后实施。

根据发达国家经验，医生薪酬水平通常是社会平均工资的5—6倍。结合我国公立医院工资水平现状，可将当地事业单位平均工资水平作为基准线，考虑医院人才结构和现有实际经营状况，适当提高基准线倍数，财政性资金定项或定额补助的三级甲等医院一般不超过基准线的3倍，其他公立医院根据不同的财务状况设定不同的基准线倍数，一般不超过指导线的2.5倍。

三　建立工资水平动态调整机制

根据公立医院医疗行业特点，突破当地现行事业单位绩效工资调控水平，对公立医院工资水平予以适当调控。

健全以公益性为导向的公立医院绩效评估机制，把公益性目标任务完成情况纳入评估体系，比如医疗服务公平性和可及性、医疗服务价格、医疗服务质量等。将绩效评估结果划分若干不同档次，分别核定工资总量，确定公立医院工资水平。[①]

同时，将公立医院工资水平与经济发展、物价水平变动、劳动力市场工资水平挂钩，形成工资水平动态调整机制，与国民经济发展相协调、与社会发展相适应。

四　提升医生工资水平

继续深化我国医疗服务价格体制改革，确定医生的社会地位，合理提升医疗服务价格，逐步体现医生的价值，从而提高医生的工资水平。虽然当前医疗服务价格已经进入试点阶段，但部分地区的医疗服务价格目前尚

---

① 李倩等：《公立医院薪酬制度改革存在的问题及思考》，《中国医院》2020年第3期。

不能弥补因取消药品加成而减少的损失，通过医疗服务价格从而提升医生工资水平的手段仍存在较大的提升空间。

在提升医生工资总量的同时，通过市场对医生的需求强度，建立医生市场需求度评价指标。通过对所属地区、医疗机构、专业、领域、职务、工作年限、服务数量、服务质量等多维度的综合评价，来衡量医生在市场中的需求程度，并周期性地根据各医生排名区间来灵活调控其工资水平。通过市场化的调节，透明化医生收入的同时，也间接缓解了"看病难、看病贵"的问题。

五 强调公立医院医生多维度薪酬

除一般经济性薪酬外，公立医院对其内部人员其他方面的薪酬也应得到一定的重视与倾斜。根据马斯洛需求层次理论，满足基本生理需求后，人自然会寻找更高层次的需求，如"尊重需求"和"自我实现需求"。公立医院也应在一定程度上满足内部其他方面的需求，如对公立医院的归属感及职业认同感等，精神层面的满足能够更直接地激发动力，使内部人员获得满足的同时，也可从正面影响公立医院本身的发展。公立医院的文化培训、员工关怀、未来前景规划等，从多角度体现公立医院对内部人员的重视，从而达到满足其除生理需求外的其他需求，改善医疗服务治疗，进而推动公立医院的发展。[①]

六 完善工资分配的制度基础

工资分配效果好坏一定程度上依赖于前端人事制度基础。建立完善的工资内部分配机制，实施绩效管理能够增强医院自身的竞争力，促进其可持续发展。具体措施包括以下几点：

第一，进一步完善岗位管理制度。对每一个岗位在医院中的影响范围、职责大小、工作强度和难度、任职条件等进行全面分析评价，进一步确定岗位在医院中的相对价值，为科学合理、公平公正的绩效考核提供制度保障。

第二，制定科学的绩效评估体系。合理、科学化的绩效评估体系直接

---

① 杨奕乐：《公立医院医务人员薪酬制度改革建议》，《人才资源开发》2020年第4期。

影响医生的医疗服务行为。充分正视绩效评估在公立医院中的重要价值，优化与完善医生及相关人员的绩效工资制度，体现多劳多得、优绩优酬，并合理拉开收入差距。在突出医院公益性的前提下，量化医疗卫生服务中如数量、效果、服务满意度等多个维度的指标，将其纳入公立医院对医生的绩效评价体系中，综合性地评价医生所提供的医疗服务水平，间接引导医生的服务习惯及服务理念，从而在提升服务质量的同时，也使得绩效工资向着可控及健康的方向发展。[1]

七　优化财政投入结构

对现有财政投入结构进行调整，严格控制基础设施、硬件设备等方面的投入，加强资金监管力度，避免资源浪费。同时，提高人员经费在政府投入中的比例，由政府财政投入的形式保障公立医院职工的合理工资水平，使得职工不再因创收问题而产生不必要的医疗服务，逐渐改善公立医院的逐利性质，使得职工能将更多的精力投入医疗服务质量提升，以及自身医疗服务技术的突破，从而提高公立医院的公益服务质量，促进公立医院良性发展。

---

① 何凤秋：《激发公立医院改革源动力》，《中国卫生》2018 年第 3 期。

第十一章

公共卫生和基层医疗卫生机构工资制度

公共卫生和基层医疗卫生事业单位在国家医疗卫生服务体系中处于一线地位，承担为人民群众提供疾病预防与治疗、慢性病管理、康复护理等基本医疗服务的职能，是保护人民群众健康和生命安全的第一道防线。在我国，专业公共卫生服务机构主要包括疾病预防控制、健康教育、妇幼保健、精神卫生防治、应急救治、采供血、卫生监督、计划生育等专业机构。基层医疗卫生机构主要包括乡镇卫生院、村卫生室和城市社区卫生服务中心/站等城乡医疗服务机构。公共卫生和基层医疗卫生机构共同构成了城乡基本医疗服务的供给体系。本章梳理了公共卫生和基层医疗卫生机构工资制度的发展沿革，分析了现行政策的主要特点和问题，提出完善公共卫生和基层医疗卫生机构工资制度的思路。

第一节 公共卫生和基层医疗卫生机构
工资制度发展沿革

从中华人民共和国成立开始，党和国家就在公共卫生和基层医疗卫生机构建设方面投入了大量人力物力财力，不断提高人民群众健康水平。截至 2019 年年末，我国基层医疗卫生服务网络基本建成，全国共有基层医疗卫生机构 954390 个，专业公共卫生机构 15924 个。基层医疗卫生机构现有医务人员 416.1 万人，专业公共卫生机构 89.6 万人。[①] 得益于对公共

---

① 《2019 年卫生健康事业发展统计公报》，2020 年 6 月 6 日，中华人民共和国国家卫生健康委员会（http://www.nhc.gov.cn/guihuaxxs/s10748/202006/ebfe31f24cc145b198dd730603ec4442.shtml）。

卫生和基层医疗卫生工作的重视，我国在公共卫生和健康领域取得的进步有目共睹。中华人民共和国成立初期，我国人口平均预期寿命仅为 35 岁，到 2019 年已经提高到 77.3 岁，接近发达国家的水平；2018 年孕产妇死亡率下降到 17.8/10 万，婴儿死亡率下降到 5.6‰,① 明显低于世界平均水平，东部地区已经达到高收入国家的水平。

回顾我国事业单位工资制度改革历程，结合公共卫生和基层医疗卫生机构改革，公共卫生和基层医疗卫生机构的工资制度经历过四次大的改革。

一 1956 年公共卫生和基层医疗卫生机构工资制度

中华人民共和国成立之初，人民群众的健康状态处于极低的水平。为了切实提高人民群众的健康水平，1950 年国家召开了第一届全国卫生工作会议，确定卫生工作的三大方针：面向工农兵、预防为主和团结中西医。1951 年，政务院批准发布《医院诊所管理暂行条例》，对医院诊所的服务、管理提出了明确的要求。同年，卫生部公布《关于健全和发展全国卫生基层组织的决定》，其中明确医疗卫生机构经费由国家负担，中央与地方政府逐步设法解决。随着"三大改造"的完成，基层医疗机构的所有制结构也逐渐发生变化，原有的私立、个体医疗机构，逐步被改造成全民所有制和集体所有制的医疗机构。

这一时期，公共卫生和基层医疗卫生机构全部纳入统一计划管理，政府主办各类公立医疗卫生机构，把卫生人员归为公职人员，由政府保障医疗卫生机构的经费及卫生人员的工资待遇。社会主义改造完成之后，国家全面实行计划经济体制，医疗卫生领域也不例外，医疗服务的供给与定价由政府控制。

1956 年，我国工资制度改革后，国家卫生技术人员执行与机关相同的等级工资制，等级工资标准单列。卫生技术人员分为五类管理，包括公共卫生人员、医疗人员、药剂人员、护理助产人员、其他卫生技术人员，均执行同一套工资标准，但分别对应不同的等级。

---

① 《2019 年卫生健康事业发展统计公报》，2020 年 6 月 6 日，中华人民共和国国家卫生健康委员会（http://www.nhc.gov.cn/guihuaxxs/s10748/202006/ebfe31f24cc145b198dd730603ec4442.shtml）。

公共卫生人员作为一个单独的序列，分为公共卫生主任医（技）师、公共卫生医（技）师、公共卫生医（技）士，防疫员、消毒员、保健员四个专业技术级别。公共卫生人员的等级工资标准共有 6 等 21 级，每个级别设 11 档工资标准，分别对应国家的 11 类工资区，根据当地的经济发展、物价等要素，不同工资区的机构采取不同的标准。不同专业级别的工资标准互相交叉。

以 11 类工资区为例，公共卫生主任医（技）师为 1—7 级，工资标准为 377—175.5 元；公共卫生医（技）师为 6—14 级，等级工资标准为 200—70 元；公共卫生医（技）士为 11—17 级，等级工资标准为 102.5—52 元；防疫员、消毒员、保健员为 15—20 级，等级工资标准为 63.5—36.5 元；练习生为 21 级，工资标准为 32.5 元。最高工资标准是最低工资标准的 11.6 倍。[①]

除公共卫生人员外，公共卫生和基层医疗卫生机构的其他四类人员也统一执行国家卫生技术人员标准，医疗人员、药剂人员、公共卫生人员、其他卫生技术人员的最高专业级别的工资标准级别相当，次高级别的工资标准与护理助产人员的最高级别相当。具体情况在"公立医院工资制度"一章中已做分析，在此不再详述。

当时我国深受传染病之害，为了消灭鼠疫、血吸虫病等恶性传染病，国家建立起强有力的公共卫生体系，在卫生技术人员中单独设立公共卫生人员序列，体现对这类工作人员的重视。

二 1985 年公共卫生和基层医疗卫生机构工资制度

在计划体制下，医疗卫生机构的经费由财政负担，导致财政压力巨大，改革开放以后，政府开始探索和试点运用市场经济手段管理医疗卫生机构。1985 年，卫生部《关于卫生工作改革若干政策问题的报告》强调，"必须进行改革，放宽政策，简政放权，多方集资，开阔发展卫生事业的路子，把卫生工作搞活"。鼓励医务人员个体开业行医，"允许医生、护士、助产士等在完成定额工作量的前提下，利用业余时间看病、接生、护

---

① 中国社会科学院、中央档案馆编：《1953—1957 年中华人民共和国经济档案资料选编（劳动工资和职工保险福利卷）》，中国物价出版社 1998 年版，第 394 页。

理病人或从事其他医疗卫生服务工作。业余服务的收入归个人，使用公家设备的实行收入分成"。同年，国家实行第二次大的工资制度改革。医疗卫生机构改革与工资制度改革同步进行。

全国医疗卫生事业单位工作人员分为行政管理人员、卫生技术人员、工人，公共卫生和基层医疗卫生机构包含此三类人员。行政管理人员、卫生技术人员实行以职务工资为主要内容的结构工资制，工资标准单独制定；工人实行以岗位（技术）工资为主要内容的结构工资制，工资标准参照国家机关和事业单位同类人员执行，具体的工资标准在前面的章节已有描述，本章不再赘述。

在行政管理人员和卫生技术人员的工资构成中，基础工资、工龄津贴、奖励工资按国家规定标准执行，职务工资按人员类别分别执行不同的工资标准。与公共卫生和基层医疗卫生机构相关的职务工资共有四套标准，分别是卫生技术人员职务工资标准，护理专业技术人员工资标准，卫生部所属医院、科研所管理人员职务工资标准，卫生部所属中国医学科学院、中医研究院、中国预防医学中心管理人员职务工资标准。前三套工资标准在"公立医院工资制度"一章中已有描述，本章重点描述卫生部所属中国医学科学院、中医研究院、中国预防医学中心管理人员职务工资标准。

卫生部所属中国医学科学院、中医研究院、中国预防医学中心管理人员的职务工资按照工作人员的职务级别设置，一职数级，不同的职务级别之间互相交叉。共有 8 个职务级别，每个级别的工资标准有 6—7 个档次，最高职务级别的工资标准介于主任医师和副主任医师之间，最低职务级别的工资标准低于医士。

在放权、搞活、创收、让利的改革思路下，这一时期在医疗卫生领域积极推行承包制，财政补助数额有所下降，鼓励医院自行创收；放开医院部分医疗服务项目的收费限制，允许医院提供高收费的"特诊服务"；医院统筹分配特诊服务收入，使医疗卫生机构收入与医务人员收入适当挂钩。这一时期，虽然原有的计划体制继续维持，但是开始将市场机制引入医疗卫生领域，实行"计划管理为主导、市场参与的体制"。政府大幅度减少了给予医疗卫生机构的财政补贴，财政补贴占医疗卫生机构收入的比重从 50%—60% 下降到 10%。医疗卫生机构不得不想方设法进行"创收",同时,医疗卫生机构的工资制度开始松动,突破原来的计划体制,医务人员可以通过市场化的医疗服务收费,获得部分额外收入。

三 1993年公共卫生和基层医疗卫生机构工资制度

党的十四届三中全会以后,中央明确提出建立社会主义市场经济。市场机制被认为是提高医疗资源利用效率的关键手段,政府大规模退出医疗卫生领域,推行市场体制改革。1993年,全国工资制度改革后,机关事业单位工资制度分离,公共卫生和基层医疗卫生机构执行事业单位的工资制度。

在事业单位的各类别工资制度中,与公共卫生和基层医疗卫生机构工作人员相关的是卫生技术人员专业技术职务等级工资制、管理人员职员职务等级工资制、技术工人技术等级工资制和普通工人等级工资制。工资结构均由固定部分和活的部分组成,对于全额拨款事业单位,固定部分工资占比70%;对于差额拨款事业单位,固定工资部分工资占比60%。

这一时期医疗卫生作为市场经济体制的一个方面,大量市场机制引入医疗体制中,政府放松了医疗卫生领域的管制,但是保留了定价权,通过压低基本医疗服务价格与卫生人员的人力资本价格,保证医疗服务的可及性,而允许医院加价销售药品以及增加检查项目收费。在医疗机构内部管理中,实行责任分包制,科室层层分包营收指标,造成医疗卫生机构形成强烈的逐利性动机。受国家医疗卫生体制改革的影响,医疗机构的收入来源逐渐增多,在医疗机构的工资构成中,各种自设的津补贴项目开始出现,活的部分占比越来越大,规范津补贴也成为第四次工资制度改革的重点方向。

四 2006年公共卫生和基层医疗卫生机构工资制度

2006年,我国开展第四次全国范围的工资制度改革。与此同时,针对医疗卫生系统存在的诸多问题,2006年国务院成立专门的深化医药卫生体制改革领导小组,组织相关机构研究医药卫生体制改革的总体方案。经过近3年的研究讨论,2009年正式公布《中共中央国务院关于深化医药卫生体制改革的意见》,"新医改"拉开序幕。

公共卫生和基层医疗卫生机构执行事业单位统一的岗位绩效工资制

度，工资结构由岗位工资、薪级工资、绩效工资和津贴补贴组成。

这一时期公共卫生和基层医疗卫生机构的工资水平伴随着医药卫生体制改革发生变化。公共卫生机构在医疗卫生服务体系中的地位不高，财政投入整体水平不高。随着卫生事业单位分类改革的推进，公共卫生机构划为公益一类事业单位。改革之后，公共卫生机构人员收入水平普遍下降，造成专业人员流失。基层公共卫生人员工作量大，压力较大，但职业获得感和物质激励均不能合理匹配，致使基层公共卫生队伍稳定性受到影响。

政府主导重构基层医疗卫生体系，提高医疗服务的可及性。但是政府责任的强化并不等于政府体制，而是建立政府与市场协同的体制。通过社会化办医、购买服务、互联网医疗等方式，建立多元化的医疗服务供给体系，发挥政府的公共财政优势与市场的积极作用。[①] 在医疗卫生机构管理方面，强调公益性导向，同时给予医疗卫生机构管理自主权。医疗卫生机构内部推行绩效工资制度，通过绩效工资的激励作用，调动医务人员的工作积极性。

第二节　公共卫生和基层医疗卫生机构工资制度探索

党中央、国务院始终高度重视公共卫生和基层医疗卫生机构的建设与改革，充分发挥公共卫生和基层医疗卫生事业单位的功能，对于推动深化医药卫生体制改革、提高医疗服务质量和水平，具有重要意义。通过工资制度改革，可以更好地调动公共卫生和基层医疗卫生事业单位工作人员的积极性，强化基层医疗卫生队伍建设，切实做到科学化管理。

根据《中共中央、国务院关于深化医药卫生体制改革的意见》的要求，公共卫生和基层医疗卫生机构要加强绩效考核，公共卫生机构全部纳入预算管理，由政府合理确定人员编制、工资水平和经费标准，明确各类人员的岗位职责；基层医疗卫生机构实行人员聘用制，建立以服务质量为核心、以岗位责任与绩效为基础的考核和激励制度。国务院《医药卫生体制改革近期重点实施方案（2009—2011 年）》进一步明确：基层医疗卫

---

① 顾昕：《公共财政转型与政府卫生筹资责任的回归》，《中国社会科学》2010 年第 2 期。

生机构"医务人员的工资水平,要与当地事业单位工作人员平均工资水平相衔接"。"全面实行人员聘用制,建立能进能出的人力资源管理制度。完善收入分配制度,建立以服务质量和服务数量为核心、以岗位责任与绩效为基础的考核和激励制度。"

一 率先实施绩效工资制度

2009年9月2日,国务院常务会议决定在公共卫生和基层医疗卫生机构实施绩效工资改革。人力资源和社会保障部、财政部、卫生部联合制定印发《关于公共卫生和基层医疗卫生事业单位实施绩效工资的意见》,从2009年10月1日起,在疾病预防控制、健康教育、妇幼保健、精神卫生、应急救治、采供血、卫生监督等专业公共卫生机构和乡镇卫生院、城市社区卫生服务机构等基层医疗卫生事业单位,规范津补贴,在摸清核查现有津补贴、奖金及工资水平的基础上,正式实行绩效工资制度。公共卫生和基层医疗卫生事业单位实施绩效工资所需经费由县级财政保障,省级财政统筹,中央财政对中西部及东部部分财力薄弱地区给予适当补助。

推行绩效工资是这一轮改革的核心举措,目的是通过工资激励,实现"多劳多得""优劳优得",提高医务人员的工作积极性。在实际操作中,绩效工资一般具体划分为基础性绩效工资和奖励性绩效工资两部分,同时规定两部分绩效工资的比例限定。《关于公共卫生和基层医疗卫生事业单位实施绩效工资的指导意见》要求,基础性绩效工资主要体现地区经济发展、物价水平、岗位职责等因素的影响,在绩效工资中的比重占60%—70%。奖励性绩效主要体现医务人员的工作量和实际贡献等因素,根据事业单位绩效考核的结果确定奖励水平,可采用按月、按年或者其他灵活发放方式。

根据实际情况,绩效工资中还可以设立岗位津贴和综合目标考核奖励等项目。地方政府结合当地实际,具体规定绩效工资水平和比例结构。例如,上海市规定:"基本绩效以津补贴形式按月发放,分为岗位津贴和工作量津贴,占绩效工资总量的60%;奖励绩效根据日常和年度考核结果以及突发应急任务完成情况发放,分为日常奖励和年度奖励,占绩效工资总量的 40%。"① 海南省规定："公共卫生事业单位基础性绩效工资占绩效工资总量的 70%，奖励性绩效工资占 30%；基层医疗卫生事业单位基础性绩效工资占绩效工资总量的 60%，奖励性绩效工资占 40%。"②

针对公共卫生和基层医疗卫生机构的特点，国家规定允许发放体现特殊岗位、特殊地区或者其他特殊工作条件的津贴补贴。例如偏远艰苦地区的基层卫生技术人员，可按规定发放专项补贴。根据《关于卫生防疫人员实行卫生防疫津贴的通知》的规定，公共卫生和基层医疗卫生事业单位中符合条件的工作人员还可领取卫生防疫津贴。

二　工资水平核定体现行业特点

根据事业单位工资管理体制，事业单位主管部门负责对事业单位的工资水平进行调控与约束，具体表现为底线管理、平均水平管理与总量管理，基本原则是保证事业单位的工资水平底线，控制过高的工资水平。公共卫生和基层医疗卫生事业单位的工资水平，需要与事业单位总体的工资管理机制相协调，允许适当突破现行体制，但必须保证事业单位的总体平衡。公共卫生和基层医疗卫生事业单位的基本工资水平，整体与事业单位的基本工资水平保持一致，差异性主要体现在绩效工资水平上。

按照习近平总书记"两个允许"的要求，公共卫生和基层医疗卫生事业单位上年度职工工资总额和医疗服务收入扣除成本并按规定提取各项基金后的部分，可以主要用于发放绩效工资，绩效工资总量和水平体现公共卫生和基层医疗卫生事业单位的绩效水平。人社部门与财政部门需综合考虑基层医疗卫生机构的公益目标任务完成情况、绩效考核情况、人员结构等因素，统筹平衡与公立医院等其他单位绩效工资水平的关系，适时做出适当调整。公共卫生和基层医疗卫生事业单位的绩效考核水平，作为调控绩效工资总量的依据之一，考核结果为优秀的可以适应核增绩效工资总量。

---

① 关于印发《上海市公共卫生和基层医疗卫生事业单位绩效考核指导意见》的通知，2012 年 2 月 9 日，上海市黄浦区人民政府（https://www.shhuangpu.gov.cn/zw/009002/009002016/009002016004/009002016004008/20120209/e3849297 - c589 - 49ea - a5b0 - 2da9e3172e90.html）。

② 海南省人力资源和社会保障厅、财政厅、卫生厅：《关于印发〈公共卫生与基层医疗卫生事业单位实施绩效工资的指导意见〉的通知》，2010 年。

《关于公共卫生和基层医疗卫生事业单位实施绩效工资的指导意见》明确规定：公共卫生和基层医疗卫生事业单位的绩效工资总量相当于单位工作人员上年度12月的基本工资额度与规范化的津贴补贴构成。绩效工资水平由县级以上政府的相关主管部门按照与事业单位工作人员平均工资水平相衔接的原则核定，并且分别核定各个公共卫生和基层医疗卫生事业单位的绩效工资总量。公共卫生和基层医疗卫生事业单位在核定的绩效工资总量之内，制定相应的绩效工资分配方案，经由主管部门核定并报人社部门、财政部门备案之后实施。基层医疗卫生机构可以结合单位实际，在制定单位内部绩效工资发放项目时，设立岗位津贴、生活补贴、加班补助、值班补助、夜班补助、下乡补助、全科医生补助、有毒有害特殊岗位补助等项目，充分体现医务工作人员的实绩和贡献。

公共卫生和基层医疗卫生事业单位的绩效工资水平可以在一定限度内突破现行管理体制，高于事业单位的平均水平，从而体现医务人员的专业工作价值。《关于公共卫生和基层医疗卫生事业单位实施绩效工资的指导意见》明确规定："原工资构成中津贴比例按国家规定高出30%的部分（不含特殊岗位原工资构成比例提高部分），纳入单位绩效工资总量，按本单位绩效工资分配办法执行，不再另行发放。"对于超额完成工作任务的公共卫生和基层医疗卫生事业单位，可以从单位经营收入中提取一定比例的基金，作为奖励性绩效工资的增量部分，不受现有绩效工资总量和比例结构的限制，作为增量收入进行管理。此外，国家明确规定的特殊岗位津贴，如卫生防疫津贴、医疗卫生津贴等，不纳入绩效工资进行统一管理。对于农村卫生技术人员的专项奖励资金，如乡镇卫生院医务人员的考核奖励等，也不纳入绩效工资总量进行统一管理。

三 绩效评价机制突出公益导向

事业单位绩效工资制度的根本目的是发挥工资的激励作用，使工资水平充分体现工作人员的工作量与实际贡献。但是，绩效工资能否保证"多劳多得"，关键在于有效的绩效考核体系，并且保证绩效考核结果与绩效工资水平挂钩，坚持激励导向，遵循多劳多得、优绩优酬，向关键和紧缺岗位、高风险和高强度岗位、高层次人才倾斜等基本原则。

公共卫生和基层医疗卫生事业单位的绩效考核必须突出公益性原则，

突出公益性职责履行、合理用药、费用控制、运行效率和社会满意度等考核指标，建立起科学的基层医疗卫生机构绩效考核评价体系，具体指导基层医疗卫生机构制定内部绩效考核办法，突出岗位职责履行、工作数量、服务质量、医德医风和患者满意度等内容。[①]

公共卫生和基层医疗卫生事业单位的考核指标主要包括目标责任落实、运行管理、社会效益三个方面。公共卫生事业单位的绩效考核强调公共卫生职能的实现，具体指标如下：

第一，目标责任落实。包括完成政府指令性任务、重大公共卫生项目和其他应承担的公共卫生服务任务完成等。

第二，运行管理。包括疾病预防控制、健康教育、妇幼保健、精神卫生、应急救治、采供血、卫生监督、突发公共卫生事件处理等工作的数量和质量等。

第三，社会效益。包括向社会提供公共卫生服务、服务对象满意度、科技成果应用等。

基层医疗卫生事业单位的绩效考核强调基本医疗服务职能的实现，具体指标如下：

第一，目标责任落实。包括基本公共卫生服务和基本医疗服务职能履行、基本公共卫生服务项目开展的数量和质量等。

第二，运行管理。包括医疗工作效率、医疗质量、合理用药、康复服务、医疗费用控制等。

第三，社会效益。包括向社会提供基本公共卫生和基本医疗服务、服务对象满意度等。

根据卫生部《关于卫生事业单位实施绩效考核的指导意见》的要求，绩效考核结果要与单位绩效工资总量核定和工作人员绩效工资发放挂钩。公共卫生和基层医疗卫生事业单位的绩效工资总量和单位主要领导的绩效工资，要参考上年度绩效考核结果进行核定。对绩效考核优秀的，适当增加绩效工资总量，对绩效考核不合格的，相应核减工资总量。单位主要领导绩效工资水平与本单位工作人员绩效工资水平保持合理的比例关系。

---

① 耿志娟：《基层医疗卫生机构绩效工资实施成效的解析》，《财经界》（学术版）2015 年第 7 期。

公共卫生和基层医疗卫生事业单位工作人员的绩效考核结果，作为确定医务工作人员绩效工资水平的主要依据。医务工作人员的绩效考核采用区分岗位进行的办法，针对专业技术人员、管理人员、工勤人员分别设定考核指标。

第一，专业技术人员的考核指标包括服务数量和质量、专业能力与水平、专业技术操作能力、科研创新能力、服务对象满意度、职业操守等。

第二，管理人员的考核指标包括管理成效、公益目标实现情况、群众满意度、职业满意度、廉洁自律等。

第三，工勤人员的考核指标包括工作任务完成情况、技能知识水平、服务态度、爱岗敬业等。

在公共卫生和基层医疗卫生事业单位的绩效考核工作中，实行结果性考核与过程性考核相结合。结果性考核强调目标任务的完成情况，过程性考核强调日常工作的完成情况。对事业单位及工作人员的考核，除了年度考核之外，还可以实行按月或按季度考核的办法，加强过程性管理。通过绩效考核工作，切实提高事业单位的工作效率。

公共卫生和基层医疗卫生事业单位的绩效考核工作按照行政隶属，由相应主管部门负责。单位及单位主要领导的绩效考核由上级卫生行政部门组织实施，单位考核可通过单位自评、卫生行政部门现场查看以及服务对象民意调查等多种方法进行综合评价，按照年度进行考核。单位内部不同岗位的工作人员，分别根据岗位要求的考核指标进行考核。考核工作由单位自行组织实施，具体步骤包括成立考评小组、制定考核方案、组织实施考核、反馈考核机构等环节。

四　经费保障机制细化

《关于公共卫生和基层医疗卫生事业单位实施绩效工资的指导意见》规定，公共卫生和基层医疗卫生事业单位实施绩效工资所需经费由县级财政保障，省级财政统筹，中央财政加大转移支付力度，对中西部及东部部分财力薄弱地区给予适当补助。《基层医疗卫生机构实施国家基本药物制度补助资金管理办法》规定：中央财政为支持基层医疗卫生机构实施国家基本药物制度、推进基层医疗卫生机构综合改革设立专项补助资金，主要用于核定收支后的经常性收支差额补助、推进基层医疗卫生机构综合改革涉及的人员分流安置等符合政府卫生投入政策规定的支出，对在实施基本药物制度的村卫生室执业的乡村医生，专项补助资金主要用于乡村医生的收入补助。

公共卫生和基层医疗卫生机构实行财政收支两条线管理，规范单位的财务管理和国有资产管理，单位收入按照国库集中收缴制度及时上缴国库或财政专户，统一纳入财政管理；绩效工资经费加强专款专用，由财政统一划拨下发。在地方政府操作层面，推行绩效工资改革的工作经费仍按原渠道解决。国家规定的基本工资和津贴补贴部分，继续按原渠道拨付发放；绩效工资部分由财政部门直接拨付至基层医疗卫生机构基本账户，经基层医疗卫生机构绩效考核后，按月或季度通过银行代发至个人账户。

第三节　公共卫生和基层医疗卫生机构工资制度特点

公共卫生和基层医疗卫生事业单位推行绩效工资制度改革，政策目标并不是简单地调整工资水平，而是建立合理的工资制度，并通过工资制度改革带动事业单位改革。长期以来，由于工资制度僵化，公共卫生和基层医疗卫生事业单位存在效率低下、人才流失、机构能力弱化等问题。此次绩效工资制度改革的突出特点是激励性与约束性相结合，一方面，强调充分发挥绩效工资的激励作用，调动医务人员的工作积极性；另一方面，工资制度进行规范化管理，明确工资结构，调控好工资水平，避免不合规、不合法、不规范的分配方式，提高单位工资的规范化、透明化水平。

一　工资结构规范化

合理的工资制度首先要求必须规范化管理。绩效工资改革之前，公共卫生和基层医疗卫生事业单位的工资结构不统一，各类津贴、补贴、奖金等名目繁多。除了国家明文规定的津补贴项目之外，各级政府和单位自身都分别设置了一些津贴、补贴、奖金等项目，造成工资结构过于复杂，而且一些工资项目的设立具有很强的随意性，导致存在滋生腐败的隐患。根据事业单位管理与绩效工资改革的相关政策，公共卫生和基层医疗卫生事业单位的工资结构明确规定为"基本工资＋绩效工资＋津贴补贴"，并且对绩效工资的内涵和结构加以明确，使得工资结构进入法定化的轨道。

"基本工资＋绩效工资＋津贴补贴"的工资结构具有合理性和科学性，工资的三个部分分别发挥不同功能、体现不同因素的影响。基本工资主要体现岗位、职务、级别、工龄等因素的影响，主要发挥基本保障作用；绩效工资主要体现贡献和业绩，发挥激励性作用；津贴补贴体现特殊岗位和特殊条件的补偿，发挥补充性作用。为了保证绩效工资改革的可操作性，结合工资制度现状，国家政策进一步把绩效工资划分为基础性绩效和奖励性绩效，在没有破坏法定工资结构的前提下，把现有工资项目纳入固定结构，加以明确化和规范化，从而使工资结构的透明性更高、管理更加规范。

在推行绩效工资过程中，要求单位进行工资内容的清理和核查，取消不合法、不合规的工资项目，明确要求实施绩效工资改革以后，不允许突破现行工资结构发放待遇。同时，事业单位主管部门对绩效工资总量进行核定，事业单位必须在核定总量之内发放工资待遇。绩效工资改革的目的不是简单地提高工资水平，更重要的是规范化管理，使工资水平在规范化、法定化的约束下合理增长和调整。特别是原来的津贴补贴项目，在发放过程中存在诸多混乱、模糊地带，既可能造成财务风险，又可能导致不公平。绩效工资改革文件要求，津贴补贴项目必须具有明确的政策依据，杜绝随意增设津贴补贴项目的通道。从 1979 年起，我国给予从事卫生防疫工作的工作人员发放卫生防疫津贴，这次改革以后卫生防疫津贴的发放更加明确和规范。

二 工资水平动态化

工资水平不能真实反映人力资本价值，是公共卫生和基层医疗卫生事业单位工资制度僵化的表现之一。工资水平在长时间内没有及时调整，造成医疗卫生专业工作人员的工资水平低于人力资本价值，这严重影响了医疗卫生工作队伍的稳定性。医疗卫生属于高人力资本投入的行业，工作内容的专业性很强，对工作人员的综合素质要求比较高。与世界其他国家相比，我国医疗卫生专业工作人员的工资水平偏低，公共卫生和基层医疗卫生事业单位表现尤为突出。公共卫生和基层医疗卫生事业单位在医疗卫生体系中的功能与地位至关重要，但是这些单位的工资水平过低，导致这些单位缺乏对优秀人才的吸引力，结果造成公共卫生和基层医疗服务体系弱化。绩效工资改革明确要求工资水平向公共卫生和基层医疗卫生事业单位倾斜，提高基层和一线工作人员的待遇，这将有利于强化基层医疗卫生体系建设。

绩效工资改革建立了工资水平动态化调整的机制，允许绩效工资在一定范围内浮动，并且允许单位使用经营收入发放绩效工资。医疗卫生事业单位的经营收入如何分配，在此之前国家没有明确的政策，实际操作中存在很多模糊地带。通过绩效工资改革，促进公共卫生和基层医疗卫生事业单位合理分配和使用单位的经营收入，形成良性的工资增长机制。主管部门和财政部门可以根据公共卫生和基层医疗卫生事业单位的绩效评估结果，核定绩效工资总量，而且绩效工资总量并不是一成不变的，而是综合多方面因素进行调控。①

工资水平的调整应综合考虑行业特征、市场条件、经济环境等多种因素。公共卫生和基层医疗卫生事业单位的绩效工资制度，某种程度上突破了现行事业单位工资管理制度。为了保证工资的公平性，公共卫生和基层医疗卫生事业单位的工资水平适当提高，但需要与事业单位的整体工资水平保持协调，以免形成行业间的收入差距分化。随着我国医疗卫生行业的逐步开放，企业对于医疗卫生专业人员的工资定价，可以成为决定事业单位工资水平的参考因素之一。但同时兼顾事业单位的工资稳定性，在效率工资与职业稳定之间形成平衡。由于基层医疗卫生事业单位主要集中在区县级及以下地区，而且地区与地区之间发展不平衡，各个地区在确定具体单位绩效工资水平时，要根据当地经济发展水平，根据各个单位提供公益服务的数量、质量以及所创造的社会效益，适当拉开收入差距，充分发挥绩效工资的导向性调节作用。

三　绩效考核明确化

科学合理的绩效考核机制是实行绩效工资制度的基本前提。如果不能科学有效地评估单位绩效，根据绩效确定工资水平就无从谈起。公共卫生

---

① 陈宇鸿：《公共卫生与基层医疗卫生事业单位绩效工资分配制度的研究》，《财会学习》2015 年第 12 期。

和基层医疗卫生事业单位的绩效考核体系以公益性指标为主导，兼顾经营性、满意度等指标。绩效考核区分单位绩效和个人绩效两个层面：单位绩效考核指标主要包括目标责任落实、运行管理、社会效益三个方面；个人绩效考核指标区分工作岗位，具体包括业务能力、工作业绩、职业道德等多个方面。

绩效考核坚持公益性原则。公共卫生和基层医疗卫生事业单位性质上属于公益类事业单位，必须强调公益性导向。绩效工资改革之前，由于公益性导向弱化，公共卫生和基层医疗卫生事业单位过度偏重收费服务等经营性项目，造成医疗服务体系，损害基本医疗卫生服务的公平性和均等化。回归公益性，是医药卫生体制改革的基本要求，更是公共卫生和基层医疗卫生事业单位改革的首要要求，必须避免事业单位过于强烈的逐利性动机。核定绩效工资总量和个人绩效工资，不得于医疗卫生事业单位的药品、耗材、大型医学检查等业务收入挂钩，严禁给医疗卫生专业人员下达创收指标。

绩效考核指标明确可量化。卫生部《关于卫生事业单位实施绩效考核的指导意见》明确规定了医疗卫生事业单位绩效考核的具体指标，采用量化数据对绩效水平进行评估。指标体系中存在一些主观性指标，比如业务能力、职业操守等，不能简单采用主观评价的测量方式，而应尽可能使用客观数据，避免流于形式。量化指标的数据尽可能来源于 HIS 系统，避免人为干预数据的可能性。

绩效考核过程与结果并重。绩效考核一方面作为确定绩效工资水平的依据，另一方面应促进绩效水平的提高。绩效工资改革办法明确建立了绩效考核结果与工资水平的关系，考核优秀的单位或个人可以提高工资水平，考核不合格的则可以降低工资水平，这将有利于发挥工资的激励作用。在绩效评估过程中，不应唯结果论，而需要强化过程性管理，将绩效考核嵌入日常工作，从而提高整体工作绩效。结果性考核强调目标任务的完成情况，过程性考核需要兼顾工作过程的规范性和实效性。绩效工资改革办法要求，年度考核与季度、月度考核相结合，以考核促管理、促提升，注重工作实效，避免形式主义。绩效工资改革办法采取"双线考核"方式，主管部门组成联合考核组对公共卫生和基层医疗卫生事业单位的主职进行考核，各公共卫生和基层医疗卫生事业单位根据各自工作特点，采取"控制总量、优劳优酬、合理拉开档次"的方法，对单位工作人员实施考核。

四 岗位薪酬差异化

绩效工资改革与岗位管理相结合，才能提高岗位管理的有效性。在推行绩效工资改革的同时，推进人事制度改革，建立科学设岗、竞聘上岗、以岗定薪、合同管理的用人机制，全面实行聘用制，充分调动工作人员的积极性。改革之前全面核定公共卫生和基层医疗卫生事业单位人员数量，包括在编在岗人员、退休人员、聘用医技及工勤人员等各类人员。根据国家政策文件，按照覆盖面与服务人口数量，合理确定本地区公共卫生和基层医疗卫生事业单位的机构编制总量、各单位编制数，为实施绩效工资改革摸清底数。

公共卫生和基层医疗卫生事业单位内部的绩效考核和工资分配，要区分不同岗位，分别确定绩效考核指标和工资分配标准。岗位薪酬的差异在基本工资、绩效工资、津贴补贴等工资构成中均有所体现。基本工资中的岗位工资，体现岗位职责与特征；绩效工资中的基础性绩效体现岗位的工作量；津贴补贴体现特殊岗位的报酬补偿。根据《事业单位人事管理条例》，工作岗位分为管理岗、专业技术岗、工勤岗三类，三类岗位的绩效考核指标各有侧重，避免一刀切，提高岗位管理的精细化和科学化层次。

区分领导岗位与非领导岗位，事业单位主要领导的绩效工资水平，不能由事业单位自主确定，而是按照"与本单位工作人员的绩效工资水平保持合理比例"的原则，由单位主管部门对其实施考核，依据考核结果统筹考虑确定。统筹考虑公共卫生和基层医疗卫生事业单位在职人员实施绩效工资与离退休人员发放生活补贴。严格按照国家规定执行离休人员生活补贴标准，确定退休人员发放生活补贴的标准。绩效工资分配向关键和紧缺岗位、高风险和高强度岗位、高层次人才等倾斜，提高在基层和一线工作的高学历、高层次人才的工资待遇，高层次人才的薪酬可不纳入绩效工资总量。

五 资金管理标准化

资金管理规范透明是单位工资制度的关键要求。绩效工资改革文件确立了统一规范的资金管理标准,严格工资财务管理,避免各类资金财务风险。明确绩效工资改革的资金来源,主要由县级财政负责,中央财政给予适当的转移支付。要求清理单位内部资金,采取统一预算管理、统一账户设置、统一资金结算、统一会计核算、统一票据和档案管理"五统一"的管理办法,对公共卫生和基层医疗卫生事业单位实行收支"两条线"管理。按照财政部的要求,基层医疗卫生机构须执行《政府会计制度——行政事业单位会计科目和报表》,规范单位内部会计制度。

国家卫计委《关于规范基层医疗卫生机构实行财务集中核算的意见》明确要求,通过规范基层医疗卫生机构的财务集中核算,加强基层医疗卫生机构财务管理,实现会计基础信息及时处理和准确完整,发挥财会人员全过程监督,防范财务风险,提高基层医疗卫生机构会计核算质量和经济管理水平。对于财务人员缺乏、财务管理薄弱,或机构规模小、人员少的基层医疗卫生机构,可以县(市、区)为单位,选择辖区内全部或部分基层医疗卫生机构统一推进财务集中核算;对于财务机构和人员配备健全、财务管理水平较高、会计核算比较规范的地区或单位,可以不实行财务集中核算。财务集中核算机构需设在卫生计生系统内部,为事业单位独立法人,配有专业资质的财会人员,集中管理、分户核算各基层医疗卫生机构收支情况。

六 政策落实协调化

公共卫生和基层医疗卫生事业单位绩效工资改革,是一项复杂的系统性工程,涉及多个政府部门。在政策落实过程中,需要建立部门间的协同联动机制,增强部门协作,提升政策落实的有效性。人社部门承担牵头抓总、综合协调的职责,对上强化工作衔接,把政策落实到位,对内深入调查研究,制定实施方案,具体组织实施到位。财政部门承担资金投入保障职责,参与绩效工资问题核定,按时拨付单位资金。卫生部门强化行业主管职能,加强公共卫生和基层医疗卫生事业单位的监督管理,同时统筹推进绩效工资改革、卫生事业单位人事制度改革、基本药物制度改革等各项工作。

第四节　公共卫生和基层医疗卫生机构
工资制度存在的问题

公共卫生和基层医疗卫生事业单位推行绩效工资改革，打破了原先僵化的工资制度，为单位发展注入了活力，为配合推动医药卫生体制改革发挥了积极作用。但是不可忽视，现行政策层面仍然存在一些问题，如何完善工资制度还需要各级政府以及事业单位不断探索。

一　科学的工资增长机制尚未建立

近年来，国家政策要求工资制度向基层和一线倾斜，同时要求提高医务人员工资水平，这种背景下公共卫生和基层医疗卫生事业单位的工资水平得以提高。但是从增长幅度来看，公共卫生和基层医疗卫生事业单位绩效工资整体水平较低。一些公立医院由于自身经营能力较强，其医务人员的收入增长较快，但是公共卫生和基层医疗卫生事业单位普遍"创收"能力不强，有些还属于公益一类事业，没有任何经营性活动，再加上财政投入有限，这就导致公共卫生和基层医疗卫生事业单位的工资水平增长缓慢。从医务人员的实际贡献来看，目前医务人员的工资与其贡献难以配套，有些岗位难度大、工作任务重的医务人员，其工资待遇并没有得到全面提升。工资待遇偏低，导致公共卫生和基层医疗卫生事业单位难以吸引高质素人才，人才流失现象比较突出。而公共卫生和基层医疗卫生事业单位的服务能力无法提升，成为推行分级诊疗、基层首诊等医改措施的最大制约因素。此外，公共卫生和基层医疗卫生事业单位的工资调整主要通过政策实现，随意性较大，而且缺乏可预期性。[1]

二　全面的绩效管理体系有待完善

作为绩效工资改革的配套措施，政府出台了公共卫生和基层医疗卫生事业单位的绩效考核办法，从责任落实、运行管理、社会效益三个方面构

---

[1] 张丽芳等：《基层医疗卫生机构实施绩效工资的典型案例和问题分析》，《中国卫生经济》2016 年第 9 期。

建绩效考核指标。但是，绩效考核指标的设计仍然不够精细化和科学化，全面绩效管理体系还需要完善。2018年，中共中央国务院《关于全面实施预算绩效管理的意见》正式发布，旨在通过全面绩效管理，提升资金使用绩效，优化资源配置，推动实现高质量发展。以全面绩效管理推动改革步伐，强调成本效益、硬化责任约束，从转变观念开始，实现制度、组织、技术、标准、行为模式等的变革。对比全面绩效管理的改革要求，公共卫生和基层医疗卫生事业单位的绩效考核体系明显存在指标量化程度不够、可操作性弱等问题。

公共卫生和基层医疗卫生事业单位实行准入门槛限制的规则，产品质量、技术标准、实物样品等方面具有一些标准化的硬性要求。但是，在医疗质量、贡献大小、病人满意度、服务质量和部门效益等方面没有统一的标准，绩效考核指标的量化程度欠缺。[1] 在实际操作中，事业单位为了满足上级要求，往往制定了详细的绩效考核指标，但是实际难以落实，考核结果并没有科学反映实际的组织和个人绩效。由于考核指标的局限和观念的束缚，单位的绩效考核工作往往流于形式，绩效考核工作无法避免主观因素的干扰，人际关系、领导权威等外在因素成为影响绩效考核结果的重要因素。

三 绩效工资的激励作用有待强化

绩效工资改革的初衷是发挥绩效工资的激励作用，打破"平均主义"，实现"多劳多得""优劳优酬"，调动工作人员的积极性。但从实际执行的效果来看，绩效工资产生了一定的积极效果，但其激励作用发挥仍然不够充分。主要问题表现在以下两个方面：

第一，绩效工资不能真正拉开差距。在绩效工资分配中，仍然存在"大锅饭"的现象，很难真正拉开收入差距。公平性和效率性是绩效工资分配中需要平衡的两个标准，平均主义不利于提高效率，收入差距过大也可能导致工作积极性降低。目前公共卫生和基层医疗卫生事业单位的绩效工资制度，对于公平性偏重较多，而效率性强调不够。在绩效工资改革过

---

① 邵应星：《完善公共卫生与基层医疗卫生事业单位绩效工资分配制度》，《现代经济信息》2012年第20期。

程中，由于单位的理解和实施手段存在差异，还可能造成新的分配不公。例如，在绩效工资分配方案中，行政级别表面上仅是工资差距的一个影响因素，实际上可能成为收入水平最大的影响因素，结果按绩效分配的实质仍然是按级别分配。国家明确要求，绩效工资分配向某些重要岗位和基层人员倾斜，但是由于分配制度约束，这部分人员的工资提高程度有限。

第二，绩效考核结果的运用不理想。在过去类似"企业化"的管理模式下，基层单位可以利用经济杠杆调动工作人员的积极性，但是这造成了单位强烈的逐利性动机。在回归公益性的导向下，公益性与经营性的平衡成为一个新的难题。公共卫生和基层医疗卫生事业单位推行绩效工资改革以后，由于实行收支两条线管理，明确禁止向医疗卫生专业人员下达创收指标，单位"增收创收"的动机有所弱化，一些单位出现了资金和经费紧张的问题。在推行绩效工资制度以后，公共卫生和基层医疗卫生事业单位的工资水平实现了一定幅度的增长，但从结果来看，并没有充分发挥提高效率、调动工作积极性的作用。浙江省的调查发现，由于"大锅饭"思想的存在，即使在绩效工资制度实施后收入水平得到大幅提高的边远落后地区，单位人员的工作积极性也并没有得到普遍提高。[1]

四　工资分配的财政保障力度不够

医药卫生体制改革的总体方向是回归公益性，公共卫生和基层医疗卫生事业单位的公益属性尤其明显。在公益性导向下，事业单位的经营收入与工资水平某种程度上脱钩，这就要求必须建立完善的财政保障制度，否则很难保证事业单位的效率提升。根据绩效工资改革方案，绩效工资改革的财政经费主要由县级财政负担，中央对落后地区给予转移支付。公共卫生和基层医疗卫生事业单位的收入水平，很大程度上依赖于县级政府的财政汲取能力，在中西部地区，县级财政能力有限，成为制约公共卫生和基层医疗卫生事业单位公共服务能力提升的重要因素。如何实现事权与财权匹配、中央财政与地方财政合理分担，是绩效工资改革深度推进亟待解决的问题。

---

① 张利等：《浙江省基层医疗卫生事业单位绩效工资制度实施现状与对策研究》，《宁波职业技术学院学报》2015 年第 1 期。

在地方政府的绩效工资管理中，由于全面绩效管理的理念尚未完全压实，公共卫生和基层医疗卫生事业单位的绩效工资总额管理仍然比较僵化。在实际操作中，事业单位主管部门和财政部门核定绩效工资总额，并没有真正根据单位医疗与公共卫生服务的数量与质量分配，而是仍然大体根据公共卫生和基层医疗卫生事业单位的编制内人员数确定拨付标准。这就导致编制内人员数多的单位核定绩效工资总额较高，一些单位通过"增编进人"增加工资总额，结果与绩效工资改革的目标完全悖离。应重新制定财政分配标准，根据公共卫生和基层医疗卫生事业单位的职能和服务数量，确定财政拨付数额和绩效工资总额，保证单位运转的公益性和效率性。

第五节　完善公共卫生和基层医疗卫生机构工资制度的思路

针对公共卫生和基层医疗卫生事业单位绩效工资制度存在的问题，建议从以下几个方面完善相关政策：

一　建立与经济社会指标相关联的工资增长机制

伴随着经济社会进步，工资水平应逐步提高，这要求必须建立常态化、科学化的工资增长机制。应当建立与经济社会指标关联的增长机制，使工资水平跟随经济社会指标的变化，实现自动调整，一方面，保持工资在行业内部的稳定性和均衡性，另一方面，能够适应经济发展和社会进步。公共卫生和基层医疗卫生事业单位的工资水平可以采用与当地社会平均工资关联的做法，参考市场环境、行业特征等因素，制定工资水平计算公式，从而保证其工资水平与当地经济发展水平、物价水平相匹配，同时实现其工资水平与事业单位整体工资水平相协调。相关主管部门负责对地区内、行业内的平均工资水平进行调控，根据相关经济社会指标的变化情况，按照关联公式计算确定当年调控标准，各个单位的工资水平应核定以后应由单位自主确定具体发放方式。医疗卫生工作人员的工资水平由国家统一规范工资结构，具体发放标准由单位自主决定，确保事业单位的内部分配自主权。

二　建设全面绩效管理要求下的效能型单位

预算全面绩效管理实施以后，公共卫生和基层医疗卫生事业单位的绩效考核应当落实相关要求，从绩效考核转向绩效管理，提高机构运行效率，建设效能型事业单位。2019 年，国务院办公厅发布《关于加强三级公立医院绩效考核工作的意见》，明确了公立医院绩效考核的评价指标体系，包括医疗质量、运营效率、持续发展、满意度评价四个方面、共 55 项指标。通过全面绩效考核，推动三级公立医院在发展方式上由规模扩张型转向质量效益型，在管理模式上由粗放的行政化管理转向全方位的绩效管理。建议借鉴公立医院绩效考核指标，再结合公共卫生和基层医疗卫生事业单位的特征，完善绩效考核指标，定期向社会公布绩效考核结果，加强绩效考核结果在财政补贴、工资分配等方面的应用。在全面绩效管理的总体要求下，公共卫生和基层医疗卫生事业单位应从绩效考核转变为绩效管理，通过加强过程性管理、成本收益分析等措施，提高单位整体绩效水平，实现优化资源配置的效果。

三　完善工资与绩效紧密挂钩的激励机制

绩效工资改革的主要目的是调动医务人员积极性、提高事业单位效率。在实行全面绩效管理和科学绩效考核的前提下，应加强工资水平与绩效水平的关联性，强化绩效工资的激励作用。一是应适当拉开绩效工资的差距，进一步落实多劳多得、优劳优酬。在绩效工资分配方案中，弱化甚至取消行政级别、领导职务等因素的影响，严格区分绩效工资与基础工资的分配功能。二是应加大绩效工资向基层人员的倾斜力度，提升基层医疗卫生机构的服务能力。公共卫生和基层医疗卫生事业单位绩效考核指标的设置，应突出公益性指标，弱化经营性指标，将公共服务质量、满意度、公共健康水平等指标，纳入考核范围。2019 年年底以来新型冠状病毒（COVID－2019）肺炎疫情的暴发，更加凸显出公共卫生和基层医疗卫生事业单位的重要性，同时也暴露了在公共卫生和基层医疗卫生体系的脆弱性。应通过绩效考核等政策性引导，鼓励医疗卫生优秀人才向基层下沉，使公共卫生和基层医疗卫生事业单位真正成为全民健康的坚实防线。

四　完善多级财政共同分担的财政保障机制

根据现行政策，公共卫生和基层医疗卫生事业单位的经费主要依靠县级财政保障，一定程度上造成这些事业单位资金短缺和经费紧张。由于在各级政府的目标任务中，医疗卫生相关的目标占比较低，导致在地方政府工作中，公共卫生和基层医疗卫生事业单位处于相对边缘的位置。其一，应加强公共卫生和基层医疗卫生体系建设，加大财政支持力度，将公共卫生和基层医疗卫生工作纳入各级政府的目标任务。同时，应构建中央、省、市、县四级财政的分担机制，明确各级政府财政的保障力度、范围和目标任务，切实推进财权与事权相匹配，压实各级政府责任。其二，应改革公共卫生和基层医疗卫生事业单位的经费拨付方式，改革过去以人头费为主要依据的拨付标准，实行以机构职能和目标任务为主要依据的拨付标准，推行项目制改革，增大项目化经费在单位经费总额中的占比，同时推行项目化考核，实现公共卫生和基层医疗卫生事业单位的职能与经费保障相匹配。

第十二章

文化行业事业单位工资制度

文化行业事业单位是指提供文化产品和服务、满足人民群众精神文化需求的事业单位。按照行业特性，可以划分为八类：①演出、会展单位；②艺术创作单位，包括文艺创作院校、艺术中心、音像影视中心等；③图书档案事业单位，包括图书馆、档案馆等；④文物事业单位，包括博物馆、考古研究、纪念馆等；⑤群众文化艺术事业单位，包括群众艺术馆、文化馆等；⑥广播电视机构，包括电视台、广播台、转播站等；⑦新闻出版事业单位，包括期刊编辑部、出版社等；⑧史志编纂单位，包括地方志编纂、党史研究等。①

按照事业单位分类改革办法，文化行业事业单位包括公益类和经营类两类。公益类文化行业事业单位由国家财政保证全部或者部分经费，接受国家统一的预算、编制、人员等方面的管理；经营类文化行业事业单位可开展生产经营活动，并获取生产经营收入，国家对经营类事业单位的管理相对灵活，经营类文化行业事业单位大部分已经进行企业化改制，改制以后不再纳入事业单位管理序列，按照国有企业的办法进行管理。

第一节　文化行业事业单位工资制度发展沿革

党和国家始终高度重视文化建设，而文化行业事业单位是文化建设的主阵地。截至 2018 年年末，全国共有艺术表演团体 17123 个，从业人员

---

① 崔建民：《中国文化事业单位改革思路研究》，中国社会科学出版社 2010 年版，第 15—16 页。

41.64 万人；群众文化机构 44464 个，从业人员 185637 人；公共图书馆 3176 个，从业人员 57602 人，实际使用房屋建筑面积 1595.98 万平方米，图书总藏量 103716 万册；各类文物机构 10160 个，从业人员 16.26 万人。全国文化事业费 928.33 亿元，人均文化事业费 66.53 元，其中县以上文化单位 424.96 亿元，占比 45.8%；县及县以下文化单位文化事业费 503.37 亿元，占比 54.2%。① 这些文化单位为提供公共文化服务、促进文化繁荣、满足人民群众的文化需求，发挥了不可替代的作用。

中华人民共和国成立以来，我国文化建设取得了前所未有的进步和发展。回顾我国事业单位工资制度的改革历程，结合文化事业的发展过程，可划分为以下四个阶段：

一 1956 年文化行业事业单位工资制度

中华人民共和国成立之初，文化建设进入一个全新的发展阶段。1949 年 7 月，我国召开了第一次文代会，成立了中华全国文学艺术界联合会以及各艺术领域协会，对动员广大文艺工作者积极参加新中国社会主义文化艺术事业建设起到了推动作用。会议明确提出了文艺为人民服务，首先是为工农兵服务这一基本方针。1953 年，文化部发布了《关于整顿和加强文化馆、站工作的指示》，明确了文化馆（站）为群众服务。1956 年，社会主义改造完成之后，我国逐步建立了与计划体制相适应的文化管理体制。在学习借鉴苏联等国家经验的基础上，组建中国京剧院、中央歌剧院、中央乐团、北京人民艺术剧院等一批新型文艺院团。在加快公营、公私合营出版机构改组和调整中，成立了人民出版社、人民教育出版社、人民文学出版社等专业出版社。在计划管理体制下，文化行业事业单位纳入统一的国家管理，经费全部由财政负担，工作人员归入"公职人员"进行统一管理，按照国家制定的标准发放工资待遇。

1956 年，全国工资制度改革后，文化行业事业单位执行全国统一的等级工资制，工资结构与其他机构相同，工资标准单列。文化艺术部门工

---

① 《中华人民共和国文化和旅游部 2018 年文化和旅游发展统计公报》，2019 年 5 月 30 日，文化和旅游部（http://zwgk.mct.gov.cn/auto255/201905/t20190530_844003.html? keywords=）。

作人员有 7 类共 8 张工资表，分别是文艺工作人员 1 张，出版社编辑工作人员 1 张，图书馆、博物馆业务工作人员 2 张（专业技术人员 1 张、管理人员 1 张），文化馆工作人员 1 张，电影放映人员 1 张，剧场电影院工作人员 1 张，报社、新华社、广播电台、编辑、记者 1 张。[①]

每张工资表设有若干个工资级别，其中，报社、新华社、广播电台、编辑、记者级别数量最多，为 20 个；电影放映工作人员级别数量最少，为 9 个（含实习人员、见习人员）。每个级别设 11 个档次，分别对应 11 类工资区。在工资表中，一个职务等级对应若干个工资级别，不同职务等级的工资级别互相交叉。

以 11 类工资区的报社、新华社、广播电台、编辑、记者工资标准为例，根据单位行政级别，又分为中央一级、省市一级、省辖市、专区一级。中央一级的职务等级最多，有 5 个；其他的职务等级均为 4 个。每个职务等级对应若干个工资级别，在中央一级的文化行业事业单位中，正副总编辑为 1—7 级，等级工资标准为 390—195 元；正副部室主任为 4—9 级，等级工资标准为 286—156 元；副组长、编辑、记者、播音员为 4—12 级，等级工资标准为 286—112 元；助理编辑、助理记者、助理播音员为 12—16 级，等级工资标准为 112—70 元；见习编辑、见习记者、见习播音员为 16—18 级，工资标准为 70—56 元。最高工资标准是最低工资标准的 6.96 倍。工资表还说明《人民日报》正副总编辑、新华社正副社长、广播事业局正副局长工资标准仍执行国家机关工作人员工资标准表中国务院直属单位的工资等级标准，归入国家机关工作人员管理。[②]

关于几类人员之间的工资标准对应关系，报社、新华社、广播电台、编辑、记者的最高级别工资标准最高，为 390 元；文艺工作人员、出版社编辑工作人员、图书馆、博物馆业务工作人员的最高级别工资标准次之，为 377 元；接下来是文化馆工作人员、剧场电影院工作人员，最高级别工资标准为 140.5 元；电影放映工作人员的最高级别工资标准最低，为 112

[①]　中国社会科学院、中央档案馆编：《1953—1957 年中华人民共和国经济档案资料选编（劳动工资和职工保险福利卷）》，中国物价出版社 1998 年版，第 507—514 页。

[②]　中国社会科学院、中央档案馆编：《1953—1957 年中华人民共和国经济档案资料选编（劳动工资和职工保险福利卷）》，中国物价出版社 1998 年版，第 527 页。

元。图书馆、博物馆专业技术人员的最低级别工资标准最高，为 70 元，其他类别的最低级别工资标准为 49—26 元。①

这一时期对文化行业专业技术人员、管理人员的区分不多，仅在图书馆、博物院业务工作人员中区分研究员等专业技术人员序列和涨幅业务馆长等管理人员序列。

二 1985 年文化行业事业单位工资制度

在计划管理体制下，文化行业事业单位的活力受到束缚，而且造成极大的财政压力。为了释放文化行业事业单位的活力，国家开始探索放开其经营活动。1978 年，财政部批转《人民日报》等多家报社要求试行企业化管理的报告，采取"市场体制、企业化管理"的双轨制模式。

在"双轨制"的管理模式下，文化行业事业单位的工资制度相应地进行调整和改革。国务院工资制度改革小组、劳动人事部发布《关于文化部所属文化艺术事业单位工作人员工资制度改革问题的通知》和《关于广播电视事业单位工作人员工资制度改革问题的通知》，文化艺术事业单位、广播电视事业单位的工作人员实行以职务工资为主要内容的结构工资制，结构工资由基础工资、职务工资、工龄津贴和奖励工资四个部分组成，其中基础工资、工龄津贴和奖励工资按国家统一规定执行。职务工资根据人员类别分别执行不同的工资标准。

根据这一政策，文化行业事业单位的工资水平主要由职务工资决定。文化部所属文化艺术事业单位职务工资标准分为文艺工作人员，文化部直属图书馆、博物馆（院）专业人员，文化部直属出版社编辑出版人员，文化部直属局级事业单位行政人员四类；广播电视事业单位职务工资标准分为中央人民广播电台、国际广播电台、中央电视台行政管理人员，省、自治区、直辖市广播电台、电视台行政管理人员，广播电视专业人员，广播电视发射台行政管理人员，省级（含）以上广播电视发射台值机人员，省辖市、行署、自治州广播电台、电视台行政管理人员，县（市）广播电台、电视台行政管理人员，广播电视发射台行政管理人员，省辖市、行

---

① 中国社会科学院、中央档案馆编：《1953—1957 年中华人民共和国经济档案资料选编（劳动工资和职工保险福利卷)》，中国物价出版社 1998 年版，第 507—514 页、第 527 页。

署、自治州广播电视发射台值机人员八类。职务工资分类既体现了文化行业事业单位所属行政级别，又体现了事业单位内部的人员类别。

专业人员通常设3—5个职务等级，出版人员为3个职务等级，文艺工作人员、编辑人员为4个职务等级，图书馆、博物馆（院）专业人员、广播电视专业人员为5个职务等级。行政管理人员职务等级数量差别较大，文化部直属局级事业单位行政人员职务等级数量最多，为8个；其他行政管理人员为3—6个，事业单位行政级别越高，行政管理人员的职务等级数量越多。每个职务等级设5—8个工资档次，职务等级越高，工资档次越多。

专业人员的职务工资标准基本相当，文艺工作人员、图书馆、博物馆（院）专业人员、编辑人员、广播电视专业人员的最高和最低职务等级工资标准均相当，只有出版人员的最高职务等级工资标准较低。

行政管理人员的职务工资标准与事业单位的行政级别挂钩，单位行政级别越高，最高职务等级的工资标准越高。

三　1993年文化行业事业单位工资制度

1992年，党的十四大报告明确提出"建立社会主义市场经济体制"，从计划体制向市场经济体制转型，成为社会各个领域的重大变革。文化行业事业单位的工资制度也随着国家第三次工资制度改革发生了变化。

文化行业事业单位是整个事业单位改革过程中市场化改革步伐比较快的领域之一。经营类文化行业事业单位转企改制以后，进行自主经营和自负盈亏，实行企业化的薪酬制度。不承担经营性职能的文化行业事业单位，根据分类改革办法，划入财政全额拨款或财政差额拨款，由事业单位主管部门和行业主管部门进行管理，实行事业单位工资制度。

根据事业单位的各类别工资制度，管理人员实行职员职务等级工资制。技术工人实行技术等级工资制，普通工人实行等级工资制。管理人员和工人的工资制度与其他事业单位相同，在此不再赘述。

新闻、出版、广播电视专业人员和图书、文物、博物专业人员实行专业技术职务等级工资制，工资结构由专业技术职务工资和津贴组成。其中，专业技术职务工资按照专业技术职务序列设置，共设5个职务等级，每一职务设7—10个工资档次，是工资中的固定部分；津贴是工资中活的部分，与实际工作数量和质量挂钩。

艺术表演人员实行艺术结构工资制，工资结构由艺术专业职务工资、表演档次津贴、演出场次津贴三部分组成。其中，艺术专业职务工资主要体现艺术表演人员的综合艺术水平高低，按照艺术专业职务序列设置，共设5个职务等级，每一职务设7—10个工资档次，是工资中的固定部分；表演档次津贴根据表演水平确定，是工资中活的部分；演出场次津贴根据演出场次数量计发，是工资中活的部分。

固定部分和活的部分的比例根据事业单位类型确定，全额拨款事业单位固定部分占比70%，差额拨款事业单位固定部分占比60%。

关于固定部分工资标准的对应关系，虽然设立了几类专业技术人员单独的工资标准表，但工资标准完全相同。

四 2006年文化行业事业单位工资制度

2006年国家进行第四次工资制度改革，文化行业事业单位执行全国统一的工资制度，工资结构由岗位工资、薪级工资、绩效工资和津贴补贴组成。在服务型政府建设的背景下，文化行业事业单位大规模转企改制以后，如何保证公共文化服务供给成为文化行业事业单位改革需要解决的问题，构建体现文化行业特点的工资制度也成为此次工资制度改革后的发展方向。

单位内部专业技术人员按本人聘用的专业技术岗位，执行相应的岗位工资标准。例如，在文化艺术表演团体中，聘用在一级演员（编剧、导演等）一级岗位的人员，执行一级岗位工资标准；聘用在一级演员二级岗位的人员，执行二级岗位工资标准。

国家对文化行业事业单位绩效工资分配进行总量调控和政策指导。文化行业事业单位主管部门按照同级政府人事和财政部门核定的绩效工资总量，综合考虑所属文化行业事业单位的社会公益目标任务完成和绩效考核情况、社会功能、规模、层级、艺术品种、岗位设置、经费来源等因素，下达所属文化行业事业单位的绩效工资总量。

文化行业事业单位进行绩效工资改革，必须对单位现有的实际工资发放情况进行清理，将现有发放工资项目纳入规范工资结构，取消不合规的津贴补贴项目。国家政策明确的津贴补贴项目予以保留，如文物考古系统从事普查、测绘、发掘等工作的人员，给予发放野外作业津贴。① 根据人事部、文化部《关于印发图书、文物、博物、档案、群众文化等事业单位贯彻〈事业单位工作人员工资制度改革方案〉实施意见的通知》，从事国家珍贵文物、图书、档案资料保护的，长期接触有毒有害物质的以及长期在农村一线工作的文化工作人员，给予发放特殊岗位津贴。

第二节　文化行业事业单位工资制度主要特点

文化行业事业单位是最早开始探索改革的行业之一，到现在已经形成了较为稳定的管理体制。文化行业事业单位工资制度改革的一个明显特点是，管理体制改革与工资制度改革同步推进，不同管理模式的事业单位采用差异化的工资制度。承担部分经营职能的文化行业事业单位，工资制度与企业薪酬逐渐接轨；完全承担公益职能的文化行业事业单位，由国家统一确定工资标准，工资水平与事业单位整体相协调。

一　人事改革与工资改革相结合

人事管理体制改革是事业单位改革的重要内容之一。根据国家统一部署，文化行业事业单位已经推行以聘用制为核心的人事改革，打破了"铁饭碗"的人事制度；工资制度改革作为人事改革的配套措施之一，二者同步推进、共同作用，激发文化行业事业单位工作人员的活力。规范事业单位进人方式，实行公开招聘，明确招聘考核流程；拓宽人才引进渠道，对于具有特殊专长的人才可以适当放宽学历等要求，对于急需的高层次人才，可采取灵活方式处理，保证人才引进的质量。实行依法聘任、合同管理，按照国家有关规定，规范聘用合同的订立、履行、变更、解除、终止，以聘用合同明确单位和工作人员双方的权利义务。根据文化行业工作特点，鼓励订立长期聘用合同，保持工作人员队伍的稳定性。对于特殊岗位和关键岗位的引进人才，可以在聘用合同中明确实行年薪制等工资形式，切实发挥工资薪酬在人才引进、人才管理中的积极作用。

---

① 劳动人事部《关于文物考古职工实行野外工作津贴的意见》的规定。

二 岗位管理与工资管理相结合

岗位设置是优化人力资源配置、提高用人效益和质量的重要基础，合理的岗位设置与岗位管理是推进绩效工资改革的必要前提。文化行业事业单位实行"按岗设薪""一岗一薪""岗变薪变"等机制，实现岗位管理与薪酬管理有机结合，保证岗位职责与工资水平相匹配。在岗位说明书中，需要明确岗位职责、权限以及相应的工资标准，当工作人员岗位发生变化时，应按照新的岗位确定工资水平。这种机制改变了过去工资标准与个人绑定的政策，允许个人工资水平的上下浮动，实现工作岗位和人力资源的匹配。同时，这有利于保证特殊岗位、关键岗位的人才需求。为此，国家政策明确文化行业事业单位内部的转岗通道，严格按照干部人事管理权限，结合考虑工作能力、业务水平、业绩贡献等因素，允许专业技术人员转聘管理岗位。对于从事创造性工作的岗位，可以设置创新特设岗位，实行"专人专岗"，不受岗位总量和结构比例限制。对于特设岗位的要求，可以区别于其他岗位，实行弹性工作制，允许工作人员灵活自主安排工作时间。绩效工资分配向在特设岗位上做出突出成绩的工作人员倾斜，鼓励探索工作人员创意产品的收益分享机制。

三 考核评价与激励机制相结合

文化行业事业单位的考评体系包括考评定级和绩效考核两个方面。文化行业事业单位的评估定级主要为了加强管理，推动公益性文化行业事业单位工作的规范化、标准化。例如，2001 年文化部制定了群众艺术馆、文化馆等文化行业事业单位的评估定级标准。考评定级的目的主要是促进文化行业事业单位的标准化管理，考评定级的结果影响财政拨款、编制数量等。

绩效考核包括主管部门对单位和单位主要领导的考核、单位对工作人员的考核。主管部门负责从公共服务质量、任务完成情况等方面，定期对单位和单位主要领导进行考核。一些地方政府逐步探索将单位考核结果向社会公开，利用社会监督提高文化行业事业单位的工作绩效。例如，山东省确定公益文化行业事业单位的绩效考核结果定期面向社会公开，主要考核指标包括三个方面：主体业务开展、工作创新等业务工作情况，作风建

设、机构编制和干部人事管理、财务资产管理、法人登记管理、印章证书
管理等单位管理情况，职工满意度评价。单位内部考核以岗位说明书为依
据，并根据聘用合同规定的岗位职责，全面考核工作人员的表现，评价其
工作成效。推行绩效工资改革以后，绩效考核结果成为确定绩效工资水平
的主要依据，发挥工资的激励作用。为了进一步提高绩效考核的激励性，
"项目化管理"的机制在文化行业事业单位中得到应用，通过建立项目评
分制度，对提出项目、负责项目、参与项目的工作人员分别给予不同的分
值，营造组织内部竞争机制，激发员工的工作积极性和创造性。[①]

四　工资调整与市场定价相结合

人力资本价值定价是确定工资水平的基本原理。为了保证文化行业事
业单位的工资水平具有竞争力，需要参考市场化的工资水平。对于公益一
类事业单位，其工作性质类似于政府部门，通常根据公务员工资确定其工
资水平；对于公益二类事业单位，由于具有一定的经营性职能，需要考虑
相应的市场产业中对于人力资本的定价水平。例如演出类事业单位，存在
市场化的演出行业作为参照，工资水平的确定需要参考市场定价。以北京
人艺为例，它属于公益二类事业单位，承担话剧精品创作和公益演出等公
益性职能，拥有一批杰出的表演艺术人才，对于这类人员的工资标准需要
考虑商业价值等因素。推行绩效工资改革之后，文化行业事业单位的工资
水平有所提高，但是常态化的工资增长机制和与行业相适应的工资决定机
制都没有建立起来，如何科学合理地进行工资水平设定和工资调整，仍然
是政策层面需要解决的问题。

第三节　文化行业事业单位工资制度存在的问题

经过不断的推进改革，文化行业事业单位的工资制度已经渐趋完善，
但是由于文化事业涉及的领域非常多、行业间差异大，统一化的工资制度
很难适应于各类行业。因此，目前文化行业事业单位工资制度面临的突出

---

① 苟欢迎等：《公共文化事业单位管理绩效的提升方法——以佛山市图书馆项目化管理实
践为例》，《图书馆论坛》2017 年第 2 期。

问题就是差异化的工资需求与统一分配政策之间的张力。如何从管理体制上平衡"统一"与"差异"的关系，是下一阶段文化行业事业单位工资制度改革的关键突破点。

一 内部治理机制没有完全理顺

在文化行业事业单位分类改革推进过程中，为了兼顾经营性职能与公益性职能，相当一部分文化行业事业单位采用事业和产业"双轨制"的混合经营，实行的是"事业单位企业化管理"。例如新闻广播电视行业，党和政府为了保证舆论宣传的要求，需要保持对这些行业的控制权，但是在市场压力下又不得不放开其商业经营活动。在这种情况下，在同一单位内，产品和服务混淆无法区分公共与非公共性质，经营性活动与公益性活动不可避免地发生交叉，机构功能重复，造成内部治理机制的模糊和混乱。"双轨制"的管理模式使文化行业事业单位的工资制度处于一种尴尬的境地：与企业相比，文化行业事业单位具有行政化特征，工资制度不够灵活，而且工资标准偏低；与典型的事业单位相比，这些单位的工作人员又具有企业职工的身份，能够享受一部分市场经营的收益。

二 人员管理机制存在内在矛盾

文化行业事业单位普遍存在的问题是编制数量不足，迫于工作压力，单位不得不招聘大量"编制外"工作人员。由此，文化行业事业单位的人事制度中形成"编制内"和"编制外"两类并行的人员管理系统，而不是平等统一、自由竞争的人事制度，工资水平、福利待遇因"身份"不同而差距明显。编制内人员在聘期内纳入用人单位正式编制，享受全民所有制事业单位职员、专业技术人员、工人有关待遇；而编制外人员则采用合同制管理，不享受事业单位正式员工的待遇，包括住房、医疗、待业保障、离退休等，甚至无法评聘职称。编制内人员的工资标准由国家统一确定；编制外人员的工资由单位与员工协商确定，不受国家工资政策的约束，从实际水平来看，编制外人员的工资水平偏低。同工同酬是现代薪酬管理的基本理念，但在现行事业单位管理体制内却存在巨大障碍。目前高校、公立医院已经开始探索取消编制，文化行业事业单位可以借鉴其经验，打破身份限制，实行全员聘用制，统一内部工资制度。

三　绩效考核体系脱离行业情境

根据国家政策要求，文化行业事业单位实行绩效考核和绩效工资制度。但是，文化行业事业单位的绩效考核是一项非常困难的工程，原因在于文化行业事业单位的主要任务是创作文化产品，难以用数据衡量。一些文化行业事业单位简单根据"德、能、勤、绩、廉"五个方面进行考核，考核指标缺乏可操作性，无法科学考察实际绩效水平。在实际操作层面，一些文化行业事业单位的绩效考核方式通常是：由作为考核主体的员工汇报年度工作状况，再由人力资源部填写该员工年度工作考核表，根据相关的硬性指标进行量化评价，并交由上级领导给予评分和批示。这种僵化的考核方式，过于依赖出勤率、任务完成率等固定指标，无法准确衡量员工绩效，难以真正激发工作人员的积极性和主动性。尤其对于文艺工作者来说，其工作多为创造性的脑力活动，无法简单地用规定式、流程式的考核标准进行说明。文化工作者是文化行业事业单位的核心员工，他们通过创造性服务为社会文化发展和人类思想进步做出突出贡献。当文化工作者的创作获得较高的荣誉和认可时，他们便拥有较强的工作单位选择权和自主权，而"体制内"的文化行业事业单位工作岗位往往由于工资水平低、管理僵化等原因，造成优秀文化人才流失。

四　公共文化服务导向激励不强

公共文化服务体制是当前文化行业事业单位改革的目标导向。但文化行业事业单位绩效考核、工资分配等具体制度，尚未形成以保证公共文化服务供给为导向的强激励机制。文化行业事业单位的考核评价侧重于任务和目标达成，但对服务对象的满意度评价重视不够。早在1949年第一次文代会，我国就明确提出了"文艺为人民服务，首先是为工农兵服务"这一基本方针。在当今时代背景之下，公共文化服务体制实质是这一基本方针的新内涵。文化行业事业单位的绩效考核和绩效工资，应突出公共文化服务的激励导向，将公共文化服务质量和人民群众满意度作为主要考核指标之一。

第四节　完善文化行业事业单位工资制度的思路

针对文化行业事业单位工资制度存在的问题，建议从以下三个方面完善相关政策：

一　完善文化行业事业单位内部治理机制

应进一步深化推进"事企分开"改革，完善文化行业事业单位的内部治理机制，形成良性的文化行业事业单位运行体系。针对实行事业和产业"双轨制"混合经营的文化行业事业单位，应深化改革法人治理结构，探索采用理事会等内部治理机制，[①] 通过"事企分开"改革，切割公益性与经营性职能。对于经营性占主导的事业单位，应彻底转变为企业，不需要保留事业单位的属性，同时通过党委领导、国有企业领导任命等方式，保持对一些广播电视等重要单位的领导和控制。

二　建立与文化行业属性相适应的绩效管理体系

针对文化行业的属性及工作特点，应区分任务性工作和创造性工作，对于任务性工作可以量化考核，对于创造性工作应给予适当宽松的环境；在考核中把握关键绩效指标进行主客观相结合的评价，加强过程性考核管理，综合运用汇报、实检、走访、反馈、自我评定等考核手段；重视绩效反馈与绩效改进，领导和部门负责人通过追踪、支持、指导，进行动态的、持续的绩效管理，使考核从静态走向动态。同时，加强文化行业事业单位公益导向的绩效考核指标，可以设置满意度指标，在任务性工作中明确公共文化服务内容，鼓励文化行业事业单位开展公共文化服务活动。工资分配制度应与公共文化服务导向相衔接，对于在公共文化服务工作中做出突出成绩或贡献的人员给予分配上的倾斜和奖励。

---

① 李媛媛：《新时代深化文化事业单位法人治理结构改革的政策难点与对策建议》，《国家行政学院学报》2017 年第 6 期。

三　建立多元化的工资分配机制

文化行业事业单位通常采用月工资制的发放形式，但这并不能完全适应单位的用人需求。在一些市场化程度较高的文化行业，如演艺行业、传媒行业等，已经形成灵活多样的分配机制。如果文化行业事业单位的工资制度不能适应市场竞争，可能造成人才流失的问题。应探索多元化的工资分配机制。首先，特殊人才和重要岗位探索实行协议工资制，在平等协商的条件下，订立岗位职责、目标要求和薪酬待遇明确的聘用合同。对从业早，淘汰快，艺术青春短的舞蹈、武术、杂技、管乐，以及考古发掘和钻探、文物保护和修复等特殊专业的从业人员，实行更为灵活的分配办法。其次，单位负责人或高层管理人员探索实行年薪制，使单位收益与个人利益捆绑，共同分担风险、分享收益。实行年薪制可按不同等级不同层次，形成相应的年薪类型和结构，从而充分发挥年薪制的激励作用。最后，实行多元化薪酬体系。薪酬的概念既包括工资、资金等货币收入，也包括休假、培训等非货币福利。应树立综合薪酬理念，为工作人员提供多样化、多层次的报酬和补偿。

第十三章

事业单位收入分配总量调控办法探索

——以上海市为例

事业单位收入分配制度的调整与完善是事业单位改革的重要组成部分。随着事业单位改革进程的推进，完善事业单位收入分配制度的研究具有非常重要的意义。

上海市在完善事业单位收入分配制度过程中，探索研究并实施了按行业分类调控事业单位收入分配总量的办法，其经验与做法对体现行业特点、完善事业单位收入分配制定有一定的借鉴和参考意义。现将上海市事业单位行业分类调控收入分配总量办法的有关情况简要介绍如下。

第一节　上海市事业单位收入分配总量调控
办法实施背景

自 2009 年义务教育学校实施绩效工资以来，上海经历了三个阶段。

第一阶段是 2009 年 1 月至 2013 年 12 月，为事业单位实施绩效工资的入轨阶段（三级医院因暂试行工资总额预算未实施绩效工资）。这期间主要做了三件事，一是清理规范津贴补贴。全面清理核查国家统一规定外发放的津贴补贴项目，摸清收入来源、支出去向、账户情况和津贴补贴实际发放水平，将规范后的津贴补贴和原国家规定的年终一次性奖金一并纳入绩效工资总量；二是摸清家底。市人力资源社会保障局和市财政局联手，对所有事业单位收入水平和经费来源进行审核，用了近 9 个月的时间基本完成了"三上三下"的申报审核工作，摸清了家底，建立了数据库；

三是核定绩效工资总量。首次核定时，由单位职工上年度 12 月基本工资额度（年终一次性奖金）和清理规范后的津贴补贴以及一定的增量构成。根据调控线合理确定市属和区属事业单位绩效工资水平。义务教育学校绩效工资的水平，按不低于机关公务员平均工资水平的原则确定，为促进义务教育均衡化，全市实行统一的绩效工资水平。公共卫生与基层医疗卫生事业单位实施绩效工资的水平，根据与当地事业单位工作人员平均工资水平相衔接的原则，按照"1（市属）＋17（区属）"的办法核定。其他事业单位实施绩效工资的水平，也是按照"1＋17"的办法核定。

第二阶段是 2014 年，为完善事业单位绩效工资阶段。主要做了两件事：一是处理历史欠账问题。同时，从 2014 年 1 月起，公共卫生与基层医疗卫生事业单位并到其他事业单位，与其他事业单位实施相同的绩效工资政策，除义务教育之外，其他事业单位都是一样的政策；二是制定绩效考核办法。明确由行业主管部门或单位结合本行业特点制定本系统或本单位绩效考核办法或指导意见，根据专业技术、管理、工勤等岗位的不同特点，实行分类考核，根据考核结果进行绩效工资分配。

第三阶段是 2015 年至今，为试行事业单位行业分类调控收入分配总量阶段。考虑到上海市以前确定绩效工资总量的办法是"依据基数＋限高托底"，没有充分体现事业单位的行业特点。同时，还存在收入水平与上海建设具有全球影响力的科创中心以及卓越的全球城市所要求的城市地位不相适应；不少群体的收入与其人力资本和劳动付出不相匹配，不同区域、不同群体盲目攀比的现象比较突出，各方公认和普遍接受的各行业收入梯度关系尚不明朗，部分群体的实际收入与期望还有一定差距；事业单位各群体通过劳动提高收入的效果还不够明显，使得不同群体之间的收入平衡比较困难，缩小收入分配差距与发挥收入分配激励作用的双重要求也给管理增加了难度等问题。所以，事业单位收入分配总量核定方面存在的主要问题是，核定的科学性和合理性有待进一步研究完善，要克服和排除人为因素和攀比因素等。还有就是收入分配总量的正常增长机制问题一直未妥善解决。

2013 年 12 月，市委、市政府领导亲自点题，提出了有关完善事业单位绩效工资管理"要体现不同行业特点，实行分类调控，增强科学性、合理性"的要求，市人力资源和社会保障局借用外脑，委托当地两家研究机构，分别独立开展按行业分类调控事业单位收入分配总量的研究。人社、财政部门参考了两家研究机构的研究成果，提出了按行业分类调控绩效工资总量的初步建议以及 2015 年试行的操作办法。经市委、市政府同意，上海市事业单位从 2015 年起至今试行了行业分类调控收入分配总量的办法。

第二节　上海市事业单位收入分配总量调控的主要内容和特点

上海市试行事业单位行业分类调控收入分配总量的办法，主要是解决事业单位收入分配总量核定问题和正常增长机制问题。围绕目标收入均值和目标收入区间，解决各行业小类的收入分配总量的定位及逐步形成合理的梯度；通过正态分布原理和限高托低的措施，核算分档增资，缩小行业内部差距，逐渐向区间靠拢。通过实施这一办法，是从大统一、粗放式的管理向行业分类、精细化管理的转变，是事业单位收入分配领域的一个重要突破。

一　事业单位行业分类办法

上海市事业单位行业分类调控收入分配总量的原则有：一是权威性原则，依据国家相关分类目录，社会认可度高；二是合理性原则，做到相同的类别共性明显，不同的类别边界清晰；三是可操作性原则，符合上海市实际情况，便于与既有政策有效衔接。

根据上述原则，上海市事业单位按照大类和小类划分。大类划分是以国民经济行业分类和事业单位国家行业分类目录为依据，体现权威性。小类划分是对同一行业大类进一步细化归类，有利于政策调整的合理性和操作性。

事业单位行业分类有别于编制部门的分类。编制部门分类只是区分事业单位社会公共属性，依据是公益性程度，类别仅分为公益一类和公益二类。而行业分类是为确定事业单位收入水平，仅此而已，依据是职业领域、服务对象和风险责任等不同特点，突破了行政隶属关系的限制。

结合上海市事业单位的实际情况，同时考虑操作需要，最后形成 5 大类（教育、科技、文化体育、卫生和公共管理）和 21 小类的分类体系，研究制定了《上海市事业单位行业分类目录》（简称《分类目录》）。在充分听取各方面意见的基础上，形成了《分类目录（2015 版）》，之后通过"两上两下"的沟通，按照《分类目录》完成了上海市 7600 多家事业单位的行业分类；2016 年 4 月，对行业分类目录的修订，形成了《分类目录（2016 版）》；2018 年进行了重新评价和修订。

二　事业单位行业分类调控收入分配总量办法

行业分类调控绩效工资总量办法的重点是围绕行业的科学分类（划分行业大类与小类）、不同行业收入水平（大类及小类）及行业系数的合理确定、调控的具体办法三个方面制定规则，主要解决两个问题：一是对事业单位进行行业分类；二是明确各行业合理的收入水平差别及相互关系。

（一）选择关键因素并确定权重

采用多因素加权平均法，选择国内、国际不同行业中有代表性的收入水平系数作为影响因素，根据重要性的强弱赋予不同权重。通过专项研究，确定选择四个因素：一是国际行业收入水平；二是上海市事业单位现有收入水平；三是全国各行业收入水平；四是上海市各行业收入水平。以上海市事业单位工资年报统计数据计算行业收入水平，统计数据量大，比较准确完整，反映了上海市事业单位长期形成的收入分配现状，具有一定的现实合理性。上海市先后进行多轮测试，确定上述四个因素的权重，构建数理模型，充分体现上海市社会事业发展的国际化定位和事业单位工资水平现状，最终形成各行业小类符合人力资本市场的相对合理价位和合理梯度。

（二）确定目标收入均值和目标收入区间

按照研究确定的各行业小类的目标收入均值和目标收入区间，以及经济社会发展水平、财政收入、社会平均工资等情况与行业小类之间的关系，运用调控模型计算出一定时期内各行业小类的目标收入均值和目标收入区间（上下浮动比例在 20% 以内的按实际浮动比例确定收入区间，超过 20% 的按 20% 确定收入区间），相对合理地排出各行业小类之间的合理梯度，真实地反映出各行业小类的人力资本市场的相应价位。

（三）明确操作办法

一是确定增长水平。根据社会经济发展水平、事业单位实际状况和调控模型的计算结果，确定当年绩效工资总量增长水平。

二是细分若干区间。以目标收入均值和收入区间为基准，将所有行业小类划分为 6 个区间，分别为目标收入均值的 120%（收入区间上限）以上、110%—120%、100%—110%、90%—100%、80%—90%、80%（收入区间下限）以下。

三是按区间定增资。为了更好地调整行业内部结构，根据各行业上一年的核定水平，采用"绝对额增资"的办法进行调整。具体来说，就是以上一年核定的收入水平为基数进行衡量，处于本行业小类收入区间上限以上的单位原则上不增长，处于其他 5 个区间的单位按不同的区间确定不同的"绝对额增资"，根据区间层次由低到高分别增加。

三　事业单位收入分配管理机构职责

上海市事业单位收入分配管理上，明确了市职能部门、市各行业主管部门和事业单位的主要职责。

（一）市职能部门的主要职责

市职能部门主要指市人力资源和社会保障局及市财政局。主要职责有三方面：一是科学、合理地做好本市行业分类，按类别调控收入分配总量；二是建立健全收入分配总量的调控与增长机制；三是指导、监督各主管部门和事业单位实施好总量调控下的单位在自主分配的科学性、规范性、合理性的工作。

（二）市各行业主管部门的主要职责

按照上海市纪委、市委组织部、市监察局、市人社局、市财政局、市审计局《关于进一步强化主管部门职能加强事业单位绩效工资规范管理的通知》的规定，市各主管部门职责如下：

一是制定本系统事业单位的绩效考核评价办法和绩效工资管理的指导性意见，不断研究完善绩效工资分配的操作办法；二是指导事业单位搞活绩效工资分配，在核定的收入分配总量内，围绕绩效考核评价建立重业绩、重贡献的绩效工资分配机制；三是严格收入分配总量管理，认真审核所属事业单位的绩效工资分配方案，对存在的问题提出整改意见；四是监督所属单位不得超核定收入分配总量发放，不得在核定的收入分配总量外，以各种名义发放津贴补贴和奖金；五是加强对事业单位主要领导的绩效考核评价，根据考核评价结果确定绩效工资分配水平，与事业单位工作人员保持合理的收入分配关系。

（三）事业单位的主要职责

事业单位的主要职责为三个方面：一是制定本单位各部门、工作人员的绩效考核评价办法；二是在主管部门核定的收入分配总量内制定本单位绩效工资分配办法，按考核评价结果进行分配，按劳取酬、优绩优酬；三是组织实施绩效考核评价办法和绩效工资分配办法。

四　事业单位经费来源

上海市事业单位收入分配总量构成包括国家统一规定的工资（基本工资、少数津贴补贴）、绩效工资和×项（不纳入收入分配总量，暂时保留、将来逐步取消）。全额拨款事业单位的工资经费由财政全额保障；差额拨款事业单位，由财政按照一定比例保障；自收自支事业单位由单位全部承担。

2015 年年底，上海市对事业单位财政保障做了进一步完善，出台分行业财政保障方案，改变原来的模式，根据核定事业单位收入分配总量的人均水平与实际发放平均收入水平的关系进行保障。全额拨款事业单位，高出目标收入均值（俗称调控线）部分自行承担，低于的部分由财政保障；差额拨款事业单位，低于目标收入均值的部分，财政按约定的比例承担相应经费，高出部分自己承担；自收自支事业单位，由单位自己承担。

第三节　对完善事业单位收入分配制度的启示

鉴于上海市事业单位行业分类调控收入分配总量的经验做法，对完善事业单位收入分配制度有如下启示。

一　强化顶层设计，确保制度稳定

针对我国事业单位高层次人才集聚的特点，建立健全适合事业单位发展规律和特点的收入分配制度，要从保证基本工资、规范津贴补贴、搞活绩效工资分配、充分激发事业单位工作人员活力等视角研究、设计、完善事业单位收入分配制度。

（一）坚持定期调整基本工资标准

坚持定期按时调整事业单位基本工资标准。国家进行基本工资标准调整时，应适当调整各个行业的收入分配关系，及时解决收入分配制度中存在的矛盾和问题，处理好调整基本工资标准和收入分配（绩效工资）总量增长之间的关系，即调整好基本工资标准，给收入分配总量增长留有一定空间。

（二）坚持清理规范和完善津补贴

国务院和国务院授权的国家有关部门负责对事业单位津贴补贴的项目设置、实施范围、津贴标准、调整机制进行制定。现阶段需对特殊岗位津贴进行清理规范，合理界定特殊岗位，有的项目需要增加，有的项目需要取消，有的项目需要进行归并。除特殊行业或岗位外，尽可能减少津贴补贴项目，将额度纳入绩效工资总量，盘活自主分配总量。同时，建立津贴标准动态调整机制，与经济发展水平、物价变动幅度形成动态机制。

（三）探索收入分配总量的动态调整机制

为顺应全球人才竞争，重大科学工程、重大科技基础设施、重要科研平台、重要哲学社会科学等领域凝聚了更多的"高峰""尖峰"人才，在坚持和完善人才激励计划的同时，要解决人才激励计划增量"挤兑"现有存量引发的结构性矛盾这一问题，探索建立更具包容性的收入分配总量动态调整机制。

二 规范地区分类，调控收入总量

（一）明确分级调控机制与责任主体

建立功能明确、运行高效、分工合理，治理完善、监管有力的事业单位管理体制和运行机制。国家职能部门负责制定全国统一的事业单位收入分配制度和管理办法；制定事业单位地区分类原则，运用科学的数理模型调控各地收入分配总量的目标收入均值和目标收入区间；研究制定事业单位行业分类调控收入分配总量办法。各省、市、自治区人力资源和社会保障局及财政部门负责制定和落实本地区事业单位收入分配总量的核定。行业（教、科、文、卫、农、林等）主管部门负责制定行业绩效考核规则和核定所属事业单位收入分配总量，事业单位在总量调控下自主制定内部分配方案。

（二）探索事业单位的区域划分办法

我国幅员辽阔，不同地区之间经济发展水平和生活成本差异较大，对地区进行分类是确定各地区事业单位收入水平的重要前提。

建议选取近五年城镇人口、人均地区生产总值、城镇居民消费水平、城镇单位在岗职工平均工资、城镇国有单位就业人员平均工资、地方财政一般预算收入、地方财政一般预算支出、城镇居民人均可支配收入、地方财政一般预算收入、地方财政一般预算支出、地区海拔和经纬度等基础指标，根据"内部差异尽可能小，类别差异尽可能大"的原则，对全国 31 个省、市、自治区的经济社会发展状况进行分类，确定区域类别。

1. 确定类区差异系数

在科学核算行业差异系数和类区差异系数的基础上，以某一类区某一行业事业单位收入为基准，结合行业差异系数和类区差异系数，实施按类区分行业调控事业单位收入分配总量，实现收入分配从"大统一、粗放式"管理向"区域分类、行业分类、精细化"管理的转变。

2. 选取关键因素并确定权重

选择具有代表性的因素，如我国各省、自治区、直辖市的社会平均工资、事业单位平均工资水平等，并确定权重，加权平均后确定各类区事业单位收入水平及差距。

3. 计算类区差异系数

在区域分类的基础上，用选取因素计算出各区域事业单位收入水平，以某一类区作为基准，依据基尼系数、泰尔指数和变异系数等指标确定类区差异系数。

三　倡导行业分类，实施总量调控

事业单位收入分配总量核定过程中，不建议从编办角度，将事业单位分为公益一类和公益二类，不建议从资金来源方面，将事业单位分为全额拨款、差额拨款和自收自支事业单位，也不建议按事业单位的隶属关系来分为地方单位、中央单位，建议按照属地原则进行行业分类，确定收入分配总量。同时，应当进一步明确事业单位与机关、企业之间的工资关系，承担公益职能较多、与机关工作性质相似的事业单位工资水平可主要参考公务员工资水平确定，承担市场职能较多、与企业业务性质类似的事业单位工资水平可参照同行业企业的工资水平，从而真实反映劳动力市场价位，有利于事业单位吸引和稳定人才队伍。

1. 行业分类办法

按照权威性、合理性、操作性的行业分类原则，依据事业单位实际情况，做好行业分类，形成分类标准目录。事业单位按照大类、小类划分。行业分类是为确定事业单位收入水平，依据是职业领域、服务对象、风险责任等方面的不同特点，要突破行政隶属关系的限制。在完善行业分类基础上，实现收入分配分类管理。

2. 行业分类调控收入分配总量办法

围绕行业科学分类（划分行业大类与小类）、合理确定不同行业的收入水平（大类及小类）以及行业系数调控的具体办法三个方面制定规则。

（1）选择关键因素并确定权重

采用多因素加权平均法，选择有代表性的全国、各地区的经济发展水平和收入水平、不同行业收入水平为影响因素，根据重要性赋予不同权重，加权平均后确定事业单位各行业小类的收入水平均值。

（2）确定目标收入均值，计算行业差异系数

按照研究确定的各行业小类的目标收入均值和收入区间，根据经济社会发展水平、财政收入、社会平均工资等情况与行业小类之间的关系，通过模型计算出一定时期各行业小类目标收入均值和目标收入区间，并计算行业差异系数。

（3）明确操作办法

一是确定增长水平。根据社会经济发展、事业单位实际以及调控模型计算的情况，确定当年绩效工资总量增长水平。

二是细分若干区间。对所有行业小类，以目标收入均值和收入区间为基准，划分若干区间。

三是按区间定增资。根据各行业上一年核定的收入分配总量的均值水平，适当调整收入分配额度。对收入水平较高（超过行业小类目标收入均值的一定数量）的事业单位，严格控制增幅或放缓增长速度或不予增

加；对收入水平较低的事业单位，适当提高每年的收入分配总量的增幅。

四　探索"总量＋"模式，创新分配机制

目前，"总量调控下的单位自主分配"存在一定问题，如绩效工资分配执行情况差异化明显、事业单位引进高端人才或有额外开支时压缩绩效工资分配空间、在收入分配总量核定数下超额完成任务无法获得总量外报酬等。

为满足国家重大战略和全球竞争需要，要最大可能地激活事业单位高层次人才的创新创造活力。针对教育、科技、文化、卫生等高层次人才集聚的关键行业和领域，可探索"总量＋"形式，即在核定的收入分配总量基础上，视具体情况再增加一块总量，专门用于高层次人才精准激励。具体"总量＋"的项目设置和增加额度，由本单位提出，人力资源社会保障部门会同财政部门根据实际任务科学评估后确定，增加的额度纳入收入分配总量管理，单独核算。

"总量＋"的项目设置，依照"强"——厚植优势、"特"——差异明显、"需"——稀缺匮乏、"果"——重大突破的原则确定。增加的总量额度，主要用于承担重点改革任务的工作人员和具有成长潜质的青年群体，形成"规范有序"和"张弛有度"的分配体系，使收入分配成果在单位改革实践中得到彰显。

实行"总量＋"模式时，要形成"事前、事中、事后"全覆盖的分配体系。"事前激励"强调统筹兼顾，是普惠和机会平等意义上的分配公平；"事中激励"强调突出重点、培育发展导向，是针对特定群体和一流标准下的团队精准激励；"事后激励"强调重大成果导向和默默耕耘、无私奉献的价值导向，是针对没有被事前事中激励所覆盖到的而又做出重大贡献的工作人员的事后追加激励，以鼓励更多的事业单位人员甘于坐"冷板凳"，潜心工作，在更高层面上提高激励的公平性。

五　健全调查制度，统筹各方关系

1. 事业单位工资调查制度的必要性

不同行业事业单位的工资水平，只有在进行相对科学的调查比较后才能被合理确定。我国事业单位范围非常广泛，从现阶段的实际情况来看，

有的事业单位要在企业找到相同或类似的比较单位不太容易。因此，事业单位工资水平确定，需要根据分类管理的推进情况和市场放开后企业相关单位的发展情况，分门别类地解决、逐步推进。

2. 事业单位工资调查制度的意义

进行事业单位工资调查，有利于确定事业单位收入总水平。主要通过保证收入的内外部公平来实现。政府通过有效调控事业单位收入水平，来合理确定绩效工资水平与总收入水平的比例关系，从而使同行业各事业单位之间协调发展。

进行事业单位工资调查，有利于完善事业单位收入分配结构。与公务员情况不同，事业单位涉及的行业非常多，相应的收入分配结构可以根据行业特点和组织目标，进行针对性设计，从而进一步加强并完善事业单位收入分配结构。

六　完善配套制度，促进全面保障

从事业单位管理体制来说，收入分配制度是管理体系的最后一道关口。所以，要搞好事业单位收入分配工作，需要完善相关配套制度，例如，编制制度、财政保障制度、福利制度、人事管理制度等。在人事管理制度方面，重点要完善考核制度和特殊人才激励制度。

1. 健全考核办法，完善自主分配

（1）建立健全绩效考核评价机制

搞活绩效工资分配的基础和前提，是要建立健全一套科学、合理、规范的绩效考核评价机制。

对事业单位和所属部门的绩效考核评价方面。由主管部门负责对所属事业单位进行绩效考核评价，绩效考核评价办法的制定，要具备科学合理的考核评价原则、考核评价指标、可操作性的考核评价办法（标准）、简便有效的考核评价程序等。通过纵向、横向、社会等多元的考核评价方法，对事业单位或部门的绩效进行有效评价。

有三方面需要关注：一是视单位行业分类的不同情况，考核评价重点应有所侧重；二是科学合理地设置考核评价权重，切实发挥绩效考核评价对事业发展的调控和促进作用；三是加强对事业单位的指导和监督检查，重点引导和促进事业单位在关键领域、薄弱环节、政府重点扶持等方面的发展。主管部门逐步推行依据绩效考核评价结果，灵活调整所属事业单位绩效工资总量。

对事业单位工作人员的绩效考核评价方面。建立以岗位职责要求为基础，以品德、能力、业绩和贡献为导向，科学化、社会化的人才评价发现机制。根据不同职业、不同岗位、不同层次人才的特点和职责，坚持通用性与特殊性、水平业绩与发展潜力、定性与定量评价相结合的原则，分类建立健全涵盖品德、知识、能力、业绩和贡献等要素，科学合理，各有侧重的人才评价标准。

科学设置评价标准，克服唯学历、唯资历、唯论文等倾向，注重考察各类人才的专业性、创新性和履责绩效、创新成果、实际贡献。

鼓励人才在不同领域、不同岗位作出贡献、追求卓越。健全评价机制程序正当性、互动建设性以及结果合理性。建立评价标准动态更新调整机制，探索建立基于道德操守和诚信情况的评价退出机制。

单位绩效考核评价办法和绩效工资分配办法，按规定程序报主管部门审核，经主管部门批准后方可组织实施，并在单位内部公开。

（2）依据考核结果进行合理分配

在核定的绩效工资总量内，按照规范的程序、要求以及考核评价结果进行自主分配。

搞活绩效工资分配，要更新收入分配观念，引入先进理念。一要坚持行业分类调控收入分配总量，按绩效考核结果确定收入水平，崇尚"按劳分配、多劳多得、优绩优酬"的理念；二要坚持"公平不等于平均"的理念；三要坚持"合理拉大差距不等于两极分化"的理念；四要坚持"追求绩效与和谐发展相结合"的理念。

搞活绩效工资分配的依据是"绩效"，即贡献，是工作人员的工作业绩和工作效率。根据工作人员岗位的技术含量、责任大小、工作强度、工作环境四方面确定其工作量；根据单位社会公益目标、经济效益和人力资本市场价格确定绩效工资总量；根据工作人员的工作业绩和工作成果支付相应报酬。

绩效工资不应再分基础性绩效工资和奖励性绩效工资，从体制、机制上确保事业单位在总量调控下自主分配。通过增量撬动存量，盘活收入分配总量，以搞活收入分配。搞活分配的总量，应当不低于绩效工资总量的 50%。

单位绩效工资分配的核心是建立适合不同岗位、不同人员的绩效考核办法和与之相匹配的绩效工资分配办法。绩效工资分配，要与职级、职称脱钩，按照考核评价结果进行分配，合理拉开差距。要向关键岗位、一线业务骨干、为本单位发展做出突出贡献的人员倾斜。可不拘一格地制订一切行之有效的、灵活多样的绩效工资分配办法，来激活单位绩效工资分配活力，真正体现按业绩取酬、优绩优酬，调动工作人员的积极性。通过绩效工资分配的激励导向，鼓励工作人员创新创造，调动工作人员的积极性，杜绝平均主义和"大锅饭"。

2. 明确特殊群体，设计激励机制

对事业单位高层次人才，应建立高端人才评价机制，同时制定符合不同类型高端人才的激励机制（可按一人或一事制定），更加重视短期激励和长期激励相结合，包括荣誉、身份、地位、收入等多方面内容，有利于鼓励高端人才安心、潜心做好工作。

对事业单位领导人员，重在考虑考核激励以及与单位平均收入（或绩效工资）水平的倍数关系等。考核激励可通过工作业绩、工作人员满意度和社会声望等指标实现；倍数关系可通过约束机制要求事业单位主要领导收入（或绩效工资）水平应与工作人员（或行业）平均水平保持在一定倍数范围内（如最高不得超过 3 倍）。

3. 完善工资年报统计办法

完善事业单位工资年报统计办法，人力资源和社会保障部制定统一的标准化的工资年报统计报表，从统计到单位向统计到人的转变，运用大数据技术精准统计信息，分析各地区、各中央部委所属事业单位工作人员收入分配制定执行情况，这既能确保统计数据的准确性，防止漏报、瞒报的行为，又能做到一次统计多次使用的效能，减轻基层单位工资干部的工作压力。同时，将统计的事业单位人员收入分配信息，与单位工作人员的工资台账、财政部门的财政供给人员信息、社会保险管理部门社会保险缴费信息、税务部门个人收入所得税信息匹配，真正做到宏观调控、中观督管、微观搞活。

各省人力资源社会保障部门、各中央部委人事部门在规范统一的工资统计年报表上，可根据本地区、本系统的实际情况，有针对性地适当增加指标，经报备后实施。

　　总体来看，上海市在事业单位收入分配制度改革过程中，逐步探索建立了按行业分类调控收入分配总量的办法，其在行业分类、总量核定和总量动态调控方面摸索出了一些有益的经验和做法，为下一步中央部委所属事业单位实施绩效工资提供了借鉴和参考，也为下一步事业单位收入分配制度改革提供了思路，有利于实现事业单位收入分配制度的科学化、规范化。

第十四章

事业单位绩效工资制度改革探索

——以重庆市为例

重庆是我国西部重要的中心城市，是"一带一路"和长江经济带的重要联结点。近年来重庆市经济发展迅速、收入水平明显提高。在事业单位工资制度改革过程中，市政府主管部门探索建立"基础绩效 + 超额绩效"的绩效工资模式，研究按行业分类调控的绩效工资总量动态增长机制，已在全市范围内落地实施并逐步完善。重庆市的经验做法对构建事业单位绩效工资总量核定办法、形成绩效工资总量动态调整机制、完善事业单位工资制度有一定的借鉴和参考意义。

第一节　重庆市事业单位工资制度改革背景

2010 年，重庆市分三步实施事业单位绩效工资制度改革，全市事业单位行业之间收入水平差距最高约为 7 倍。经过多年调整，到 2016 年差距降至 3 倍左右。然而，2010 年以来的改革以入轨为主要目的，绩效工资制度设计的合理性和激励性等方面仍然有所欠缺，重庆市于 2013 年开始研究相关完善措施。

2016 年下半年，重庆市组织有关部门研究完善事业单位绩效工资政策，探索实现分类调控事业单位绩效工资水平。2017 年年初草拟了完善绩效工资政策的相关文稿，在征求了市财政局、部分区县人社局、市教委、市卫计委、市科委、市文化委等 16 个行业主管部门及其所属部分事业单位的意见，反复修改完善后基本定稿。当年 11 月，重庆市人民政府办公厅印发了

《关于完善事业单位绩效工资政策的通知》，又先后出台《重庆市事业单位超额绩效分类管理办法》《重庆市完善事业单位绩效工资政策若干问题的处理意见》及《重庆市完善事业单位绩效工资政策若干问题的处理意见（二）》三个配套文件。

第二节　重庆市事业单位工资制度改革内容

重庆市本次绩效工资制度改革主要涉及绩效工资结构的优化调整、绩效工资水平动态调整机制、事业单位内部分配自主权和绩效工资总量外管理的项目清单四项内容。

一　优化绩效工资结构

（一）优化绩效工资构成

根据绩效工资功能定位，优化绩效工资结构。将原来的"绩效工资＋高出部分"调整为"基础绩效＋超额绩效"，将原绩效工资中的"基础性绩效工资＋奖励性绩效工资"调整为基础绩效中的"固定部分＋奖励部分"。

基础绩效体现"保基本"，其水平按照与当地公务员"规范津贴补贴＋年终一次性奖金"大体持平原则核定，纳入缴费（缴存）基数，逐步实现全市统一。超额绩效则主要体现激励，其增量与效益挂钩，不纳入缴费（缴存）基数。同时，规范了绩效工资经费来源，基础绩效所需经费，根据单位类型和原经费渠道由财政和事业单位负担，而超额绩效所需经费，原则上由事业单位自有收入解决。

此外，在公立医院落实薪酬制度改革"两个允许"。一是允许医疗卫生机构突破现行事业单位工资调控水平，"基础绩效＋超额绩效"的设计体现突破控制水平。二是允许医疗服务收入扣除成本并按规定提取各项基金后主要用于人员奖励。以公立医院当年的收入扣除成本，并按规定提取不低于15%的事业基金后的结余作为超额绩效经费基数，根据绩效考核评价结果确定经费基数的使用比例，核定当年的超额绩效总量。

（二）设立超额绩效参考线

为保证无自有收入事业单位（主要是公益一类事业单位）职工的收入水平，按照"与当地公务员普遍发放奖励性补贴大体持平"的原则，设立事业单位超额绩效参考线。其中，重点统筹考虑义务教育教师等群体，保障其工资待遇水平。

二 建立绩效工资水平动态调整机制

根据《关于实行以增加知识价值为导向分配政策的若干意见》所提出的"建立绩效工资稳定增长机制"的要求，以及对基础绩效和超额绩效的功能定位，对超额绩效实行动态调整。明确规定，凡上年度绩效考核结果为合格及以上，同时主要经济指标趋势向好的事业单位，可申报次年增核超额绩效。确定超额绩效实际增幅采取经济指标与控制增幅"双控"。

根据事业单位类型和确定的原则，控制增幅采取分类分档方式一年一核。将事业单位分为六类，第一类是高校、科研院所；第二类是公立医院；第三类是公共卫生和基层医疗机构；第四类是行政类事业单位和公益一类事业单位；第五类是一般性公益二类事业单位；第六类是竞争性公益二类事业单位和经营性事业单位。在控制增幅上，坚持"三放宽、三收紧"原则：市场属性强的放宽，公益属性强的收紧；竞争性的放宽，垄断性的收紧；现收入水平低的放宽，现收入水平高的收紧，如表14—1所示。其中，调控基数为基础绩效。

表14—1　　重庆市事业单位超额绩效年人均水平控制增幅一览表

事业单位类别	8万元以下	8万至12万元	12万至16万元	16万至20万元	20万至24万元	24万元以上
高校、科研院所	25%	20%	15%	10%		
公立医院	25%	20%		15%		10%
公共卫生和基层医疗机构	15%		10%		5%	
行政类事业单位和公益一类事业单位	10%		5%	暂不核增		
一般性公益二类事业单位	20%		10%	5%		暂不核增
竞争性公益二类事业单位和经营性事业单位	25%		20%	15%		暂不核增

另外，在统一规定控制增幅的基础上，对以下情况的控制增幅给予不

同幅度的上浮：一是对创新创造、成果转化、社会服务等业绩突出的事业单位，特别是知识技术密集、高层次人才集中、国家发展战略需要重点支持的高等学校和科研院所，工作时间之外劳动较多、高层次医疗人员集中、公益目标任务繁重、开展家庭医生签约服务的公立医疗机构，招聘高层次人才、急需紧缺人才的基层事业单位，可按不超过 5 个百分点上浮。二是对主要承担市级战略发展任务的高等学校和科研院所、入选市级"双一流"大学名单的高等学校，可按不超过 10 个百分点上浮。三是对主要承担国家战略发展任务的高等学校和科研院所、入选国家"双一流"大学名单的高等学校，可按不超过 15 个百分点上浮。

确定实际增幅采取经济指标与控制增幅"双控"，经费可支持最大增幅与控制增幅相比较，按较低者确定实际增幅。超额绩效增量所需经费，由事业单位自有收入解决。自有收入指除财政拨款补助以外的各项收入：一是事业单位开展专业业务活动及其辅助活动取得的收入；二是事业单位在专业业务活动及其辅助活动之外开展非独立核算经营活动取得的收入；三是事业单位从主管部门和上级单位取得的非财政补助收入；四是事业单位附属独立核算单位按照有关规定上缴的收入；五是上述四项收入以外的各项收入，投资收益、利息收入、捐赠收入等。

三　扩大事业单位内部分配自主权

（一）放活基础绩效固定部分比例

基础绩效固定部分体现岗位职责，奖励部分体现工作量和实际贡献。固定部分上限不超过 70%，不设下限，可全部用于考核后分配。

综合考虑单位的功能定位及其领导班子的管理能力、管理方式，允许相同类型事业单位差异化确定固定部分占比。高等学校、科研院所可根据不同人员类别、不同岗位灵活设定多种比例，将基础绩效总量划分为若干"分配单元"，且不同"分配单元"的基础绩效奖励部分总量不拉通分配。

（二）搞活事业单位自主分配

基础绩效奖励部分和超额绩效实行总量内自主分配，规定不得与岗位等级直接挂钩。事业单位可在总量内自由设项目、定标准、划范围及绩效考核结果的挂钩办法，如超工作量奖励、加班（值班）补助等。不以事业单位发放项目名称判断是否违反工资津补贴纪律，只看是否突破总量。

（三）创新工资分配形式

根据实际需要，对特殊岗位工作人员采取灵活多样的分配形式。可采用市场化方式，以项目工资、协议工资、年薪的形式在绩效工资总量内"切块"执行。但不得在总量外另行发放。

四 明确绩效工资总量外管理的项目清单

（一）规定 20 项收入项目不纳入总量管理

《关于完善事业单位绩效工资政策的通知》中列了 14 项不纳入绩效工资总量管理的收入项目，此后，《重庆市完善事业单位绩效工资政策若干问题的处理意见（二）》又增加了 6 项，一共 20 项收入不纳入总量管理。除了国家统一规定的津贴补贴项目、独生子女父母奖励金，政策规定的未休年休假工资报酬、高温津贴、科技成果转化收益等，其他项目是重庆市的自主探索（见表 14—2）。

表 14—2　　　不纳入事业单位绩效工资总量管理项目清单

序号	项　目
1	按规定使用科技成果转化收益，向项目团队组成人员发放的奖励。
2	按规定使用横向委托项目人员经费，向项目团队组成人员发放的奖励、报酬。其中，高等学校、科研院所的技术咨询和技术服务视为横向委托项目。
3	高等学校、科研院所等事业单位按规定使用市外各级（含国家）财政科研项目资金的间接费用绩效支出，向项目团队组成人员发放的奖励、报酬。
4	高层次人才按规定享受的一次性安家补助、岗位津贴；事业单位使用本单位高层次人才资金，向作出突出贡献的高层次人才发放的激励性报酬。
5	高等学校、科研院所等事业单位根据本单位与引进人才签订的合同（协议），向引进具有博士学位的人才及急需紧缺人才一次性约定分年度发放（不超过五年）或一次性发放的人才补助。
6	按规定使用文化创意产品开发收益，向项目团队组成人员发放的奖励。
7	科技人员按相关规定兼职或离岗创业取得的收入；高等学校教师从事多点教学获得的合法收入；医务人员多点执业或到其他公立医疗机构、企业、社会组织兼职取得的合法报酬。

续表

序号	项　目
8	中小学校按规定使用政府购买服务划拨经费，向参与课后服务的志愿者教师发放的适当补助。
9	基层医疗卫生机构按规定使用家庭医生签约服务收取的签约服务费，向家庭医生团队发放的报酬。
10	农技人员通过提供增值服务取得的合法报酬。
11	考试机构向承担考点考场任务学校的考务人员支付的劳务报酬。
12	国家统一规定的津贴补贴项目：艰苦边远地区津贴、乡镇工作补贴、特殊岗位津贴补贴（含2006年工资收入分配制度改革时暂予保留的特殊岗位工资构成比例提高部分）、1993年工资收入分配制度改革保留津补贴、老粮贴。
13	我市规定事业单位工作人员应享受的改革性补贴。
14	市总工会规定的节日慰问、生日慰问等福利待遇。
15	按政策规定支付的未休年休假工资报酬。
16	按政策规定发放的高温津贴。
17	独生子女父母奖励金。
18	按政策规定缴存住房公积金、养老保险、医疗保险等的单位缴纳部分。
19	事业单位使用集体福利费向困难职工发放的慰问费。
20	国家及我市规定不纳入绩效工资总量管理的其他收入项目。

（二）明确人才特殊报酬单列管理

对人才特殊报酬的单列管理，主要包括以下五个方面：一是成果转化：按规定使用科技成果转化收益；二是横向课题：使用横向委托项目（接受企业、其他社会组织委托，使用非财政科研项目资金的技术开发、技术咨询和技术服务）的人员经费；三是纵向课题：按规定使用市外各级（含国家）财政科研项目资金的间接费用绩效支出；四是高层次人才：一次性安家补助、岗位津贴、人才补助和高层次人才激励性报酬；五是创新创业：兼职或离岗创业取得收入、从事多点教学的合法收入和文化创意产品开发收益。

其中，重庆市委、市政府人才政策明确的高层次人才分为四类：第一类：中国科学院院士、中国工程院院士。第二类：国家自然科学奖、国家技术发明奖、国家科学技术进步奖一等奖获得者前三名，国家"863""973"重大科研项目主持人。第三类：国家级重点学科、重点实验室、工程技术研究中心学术技术带头人；"新世纪百千万人才工程"国家级人选；等等。第四类：在海外取得博士学位，并在海外知名高等院校、科研机构、金融机构、世界500强企业等单位具备两年以上工作经历的海外高层次人才，等等。

在此基础上，根据重庆市事业单位的具体实际，对于人才特殊报酬的单列管理又做了如下安排：

一是适度增加适用对象。暂按事业单位某级及以上专业技术岗位的岗位数一定比例增加"高层次人才激励性报酬不纳入绩效工资总量管理"政策规定的适用对象名额。适用对象应为单位事业发展急需或为本单位事业发展做出特殊贡献，并在单位内部普遍认同、业内认可的优秀人才。对取得高水平成果但未纳入增加适用对象的专业技术人员，事业单位可按程序申请使用适用对象机动名额（不受控制名额限制）。

二是从严规范制度管理。人力社保、财政部门可根据实际情况，采取按事业单位分别核定使用、按区县或主管部门拉通核定使用等不同办法对增加的适用对象名额进行控制，对增加适用对象实行动态管理。

三是自主确定报酬标准。事业单位可根据实际自主确定高层次人才激励性报酬的标准，并建立考核约束机制。其中，对国内外一流科学家、各类急需紧缺优秀人才、领军人才、行业产业骨干人才等，应按"一流业绩、一流薪酬"的原则确定激励性报酬具体标准（不设上限）。

四是灵活采取发放方式。事业单位发放高层次人才激励性报酬时，可根据实际自行设立人才补贴、科研津贴、岗位津贴、信息补助、交通补助等项目，可采取按月、按季、按年定期发放或一次性发放等灵活方式。

五是设立专项保障资金。事业单位向高层次人才发放激励性报酬应从自主设立的高层次人才资金（按单位自有收入的一定比例提取）中列支。

第三节 重庆市事业单位工资制度主要特点

一 激励干事创业与控制收入差距兼顾

重庆市此次改革强调工资政策的激励导向作用，并在具体政策设计上兼顾控制收入差距。通过建立超额绩效动态调整机制，明确超额绩效与经济指标及考核挂钩，并扩大事业单位内部分配自主权，激励事业单位工作人员积极干事创业。同时，通过多种政策设计控制收入水平差距过大。

一方面，实行经济指标与分类控制增幅"双控"，六类事业单位每个收入水平档次都有超额绩效增幅封顶比例，对不同类别的事业单位的控制实行不同程度的控制，其中，对行政类事业单位和公益一类事业单位收入控制更为严格，超额绩效年人均 8 万元以下部分控制增幅为 15%，8 万至 20 万元部分控制增幅为 5%，20 万元以上部分暂不核增。而对高校、科研院所和公立医院的超额绩效控制增幅给予更大空间，8 万元以下部分为 25%，24 万元以上为 10%。另一方面，规定调控基数为基础绩效，防止超额绩效核增机制导致事业单位之间收入差距过大。

二 突出国家发展战略导向

落实创新驱动发展战略和以知识价值为导向的分配政策，对高校、科研院所、公立医疗机构等事业单位设定较高的超额绩效控制增幅比例，在此基础上，对创新创造、成果转化、社会服务等业绩突出的高校、科研院所等事业单位，给予一定的上浮空间。而对主要承担国家、市级战略发展任务的高等学校和科研院所、入选国家、市级"双一流"大学名单的高等学校，也给予更大程度的分类上浮比例。

此外，明确规定事业单位不纳入绩效工资总量管理的 20 项收入项目中，突出明确成果转化、科研课题、高层次人才、创新创业等方面的人才特殊报酬单列管理，并按照重庆市人才政策明确高层次人才类别。

三 绩效工资总量外项目实行清单式管理

以现有事业单位工资结构为基础，建立了不纳入绩效工资管理的项目清单制度，将散见于不同文件的政策规定集中表述，同时对原来未明确规定的项目，以工资政策的形式予以明确。这一清单为事业单位划清了安全政策边界，确保绩效工资总量管理政策落实，为事业单位"稳才、引才"提供保障，并约束了各单位按照各项目的规定严守底线，不乱开口子。建立项目清单制度，在规范绩效工资管理的前提下，为事业单位发展松绑，同时，有利于形成统一的绩效工资总量办法，顺利推动绩效工资制度改革，为目前事业单位绩效工资改革提供了有益借鉴。

第四节　对完善事业单位绩效工资制度的启示

一　管理规范清晰是绩效工资改革落地运行的关键

一方面，通过绩效工资的基本结构调整，重庆市对国家绩效工资政策中尚未明确规定的部分加以明确，使各单位落实绩效工资政策能照章执行，防止政策走形和解读分歧。在前期入轨改革的基础上，划分基础绩效和超额绩效，放活基础绩效固定部分比例，严禁基础绩效奖励部分和超额绩效在内部分配中与岗位等级直接挂钩，列举各单位可实行的创新分配形式。另一方面，建立起可行可用的绩效工资动态调整机制，使绩效工资改革能在入轨后继续平稳运行。通过确定"三放宽、三收紧"的原则，将全市的事业单位划分为六类，分别确定超额绩效的控制增幅，并实行经济指标和控制增幅双控，此外，明确绩效工资总量外项目清单，使各事业单位的绩效工资总量外发放项目有了明确的遵循标准，确保绩效工资总量管理政策得以落实。

二　通过分类合理管控绩效工资

如何定位各类型事业单位的工资水平，处理事业单位之间的工资水平差异，是下一步改革中面临的难点问题。国家近期陆续出台相关政策，对科研院所、公立医院的工资水平定位较高。目前主要由编制部门牵头制定的事业单位分类较粗，不能满足事业单位工资分类管理的需要，重庆市基于对市场和公益、竞争和垄断属性的统筹考虑，将事业单位分为高校、科研院所，公立医院，公共卫生和基层医疗机构，行政类事业单位和公益一类事业单位，一般性公益二类事业单位，竞争性公益二类事业单位和经营性事业单位这六类。在此基础上，分档确定超额绩效的控制增幅，建立超额绩效水平动态调整机制。

　　分类管理是事业单位绩效工资改革的基本共识之一，重庆市事业单位绩效工资动态调整所采用的分类办法根据本地区事业单位的实际情况制定，是对这一改革方向的有益探索，有利于对事业单位绩效工资和事业发展的引导和管理，对其他地区或层面的事业单位绩效工资改革有借鉴意义。

三　绩效工资制度改革需要财政保障的支持配合

　　绩效工资制度改革需要其他有关制度的支持配合，特别是财政方面的配套保障。目前，财政部门对事业单位的资金保障力度根据事业单位的类型，即全额、差额和自收自支进行区分，未能充分体现事业单位的行业特点，有的事业单位所属行业是国家战略重点发展行业，由于业务本身属于基础性研究，创收能力不强，其工资水平则大幅低于其他事业单位，对于此类型单位，财政保障应当给予倾斜政策。

第十五章

公立医院薪酬制度改革探索

——以郴州市第一人民医院为例

公立医院是我国事业单位的重要组成部分，提供了大量高质量的医疗服务，集中了大批高水平的专业人员，公立医院的薪酬制度一直是事业单位工资制度改革完善的重点。2017 年，公立医院薪酬制度改革试点工作率先启动，截至 2019 年 6 月，超过全国总数 20% 的公立医院已开展薪酬制度改革，探索建立符合医疗行业特点的薪酬制度。[①]

郴州市第一人民医院是国家三级甲等综合性医院，建院历史悠久、科室设置全面、专科优势明显、专业人才聚集，在本轮薪酬制度改革中积极探索，取得了明显成效，其经验做法对推进公立医院薪酬制度改革、完善事业单位工资制度具有一定的参考价值。

第一节　郴州市第一人民医院基本情况

郴州市第一人民医院始建于 1907 年，是一所具有百余年历史的集医疗急救、科研教学、康复保健为一体的国家三级甲等综合医院。医院分设中心医院、南院（肿瘤专科）、北院（儿童医院）、西院（康复医院）和东院（在建）五个医疗区，各医疗区实行"同质化管理，差异化发展"，形成了"一体四轮"的发展格局。目前全院开放床位 3930 张，在职职工

---

① 国家卫健委：《2800 多家公立医院试点薪酬制度改革》，全国公立医院综合改革进展情况新闻发布会，2019 年 6 月 14 日。

3774 人，其中高级职称专家 1023 人；博士 60 人、硕士 694 人；博士生导师 1 人、硕士生导师 49 人。拥有 12 个省级临床重点专科，1 个国家级研发平台，3 个省级研发平台。设有国家药物临床试验机构、国家全科医生临床培养基地、国家住院医师规范化培训基地、国家卫计委脑卒中筛查与防治基地和临床药师培训基地。

郴州市第一人民医院是国家医药卫生体制改革、湖南省城市公立医院综合改革和薪酬分配制度改革试点医院。近几年，在市委、市政府和上级卫生行政部门的领导下，紧紧围绕"促进人民健康"的国家健康战略，认真贯彻落实党的十九大和国家深化医药卫生体制改革精神，积极开展药品零差率销售、医联体建设、按病种收付费、干部人事制度改革，规范内部运行机制，不断改善医疗服务，将医改惠民政策落到实处，取得了一定的成绩。

第二节　郴州市第一人民医院
薪酬分配改革历程

20 世纪 90 年代以来，郴州市第一人民医院不断完善薪酬激励机制，健全薪酬分配体系，其分配制度改革主要经历了五个阶段。

1992 年实行综合目标管理责任制，落实临床科室目标任务，调动了职工的工作热情。

1998 年实行科室全成本核算，降本增效，进一步促进了医院发展。

2004 年实行薪酬总额控制，自主分配。地方人事和财政部门按照医疗收入的一定比例核定年度薪酬总量，根据考核进行动态调整。医院突破事业单位工资体系，试行总额控制下的岗位绩效工资制和关键岗位年薪制，根据医疗行业特点、科室功能、岗位和职位制定不同岗位工资标准，以岗定酬，岗变薪变，提高职工待遇，引进和稳定专业技术人才。

2007 年在全国首创"预算管理、成本核算、比例控制"的科室预算管理方法，在薪酬总额控制范围内，推行以公益性综合绩效指标考核为主导的绩效分配制度，保持人员经费与业绩同步合理增长。

2012 年以来，以预算管理和综合业绩考核为主导，开展工作量法、绩效系数法和成本核算考核等多种形式的灵活多样的绩效工资分配办法，医护岗位分类考核，绩效工资向一线岗位倾斜，向高风险、高技术、高责任关键岗位倾斜，不与药品、耗材及大型医学检查等收入挂钩。

第三节　新一轮医改形势下公立医院的薪酬制度改革要点

2017 年，根据《人社部关于开展公立医院薪酬制度改革试点工作的指导意见》《湖南省公立医院薪酬制度改革试点工作实施方案》《郴州市公立医院薪酬制度改革实施办法》等文件精神，医院紧紧抓住试点新机遇，积极参与深化薪酬激励机制改革，探索建立适应医疗行业特点的公立医院薪酬制度，健全激励约束机制，着力体现医务人员技术劳务价值，规范收入分配秩序，进一步调动医务人员积极性，增强公立医院公益性，不断提高医疗服务质量和服务能力，有效控制医疗费用的不合理增长。

一　落实公立医院薪酬制度改革政策，完善薪酬总量管理

2017 年，医院进一步完善薪酬制度改革方案，上级行政部门以上年度实际薪酬总量为基数，以收支平衡为基础，尊重历史，保存量，限增量，根据医院住院病人次均费用中药品、卫生材料和大型设备检查检验费比例增减变动情况动态调整薪酬总量。同时，政府对医院实行年度综合绩效考核，评价结果与薪酬总量浮动比例挂钩。

医院在政府批准的薪酬总额范围内，制定内部绩效考核和薪酬分配办法，坚持"以收定支，收支平衡"，实行"总额控制、收支平衡、合理分配、综合考评"，自主考核分配。形成了医、技、护、药、管较为合理的薪酬体系。目前，全院年度在职职工工资福利支出占总支出的比例为32%，其中人均绩效工资占个人工资收入（含社会保障费）比例为45%—50%。各级各类人员薪酬比例最高差距约为2倍（见表15—1）。

表 15—1   **各级各类人员薪酬关系情况表**

人员类别	薪酬比	人员类别	薪酬比
临床科主任	1	医技科主任	0.9
临床高级医生	0.85	临床医生	0.7
护士长	0.65	技师	0.55
护士	0.5	行政后勤人员	0.45

二 健全薪酬分配体系，建立符合医疗行业特点的薪酬制度

根据政府公立医院薪酬分配制度改革办法，医院实行人员经费预算管理，结合多年的实践探索，形成了以岗位绩效工资制为主，项目绩效工资制、协议工资制和任期目标年薪制等为辅的灵活多样的薪酬分配制度。

一是实行业务科室岗位绩效工资制。医务人员薪酬结构主要包括岗位工资、绩效工资、津补贴及年终综合绩效评价奖励等，根据业务功能和岗位特点、专业技术职务设置岗位工资，包括基础工资和职称津贴等，体现职工工龄、学历、职称级别、职务级别等因素。绩效工资体现医务人员的工作量和工作质量，经综合考核发放。具体实施过程中，医院根据医疗区不同功能定位、科室规模、工作量业绩和学科影响力设为学科、专科和病区三类，医务人员绩效工资与学科岗位类别相关联，通过服务业绩、成本控制、费用控制、满意度等综合考核落实绩效工资分配，鼓励医务人员积极参与学科建设，发展医疗技术，不断提高医疗服务能力。为合理开展护理人员绩效工资分配，医院参考有关文献和上级医院的管理经验，通过开展全院调查问卷，根据护理规范化管理要求、业务工作强度等将临床护理单元分为六类，设置不同岗位绩效系数，结合分级护理、服务业绩和满意度等综合考核分配，充分调动护理人员的服务意识和工作积极性。

二是实行任期目标年薪制。业务科室科主任任期目标年薪制包括基础年薪和绩效年薪，根据不同学科分类岗位任职设定年薪基数。医院每年根据年度工作计划、重点工作任务和公益性任务要求制定科主任月度和年度绩效考核办法，根据考核结果不断改进工作并运用于绩效工资分配，每月考核发放基础年薪，年末根据综合考核发放绩效年薪。

院长任期目标年薪为基本年薪、绩效年薪和任期目标激励薪酬三个部分，院长薪酬控制在同层级同职称人员平均薪酬 3 倍以内，上限不超过当地国有企业（含股份制）领导人最高水平。以审定的考核期上一年度院长年薪及相应倍数为基数，次年初根据考核期职工实际平均薪酬及核定的倍数进行审定调整。其中基本年薪为基数的45%，按月考核发放，绩效年薪为基数的35%，年终考核达到90分全额发放，未达标按比例向下浮动，每少一分绩效年薪基数核减2%；任期目标激励薪酬为基数的20%，年终考核结果80分以上按完成比例计发，低于80分的不予发放。

三是实行项目绩效工资制。参考RBRVS模式，根据医疗服务特点，通过考核服务项目工作强度、技术难度、风险程度等，结合全成本核算，实行以完成指定技术或服务项目为目标的绩效工资考核分配办法。

例如，麻醉科推行工作量业绩考核绩效分配。以工作量业绩为基础，以质量控制为核心，以综合评价为指导，参考RBRVS模式，根据医务人员资源消耗和技术操作项目，建立绩效工资量化标准，结合成本核算和综合评价，开展绩效工资考核分配。其一是将麻醉科所有操作项目分类核定绩效费率。其二是根据各医疗区手术病人特点分别确定难度系数。其三是结合医疗质量等指标进行综合考核。其四是科室内部二次分配。科室制定内部分配方案，根据医务人员学历、职称、工作年限等情况确定基础绩效，根据工作量、工作时长、费率、系数等计算工作量绩效。通过改革，医务人员的技术劳务价值得到体现，同时优化了医疗收入结构，增强了科室成本控制意识。

四是实行协议工资制。根据医院学科建设需要，对部分紧缺、特殊专业技术岗位的正高职称专家或引进人才协议商定工资待遇。如医院对妇科盆底防治中心外聘教授实行协议工资制。2015年医院聘任德国著名女性盆底学及妇科泌尿学专家、德国萨克森州妇科协会主席Kurt Lobodasch教授为特聘教授。医院与教授签订聘用协议，实行协议工资制，按日计酬。Kurt Lobodasch教授每年在医院从业4个月左右，完成协议约定的技术指导、手术、培训等相关工作，引导学科发展。

三 加强综合绩效管理，完善绩效考核机制

根据公立医院薪酬制度改革要求，上级行政部门对医院实行年度考核监管，考核结果与医院薪酬总量和院长年薪挂钩，促进医院提高医疗服务能力和服务效率，积极完成卫生事业目标及突发公共卫生事件处置任务。

　　医院健全内部绩效考核机制，成立绩效管理委员会和绩效考核小组，实行预算绩效管理和层级考核。一是建立医院、医疗区和科室三级预算管理体系。医院开展全面预算管理，制定全院、医疗区和科室年度业绩预算和人员经费预算，与医疗区执行院长和科主任签订目标责任书，确保医院绩效目标的顺利完成。二是实行层级绩效考核。医院考核小组从社会责任、医疗质量、服务效率和持续发展等方面考核评价医疗区执行院长业绩；考核临床科室医疗质量安全、工作量、药品比例、医用卫生材料占比、医保费用、成本控制、医德医风、科研教学、患者满意度等关键指标；科室医护人员则分别由科主任或护士长考核服务业绩。各层级考核结果与质量改进和绩效工资分配挂钩。三是开展绩效工资二次分配。业务科室成立民主管理小组，制订绩效工资二次分配方案，科主任、护士长根据医务人员工作量、费用控制、卫生材料及抗菌药物管理、医德医风、患者满意度等考核情况，实行科室内部二次分配。

　　2019 年 1 月，国务院出台了《关于加强三级公立医院绩效考核工作的意见》，根据文件相关指标要求，医院正在进一步调整和细化绩效考核方案。

　　郴州市第一人民医院薪酬制度改革充分调动了职工积极性，稳定了医务人员队伍，使医院医疗质量、科研教学和服务能力不断提升。近十年来，全院开放床位增长 146%，门急诊人次增长 83%，出院人次增长136%。先后获得全国百姓放心示范医院、全国卫生工作先进单位、全国五一劳动奖状、全国工人先锋号、湖南省质量管理奖等荣誉称号。医院综合业绩从过去全省市州三级医院倒数后三位发展为连续十余年保持全省前列，形成了以郴州为中心辐射周边 1600 万人口的服务能力，为解决群众看病问题作出了贡献，得到社会和政府的普遍认可。

参考文献

白宗青：《中国事业单位资产管理改革研究》，经济科学出版社 2010
年版。

柏良泽：《日本公务员的工资调整及其程序》，《中国人事》1994 年第
4 期。

曹蔚：《国立科研机构研究人员兼职兼薪研究》，《科学学与科学技术管
理》2007 年第 9 期。

陈宇鸿：《公共卫生与基层医疗卫生事业单位绩效工资分配制度的研究》，
《财会学习》2015 年第 12 期。

成思危主编：《中国事业单位改革——模式选择与分类引导》，民主与建
设出版社 2000 年版。

仇勇、李宝元、董青：《我国高校教师的工资制度改革研究——基于历史
走势分析与国际经验借鉴》，《国家教育行政学院学报》2015 年第
10 期。

崔建民：《中国文化事业单位改革思路研究》，中国社会科学出版社 2010
年版。

崔莎莎：《非货币薪酬在薪酬管理中的作用与应用——基于马斯洛的需要
层次理论》，《人力资源管理》2016 年第 2 期。

范恒山：《中国事业单位的改革探索》（上、中、下卷），人民出版社
2010 年版。

耿志娟：《基层医疗卫生机构绩效工资实施成效的解析》，《财经界》（学
术版）2015 年第 7 期。

贡森、葛延风、王列军主编：《中国公立医院医生薪酬制度改革研究》，

社会科学文献出版社 2016 年版。

苟欢迎等：《公共文化事业单位管理绩效的提升方法——以佛山市图书馆项目化管理实践为例》，《图书馆论坛》2017 年第 2 期。

顾昕：《公共财政转型与政府卫生筹资责任的回归》，《中国社会科学》2010 年第 2 期。

何凤秋：《符合事业单位特点的差异化激励探析》，《中国人事科学》2018 年第 4 期。

何凤秋：《机关事业单位内部符合行业特点的工资制度和工资水平研究》，《中国人事科学》2018 年第 7 期。

何宪：《改革完善公务员工资制度研究》，中国人事出版社 2015 年版。

何宪：《事业单位工资管理体制研究》，《中国行政管理》2020 年第 4 期。

何宪：《事业单位工资制度改革研究》，《中国井冈山干部学院学报》2017 年第 1 期。

黑建敏：《地方本科院校人事分配制度深化改革研究》，人民出版社 2010 年版。

洪柳：《国际视阈下高校教师薪酬制度改革研究及启示》，《教育财会研究》2017 年第 6 期。

胡正友：《事业单位工资改革与岗位绩效工资制的实施》，《安徽工业大学学报》（社会科学版）2007 年第 4 期。

黄春建：《论高校教师兼职兼薪行为的正当性》，《山东高等教育》2017 年第 4 期。

黄恒学：《论现代事业制度及其主要特征》，《北京大学学报》（哲学社会科学版）1998 年第 5 期。

黄伦宽：《高校实行以增加知识价值为导向分配政策研究》，《现代经济信息》2018 年第 11 期。

黄颖：《上海市海归群体发展状况调查》，《中国人才》2009 年第 12 期。

缴旭、豆鹏、纪媛：《新中国 70 年科研事业单位工资制度的发展》，《中国人事科学》2019 年第 12 期。

解洪涛：《财政与公共部门治理：制度困境与改革经验》，经济管理出版社 2016 年版。

赖婧滢：《事业单位分类改革与民营企业发展》，《中国商论》2018 年第 17 期。

李璞：《高校高层次人才的层次分类、评价标准和评价方法探究》，《西南民族大学学报》（人文社科版）2004 年第 9 期。

李倩等：《公立医院薪酬制度改革存在的问题及思考》，《中国医院》2020 年第 3 期。

李媛媛：《新时代深化文化事业单位法人治理结构改革的政策难点与对策建议》，《国家行政学院学报》2017 年第 6 期。

刘东来：《现代薪酬理论对我国事业单位薪酬制度改革的启发》，《传播力研究》2017 年第 1 期。

刘霞：《制度活力的重构——事业单位人事管理新解》，中国人事出版社 2012 年版。

楼颖飞：《强化激励理论在薪酬设计中的应用研究》，《现代经济信息》2019 年第 4 期。

罗尔男：《员工持股及兼职兼薪法律风险防范措施刍议》，《法制与社会》2018 年第 11 期。

罗双平：《公务员绩效量化考评实务》，中国人事出版社 2010 年版。

彭春燕：《专业技术人员兼职兼薪问题研究》，《高科技与产业化》2015 年第 2 期。

乔碧云：《事业单位绩效工资分配改革探析》，《经济研究导刊》2010 年第 7 期。

邵应星：《完善公共卫生与基层医疗卫生事业单位绩效工资分配制度》，《现代经济信息》2012 年第 20 期。

王成谭、林丽：《效率工资视角下薪酬外部竞争性研究》，《商业时代》2012 年第 8 期。

吴合文：《高校教师兼职兼薪的角色冲突与制度设计》，《教育研究》2017 年第 12 期。

熊通成：《强化公益属性的事业单位工资制度改革研究》，中国社会科学出版社 2019 年版。

熊通成：《事业单位绩效工资总量核定机制与模型构建》，《中国人事科学》2020 年第 4 期。

余兴安：《激励的理论与制度创新》，国家行政学院出版社 2005 年版。

岳颖：《事业单位薪酬管理——内部收入分配的决定基础与模式选择》，

中国劳动社会保障出版社 2009 年版。

曾湘泉、赵立军：《我国高等学校工资制度的历史沿革》，《中国高教研究》2004 年第 12 期。

张丽芳等：《基层医疗卫生机构实施绩效工资的典型案例和问题分析》，《中国卫生经济》2016 年第 9 期。

张利等：《浙江省基层医疗卫生事业单位绩效工资制度实施现状与对策研究》，《宁波职业技术学院学报》2015 年第 1 期。

张树林等：《我国公立医院薪酬管理面临的挑战及优化策略》，《中国医院管理》2019 年第 10 期。

张雅林：《审视事业单位的概念误区》，《中国行政管理》2003 年第 2 期。

张扬：《我国事业单位工资制度改革方案设计的难点与对策》，《当代经济》2020 年第 4 期。

赵立波：《事业单位改革——公共事业发展新机制探析》，山东人民出版社 2003 年版。

郑霞坤、张建华：《高等学校工资制度的形成与工资变革》，《辽宁高等教育研究》1987 年第 3 期。

中国社会科学院、中央档案馆：《1953—1957 年中华人民共和国经济档案资料选编（劳动工资和职工保险福利卷)》，中国物价出版社 1998 年版。

American Association of University Professors. The Annual Report on the Economic Status of the Profession, 2018 – 2019, MAY 2019.

Daniel A. Underwood, Donald D. Hackney, Dan Friesner: Criteria for Sustainable Community Economic Development: Integrating Diversity and Solidarity into the Planning Process, *Journal of Economic Issues*, 2015.

后　记

　　2013 年入职以来，我一直从事机关事业单位工资制度研究，内容涉及机关事业单位工资制度的历史演变、工资结构、工资水平、工资内部分配、工资管理体制，还有高校、公立医院等典型行业的工资制度，再到具体一个城市、一个单位的事业单位工资制度，既有宏观政策研究，也有微观案例剖析，既有工资理论研究，也有工资数据分析。本书是我的第一部专著，内容几乎涵盖了近 8 年的研究成果，也是对我这一阶段研究工作的一个小结。

　　首先要感谢中国人事科学研究院余兴安院长的指导、督促和鼓励，余院长对本书的标题和框架提出了高屋建瓴的修改意见，大大提升了本书的质量层次！非常感谢中国人事科学研究院工资福利研究室主任何凤秋研究员，从本书起笔开始，到具体每一章节的撰写，都离不开何主任的指导，倾注着何主任的心血，在此特别感谢！

　　感谢中国人事科学研究院原副书记柏良泽研究员、事业单位管理研究室熊通成主任、人才理论与技术研究室孙锐主任、工资福利研究室熊亮副主任、李晓际、张欣欣、陈敬在工作和生活中对我的帮助！

　　感谢人力资源和社会保障部工资福利司的各位领导长期以来对我在课题研究工作中的指导和帮助！

　　感谢上海市人力资源和社会保障局工资处原处长蒋忠萍、重庆市人力资源和社会保障局机关事业单位工资统发中心宋晓辉主任、郴州市第一人民医院总会计师张甄对本书的大力支持和指导！

　　感谢中国人事科学研究院科研处黄梅处长和柏玉林同志在本书出版过程中的鼎力相助！感谢中国社会科学出版社孔继萍老师认真细致的编辑

工作！

　　本书撰写过程中，多位专家积极参与，与作者一同完成了部分章节。其中，第一章、第三章、第四章、第五章、第六章、第八章、第九章、第十章、第十一章、第十二章由王梅撰写；第二章和第七章由王梅和何凤秋撰写；第十三章由蒋忠萍和王梅撰写；第十四章由王梅和宋晓辉撰写；第十五章由张甄和王梅撰写。在此一并感谢！

　　最后感谢我的父母、公婆和爱人对我工作的理解和支持！他们永远是我奋斗的动力、坚强的后盾和温馨的港湾！

王梅　于育慧里 5 号院

2020 年 9 月 27 日

中国人事科学研究院学术文库
已出版书目